JN296257

建築材料学

三橋博三
大濱嘉彦
小野英哲
編集

共立出版

執筆者一覧

飯島 泰男（元 秋田県立大学木材高度加工研究所）　3.4，4.2
石山 　智（秋田県立大学システム科学技術学部）　3.3.2
板垣 直行（秋田県立大学システム科学技術学部）　1.4，1.5，7.1〜7.5
伊藤 憲雄（元 仙台高等専門学校建築デザイン学科）　3.2
岩崎 　博（元 日本大学工学部建築学科）　4.1，4.5，4.6
大濱 嘉彦（元 日本大学工学部建築学科）　4.4.1，4.7，5.2，5.4，5.5
　　　　　　　　　　　　　　　　　　　　5.6.1〜5.6.7，6.1〜6.4
小野 英哲（元 東北工業大学工学部建築学科）　1.2，3.2，4.1
金子 佳生（元 京都大学大学院工学研究科都市環境工学専攻）　3.1
田代 　侃（元 東北工業大学工学部建築学科）　3.2，5.1，5.7〜5.10
月永 洋一（元 八戸工業大学工学部土木建築工学科）　2.1〜2.3
出村 克宣（元 日本大学工学部建築学科）　3.5，4.4.2〜4.4.4，
　　　　　　　　　　　　　　　　　　　　5.3，5.6.8，5.6.9
野村 希晶（元 東北大学大学院工学研究科都市・建築学専攻）　2.4，2.5
三橋 博三（元 東北大学大学院工学研究科都市・建築学専攻）　1.1，1.3，1.6，4.5，
　　　　　　　　　　　　　　　　　　　　4.6，8.1〜8.4
山田 寛次（元 秋田県立大学システム科学技術学部）　3.3.1，3.3.3〜3.3.5，
　　　　　　　　　　　　　　　　　　　　4.3
渡辺 正朋（元 八戸工業大学工学部建築工学科）　2.6〜2.8

［五十音順］　　　　　　　　　　　　　　　（凡例：1.1.1 は第1章第1節第1項を示す）

序

　本書は，建築学を学び始めた大学，短期大学，工業高等専門学校，専修学校，工業高校などの学生のための建築材料学の教科書として著されたものである．

　安全で快適，かつ機能的な建築空間を創り出すために，様々な材料と部材が組み合わされて用いられている．本書は，第1章の最初に，「建築とは何か？」という問いを発することから始まっているところに，その特徴が端的に表されている．すなわち，建築材料の種類や性質について，建築空間を構成する建築部材に付与すべき機能と結びつけながら建築の性能との関係で分かりやすく述べたものである．

　また，言いかえるならば，建築に用いられる膨大な種類の材料についての情報をすべて並べ立てるのではなく，建築に要求される性能を満足する部材を構成する材料として，その性質を理解して用いようとする考え方を示すように配慮している．このようにして培われた基本的な理解力は，性能設計が求められる新しい時代にあっても適切な判断を下す基礎を構築するであろうという期待が込められている．

　本書は，このようなねらいのもとに，第1章では，「建築材料と建築部位および建築性能との関係」（1.2節）とともに，建築材料の分類方法（1.4節）などについて分かりやすく解説している．

　さらに，第2章では，建築構成部位と材料との関係を示し，建築空間を具体的に構成している柱や梁といった構造骨組や屋根・床・壁などの部位にはどのような要求性能が課せられ，それを満足させるためにどのような材料がどのように用いられているかを詳しく解説している．ここでは，建築材料学と建築構法学の間の密接な関係が理解されよう．そして，各部位のはたらき（機能）とそこで材料が果たす主要な役割との関係から，建築に用いられる材料は，「構造材料」（3章）と「仕上材料」（4章）の2つに大きく分類される理由もしだいに分かってくる．

　第3章では，最初に構造性能を理解する上で欠かせない材料力学の基礎的事項が示されている．さらに，わが国において使用される代表的な構造材料とし

てコンクリート，鉄鋼材料ならびに木質材料について詳しく述べるとともに，大規模屋内スポーツ施設などで広く利用されている膜構造材料をはじめとするその他の構造材料についても概説している．

　第4章に述べる仕上材料は，建築材料独特の面を強く持っているもので，他の工学分野における材料学が力学的性質と耐久性をおもに取り扱うのに対して，その性質を大きく異にしている．すなわち，建築空間を構成する部位に求められる様々な要求性能は，時として相矛盾することもある．それらの条件に対して，様々な材料を何層にも組み合わせて用いることによって満たすとともに，居住者や利用者に対する心理的・生理的な影響にも配慮が求められるからである．

　第5章の機能性材料とは，特定の機能に限定して部位の性能向上のために用いられる仕上材料のことを意味している．具体的には，塗料や防水材料，断熱材料などである．

　第6章には，近年開発された新しい材料を取り上げ，各々の特徴について概説している．

　第7章では，近年その重要性を増している地球環境と建築材料，さらには建築産業とのかかわりについて解説している．環境負荷低減を考える上で，ライフサイクルアセスメント（LCA）の考え方（7.3節）やリサイクル問題（7.4節）など，従来の建築材料学の教科書には扱われていなかった内容も取り上げられている．

　第8章は，建築材料学をさらに続けてより深く学ぶ上で参考になるであろう，ものの見方や考え方の一例が紹介されている．

　本書では，読者の理解を助けるために，随所に現実感に富んだ図を挿入している．これらの図の多くは，執筆者の一人である秋田県立大学 石山智助教の労作である．また，本書をまとめるにあたり，共立出版（株）編集部の関係各位には大変お世話になった．ここに記して謝意を表する．

2007年2月

執筆者を代表して
三橋 博二
大濱 嘉彦
小野 英哲

目　次

第1章　建築材料概論

1.1　概　説 …………………………………………………………… *1*
　　建築空間とそのはたらき／建築材料の特徴／建築材料と先端材料
1.2　建築材料と建築部位および建築の性能 ……………………… *4*
　　建築材料と建築／建築部位，建築に要求される機能と性能
1.3　建築材料の様々な性質 ………………………………………… *7*
　　物理的性質／化学的性質／感性的性質
1.4　建築材料の分類 ………………………………………………… *9*
　　材料の分類方法／素材としての分類／用途，建築部位による分類／その他の分類方法
1.5　建築材料と規格 ………………………………………………… *12*
　　主要材料の製造と規格／主要材料の規格と建築における基準
1.6　建築材料で用いられる単位（単位系／換算）………………… *15*
　　単位のはたらき／SI単位の基礎的事項／質量と重量（換算と単位系）／モデュール

第2章　建築構成部位と材料

2.1　概　説 …………………………………………………………… *22*
2.2　構造材料と仕上げ材料 ………………………………………… *23*
　　構造材料と仕上げ材料の概要／構造材料／仕上げ材料
2.3　構造躯体の構成と材料 ………………………………………… *28*
　　構造材料と建築構造の概要／構造材料の特性と建築構造
2.4　屋根の構成と材料 ……………………………………………… *38*

屋根の名称と働き／屋根の構法と構成材料
- 2.5 床の構成と材料 ……………………………………………… 42
  床の名称と働き／床の構法と構成材料
- 2.6 壁の構成と材料 ……………………………………………… 46
  壁の名称と働き／壁の構法と材料
- 2.7 天井の構成と材料 …………………………………………… 49
  天井の名称と働き／天井の構成と材料
- 2.8 開口部の構成と材料 ………………………………………… 52
  開口部の種類と働き／開口部の構成とおもな性能

第3章 構造材料

- 3.1 概　説 ………………………………………………………… 55
  はじめに／力と変形／応力とひずみ／弾性係数／設計実例からみる構造材料の適用法
- 3.2 コンクリート ………………………………………………… 63
  コンクリートの概要／コンクリートの基礎知識／硬化コンクリートの性質／鉄筋コンクリートの現場施工／フレッシュコンクリートの性質／コンクリートの組成材料と調合
- 3.3 鉄鋼材料 ……………………………………………………… 107
  鋼の概要／鉄鋼製品の種類と用途／基本物性／鉄鋼の製造と素材／鋼材の接合
- 3.4 木材・木質材料 ……………………………………………… 132
  木材・木質材料の概要／木材・木質材料の種類／木材の組織構造／木材の力学的性質に影響する因子／木材の力学的特徴／材料のばらつきと制御／経年変化と耐久性／木材の燃焼
- 3.5 その他の構造材料 …………………………………………… 165
  概説／鋼線／アルミニウム／連続繊維／連続繊維補強材／膜構造材料／防振・制振・免振材料／構造用接合材料

第4章　仕上材料

- 4.1　概　説 …………………………………………………………… *171*
- 4.2　木質系仕上材料 ………………………………………………… *172*
  木質系仕上材料の概要／仕上材料として用いられる木質系材料／改質処理木材／使用上の注意点
- 4.3　仕上用金属材料（鋼板，銅，アルミニウム，ステンレス） ………… *176*
  仕上げ用金属材料の概要／溶融亜鉛めっき鋼板／ステンレス鋼板／アルミニウム合金／銅合金
- 4.4　セメント系仕上材料 …………………………………………… *180*
  石灰・せっこう系材料／コンクリート・モルタル系材料／ALC／セメント系ボード類
- 4.5　石　材 …………………………………………………………… *183*
  石材の概要／天然石材／人造石／石張りと接合材料
- 4.6　セラミックス系仕上材料 ……………………………………… *188*
  セラミックス系仕上材料の概要／陶磁器質タイル／粘土瓦／れんがおよびセラミックメーソンリーユニット／ガラス
- 4.7　高分子材料 ……………………………………………………… *194*
  高分子材料の概要／プラスチックおよびゴム／アスファルト

第5章　機能性材料

- 5.1　概　説 …………………………………………………………… *200*
- 5.2　塗　料 …………………………………………………………… *201*
  塗料の概要／油性塗料／合成樹脂調合ペイント／ラッカー／合成樹脂ワニスおよびエナメル／さび止めペイント／エマルション塗料／多彩模様塗料／防火塗料／漆およびカシュー樹脂塗料／オイルステインおよびピグメントステイン
- 5.3　建築用仕上塗材 ………………………………………………… *206*
  建築用仕上塗材の概要／薄付け仕上塗材／厚付け仕上塗材／複層仕上塗材／軽量骨材仕上塗材／可とう形改修用仕上塗材／建築用下地調整塗材

5.4 防水材料 ………………………………………………………………… 209
防水材料と防水工法の概要／アスファルト防水／シート防水／塗膜防水／ステンレスシート防水／ケイ酸質系塗布防水／モルタル防水

5.5 建築用シーリング材 ……………………………………………………… 213
建築用シーリング材の概要／不定形シーリング材／定形シーリング材

5.6 接着剤 ……………………………………………………………………… 218
接着剤および接着機構の概要／接着の理論／天然高分子接着剤／熱硬化性樹脂接着剤／熱可塑性樹脂接着剤／エラストマー接着剤／混合形接着剤／構造用接着剤／鉄筋コンクリート構造物の補修・補強材

5.7 防火・耐火材料 …………………………………………………………… 224
防火・耐火材料の概要／材料の高温時の性状／不燃材料・準不燃材料・難燃材料／耐火構造と材料／防火構造と材料

5.8 断熱材料 …………………………………………………………………… 231
断熱材料の概要／材料および部位の熱特性／断熱構法と材料

5.9 音響材料 …………………………………………………………………… 235
音響材料の概要／吸音構法と材料／遮音構法と材料

5.10 その他の機能性材料 …………………………………………………… 237
衝撃，振動と材料／採光と材料／電波，放射線と材料

第6章 新しい建築材料の開発と用途

6.1 概 説 ……………………………………………………………………… 241

6.2 新しい構造材料 …………………………………………………………… 241
新しいコンクリート／繊維補強セメント系複合材料／鉄筋に代わるコンクリート用補強材／コンクリート・ポリマー複合体

6.3 新しい仕上材料 …………………………………………………………… 250
超高耐候性塗料／新しい素材を用いた防水工法／天然物の模造材

6.4 その他の新材料 …………………………………………………………… 253

第 7 章　建築・材料の生産と環境

- 7.1　概　説 ……………………………………………………………… *256*
  建築材料と環境をめぐる問題／建築材料のエコマテリアル化
- 7.2　建築・材料と環境問題 ……………………………………………… *258*
  地球環境問題と建築とのかかわり／建築における室内環境問題
- 7.3　環境への影響評価 …………………………………………………… *262*
  環境への負荷／環境への影響評価方法／LCA による環境評価手法
- 7.4　主要建築材料の生産とリサイクル ………………………………… *265*
  コンクリートの生産とリサイクル／鉄鋼・アルミニウムの生産とリサイクル／木材の生産とリサイクル
- 7.5　環境に配慮した建築・材料の生産のあり方 ……………………… *272*
  循環型社会に向けた社会システム／循環型社会における建築・材料の生産の取り組み／ライフサイクルマネジメント

第 8 章　建築材料学の展望——科学と技術の連繋

- 8.1　概　説 ……………………………………………………………… *278*
- 8.2　材料の組織構造と様々な性質 ……………………………………… *278*
- 8.3　ミクロ・メゾ・マクロ挙動の連成 ………………………………… *282*
- 8.4　新しい取組み・展開の一例 ………………………………………… *284*

索　引 ……………………………………………………………………… *286*

第1章

建築材料概論

1.1 概　説

1.1.1 建築空間とそのはたらき

　"「建築」とは何か？"と問われれば，その答えとしては様々なものが考えられよう．しかし，最も一般的なものとしては，種々の材料を用いて構築された建築物を指す場合が多い．さらに深く考えてみると，その建築物の中でも私たちが実際に利用し生活を営むのは，建築物の中に造られた空間であることに気づくであろう．

　私たちを取巻く日常的な環境の中で，私たちが当然のこととして時を過している建築空間のことを改めて見つめ直してみると，建築空間の様々なはたらきが見えてくる．たとえば，もしも屋根で覆われた建築空間が得られない荒野にあっては，降りしきる雨や雪の中でびしょぬれになってしまうであろう．日光を遮るものがなければ，ジリジリとした熱い日差しに照らされてしまうために，決して快適な生活環境とはいえない状況が生まれる．また，壁に設けられた開口部は，建築空間の中を明るく照らし出すためには，できるだけ大きい方が良いかもしれない．しかしその一方で，開口部を通して熱の移動が容易に起きる

ようでは，夏は暑く冬は寒い劣悪な環境となってしまうであろう．

建築空間に要求される機能は，快適性だけではもちろんない．地震や台風，あるいは大雪で建築空間が破壊され，多くの人々が生命を失ったり，生活の場を失ったりする例もこれまでの長い歴史の中ではたびたび経験されてきた．燃えにくい建築空間とすることも生命を守る上では重要な要因である．このような人命の安全に関わる要求機能は，建築空間を造りあげる際に満足されるべき必要条件ともいうべき最重要課題である．ここに例をあげた建築空間の機能は基本的なものに限られてはいるが，それだけに本質的なものでもある．建築空間には，いわば外部の厳しい環境から空間内部の人間を守るというはたらきを果たすことが期待されている．これをシェルター機能と呼ぶことが多い．

1.1.2 建築材料の特徴

現代の建築空間に要求される機能は，原始的なものよりもはるかに複雑なものとなっている．その結果，部位に課せられた複数の要求機能の内容が互いに矛盾することも出てくる．そのような場合には，様々な材料を巧みに組み合わせて用いる必要がある．すなわち，単一の材料では満足することのできない複雑な諸要求であっても，複数の材料を適切に組み合わせることによって，部位として満足させることができれば良しとするところに建築材料の一つの特徴がある．また，このように数多くの材料を巧みに組み合わせて部位を構成するためには，その加工性も重要な要因となる．

建築材料がほかの分野で用いられる材料と大きく異なる特徴のひとつに，建築として存続するものを構成するのは当然ながら，その材料で作られたものが人間の心理や生理的状態に大きな影響を与えることがあげられる．たとえば断熱性の悪い硬い床に立って作業をしなければならない場合には，足が冷えやすく疲れやすくなるなどの生理現象が起きる．激しい運動をすると，足の関節を痛める要因にもなる．壁や天井の色や材質感（テクスチャー）も視覚や触覚を通して様々な影響を及ぼす．また，建築材料に用いられた接着剤や塗料などに含まれるホルムアルデヒドなどの化学物質の影響で，頭痛や吐き気をはじめとするいわゆるシックハウス症候群に悩まされている人々もいるために，これらの使用を法律で規制するようになってきている．

人間の心理的・生理的側面に与える影響は，長期間にわたって少しずつ作用し，気がついたときには取り返しのつかない状態にいたっている場合もあるので，材料の選択とその構成にあたっては十分な注意が必要である．

1.1.3 建築材料と先端材料

人類は，原始時代から周囲に存在する様々な自然の材料を用い，それらを自分たちの生活に役に立つような形に整えて利用する努力を続けてきた．生活用具はもちろんのこと，住居を造り上げるための木工技術や石工技術，そして様々な形での土の利用などは，人類の文明への道を拓くための基礎的な物質的基盤を形作ってきた．しかしながら，これらは自然に存在している物質をその性質に従って切断したり様々な加工を施して造形したものである．それに対して，新石器時代から始まったと考えられている金属の精錬法やガラスの製造法の発明は，自然界にはそのままの形ではほとんど存在しない材料を造り出したものとして注目される．その後も長い年月をかけてこれら金属とガラスは，様々な道具や武器の材料として，あるいは貴重な装飾品や様々な器の材料として発展を遂げてきた．建築材料としても，金属材料は木や石の加工用具の重要な材料として，あるいは木材や石材の接合材料として建築技術の発達に大きな役割を果たしてきた．しかしながら，これら金属材料やガラス材料が柱や梁の材料あるいは窓を覆う材料として用いられるようになるのは，中世以降に大量生産が可能になってからである点は，建築材料に要求される特徴の一面を理解する上で重要である．すなわち，多量にしかも比較的安価に生産され，生産者側からの供給が安定していて利用者が入手しやすい条件が満たされてはじめて広く用いられるようになる点が，建築材料の重要な特徴のひとつである．近年，様々な先端材料が開発される中で，それらが建築材料としてはなかなか利用されない理由のひとつがここにある．

1.2 建築材料と建築部位および建築の性能

1.2.1 建築材料と建築

　建築材料は建築を構成する原単位であることは，従前から普遍の事実である．しかしながら，従来，建築材料と建築の関係は，長い間の経験から得た知識，知恵の集大成として蓄積された概念で説明されてきたといえる．一方，今日では建築材料の多種・多様化が進むと同時に建築にも新たな機能が要求されるようになってきており，将来さらなる多様化が進むと想定される．

　このような状況の中，蓄積される知識，知恵のみで建築材料と建築の関係を論ずることは効率的ではなく，将来をも含めより論理的かつ合理的に建築材料と建築の関係を提示することが必要となってきている．

　これらの課題を解決する有効な手段のひとつとして，建築の重要な一側面をその機能を発揮する性能として把握する中で，建築材料と建築の関係を提示する考え方が大きな流れになっている．

1.2.2 建築部位，建築に要求される機能と性能

　物の機能とは，物の役割を示す言葉であり，建築の場合，床，壁，天井，屋根などで代表される建築部位，およびこれらの建築部位で構成される建築に要求される機能つまり役割は，究極的には，建築を用いる人間あるいは建築に設置する機器・物品などを安全，快適に維持すること，となる．

　次に，物の性能とは，物に要求される機能をどの程度充足しているかを示す言葉で，一般に，性能の項目ごとに良否を示す数値で示されることが望ましい．ここで，建築部位，建築に要求される性能の項目は多様であるが，いずれの場合にも，大きく，

1) 人間の居住性からの性能項目
2) 機器・物品の維持・保守性からの性能項目

に分けられる．さらに，1)，2) の項目で示される性能を発揮・維持するための性能項目として，

表 1.2.1 床に要求される性能の項目

大分類		性能項目	影響を及ぼすおもな事項
A 居住性からみた性能	1	弾力性（緩衝性＋反発性）	運動のしやすさ，疲労，けが
	2	かたさ（歩行時等）	歩行感，疲労
	3	かたさ（表面）	感触，痛さ，キャスター走行性
	4	かたさ（転倒時等）	転倒時のけが
	5	不振動性	振動感，不快感，作業性
	6	すべり	歩行感，疲労，けが，やけど
	7	表面温	触感
	8	断熱性	温冷感，冷え，やけど
	9	あらさ	触感，痛さ，傷つき
	10	平坦性	歩行感，つまずき，美観
	11	色，光沢，模様，質感	美観
	12	耐汚染性	美観，健康
	13	不帯ほこり性	健康
	14	不帯静電性	不快感
	15	不結露性	転倒，触感
	16	不帯微生物性	健康
	17	非吸水・吸湿性	健康，触感
	18	清掃性	健康，清掃労力
	19	吸音性	喧騒感
	20	発音性	喧騒感，運動意欲，間合
	21	遮音性	喧騒感
	22	臭気・ガス不発生性	不快感，健康
	23	有毒ガス不発生性	人命
B 機器・部品等の維持・保守性からみた性能	1	かたさ	機器移動安定性，安定性
	2	すべり	機器移動安定性，安定性
	3	不振動性	保全，生産，作業障害
	4	断熱性	保全
	5	平坦性	機器移動安定性
	6	耐汚染性	保全
	7	不帯ほこり性	保全，生産，作業障害
	8	不発塵性	保全，生産，作業障害
	9	不帯静電性	保全，生産，作業障害
	10	不結露性	保全
	11	不帯微生物性	保全
	12	非吸水・吸湿性，防水性	保全
	13	吸音性	生産・作業障害
	14	発音性	生産・作業障害
	15	遮音性	生産・作業障害
	16	臭気・ガス不発生性	保全
	17	電磁遮断性	情報障害
	18	配線性・配管性	機器配線
	19	空気透過性	空調，空気清浄

（次ページへつづく）

表1.2.1 床に要求される性能の項目 (つづき)

大分類		性能項目	影響を及ぼすおもな事項
C 耐久・耐用性からみた性能	1	耐静荷重性	変形, 破壊
	2	耐震性	変形, 破壊
	3	耐衝撃性	変形, 破壊
	4	耐局部変形性	くぼみ発生
	5	変形回復性	くぼみ残留
	6	耐摩耗性	損耗, 凹凸発生
	7	耐傷性	損耗
	8	耐水性	力学的特性の低下
	9	耐熱性	力学的特性の低下
	10	耐火性	焼けこげ, 引火, 火災
	11	耐候性	変退色, 特性の低下
	12	耐薬品性	変退色, 損耗, 特性の低下
	13	耐はくり・ふくれ性	はくり, ふくれの発生
	14	耐膨張・収縮性	凹凸の発生, 破壊
	15	耐虫害・菌害性	力学的特性の低下
D 施工面からみた性能	1	施工のしやすさ	
	2	施工の精度	
	3	工期	
E 経済面からみた性能	1	材料費	
	2	施工費	
	3	維持・管理費	

3) 耐用性, 耐久性からの性能項目
4) 施工面からの性能項目
5) 経済面からの性能項目

があげられる.

1)～5) に分けられた性能項目を, 部位の一つである床を対象として, さらに詳細な性能項目に分けて示した例が表1.2.1である. ここで, 詳細な性能項目は表に示すように日常的な言葉で表現されるところに特徴があり, 建築を創造する人, 建築を用いる人, いずれの人にも共通に認識できることが必要であることを示している.

1.3 建築材料の様々な性質

1.3.1 物理的性質

　建築材料の種々の物理的性質は，その材料組織構造との関係によって支配されている場合が多い．したがって，建築材料の種類による性質の違いを理解したり，あるいは新材料・新構法の開発を実施する上では，この関係を十分に理解する必要がある．たとえば，建築物の温熱環境を整える上で欠かせない外壁の断熱材には，より小さな空隙がより多く含まれる軽い（すなわち密度の小さい）材料の方がより高い断熱性を付与することができる．一方，音環境を整えるためには遮音性の高い（すなわち密度の大きい）材料を用いることがより有効である．地震や台風などの作用に対する建築物の安全性はもちろんのこと，たとえば床の適度なたわみやすさなど，建築空間の日常的な使用にあたっての利便性や快適性を確保する上で，建築材料の力学的性質をよく知っておくことは，建築技術者にとって大切である．この力学的性質には種々のものが含まれるが，中でも部材の変形性に強く関わる弾性係数（あるいはヤング係数）と部材の強さに関わる材料強度は，その材料の力学的性質を代表するものである．

1.3.2 化学的性質

　建築に用いられる材料には，その化学的性質から分類すると有機材料と無機材料がある（1.4節参照）．また，その製造過程で化学的な反応の結果作り出されるものも多い．その最も代表的な例はコンクリートである．中心的な構成材料のひとつであるセメントそのものが，石灰石や粘土などの粉体を高温下で反応させて作られる．そのセメントと水を練混ぜると化学反応（水和反応と呼ぶ）が始まり，しだいに化合物（水和生成物と呼ぶ）が累積される結果，堅固な固体が作られる．

　化学反応は一般に温度に依存するため，コンクリートを打込んだ後しばらくの間は温度を適切な範囲に保つことが大切である．また，水和反応に不可欠な水分の保持にも配慮が必要である．このように，良いコンクリートを得るには，

良い材料を選び，適切な調合を行うことはもちろん大切であるが，これらに加えて，とりわけ初期の段階ではコンクリートの水和反応が進みやすい環境を保持することが求められる．また，塗料や接着剤をはじめ様々な建築材料が，それらの施工の過程で化学反応を起こすことを利用して種々の用途に利用されている．そのほかにも，建築材料の化学的性質を理解することが求められる例としては，耐久性の問題やシックハウス症候群の原因となるホルムアルデヒドなどの揮発性空気汚染物質の問題などがあげられる（7.5節参照）．完成した建築物が長い年月，日射や風雨などにさらされてしだいに劣化していく過程も，適切な耐久設計を行う上で一種の化学反応現象としてとらえる必要がある．

1.3.3 感性的性質

建築空間を構成する材料に求められる性質の中でも，感性的性質はほかの一般的な工業材料とは大きく異なる特徴を有している．たとえば壁や床など間近に見たり触れたりすることのできる材料の，見たときの感じあるいは手や足で触れたときの感じが，その空間のもつ雰囲気に大きな影響を及ぼすことが経験的に知られている．しかしながら，この感性的性質を定量的に測定することは，今のところ容易ではない．

建築空間やそれを構成する材料は，人間の視覚によって光の情報としてとらえられる．視覚によってとらえられる光は，電磁波の中の可視光線であり，固有の物理的性質を備えてはいるが，ある光景が目に入るとその観察者特有の心理現象としての明るさ・形・色などをあわせもった情報として認識される．したがって，同じ建築空間であっても照明の当て方や観察する人によって，その見え方や空間の感じ方も違ってくる．しかし，空間を構成する材料の表面がどのように見えるかは，その空間の形や照明の状態の影響を受けながらも，その空間の雰囲気を決定づける重要な要因であることは明らかである．

材料の見え方には，色彩の三属性（色相，明度，彩度）のほかに，透明度，光沢，面の形・大きさ・広がり具合，テクスチャーが関係する．テクスチャーとは布地の織り方から生まれた語で，手ざわりを意味する言葉であるが，今では皮膚の肌理（きめ）をはじめ，石や木などの手ざわり・感触あるいは組織・構造を含めて広く材質感（あるいは単に質感ともいう）を表わすのに用いられている．

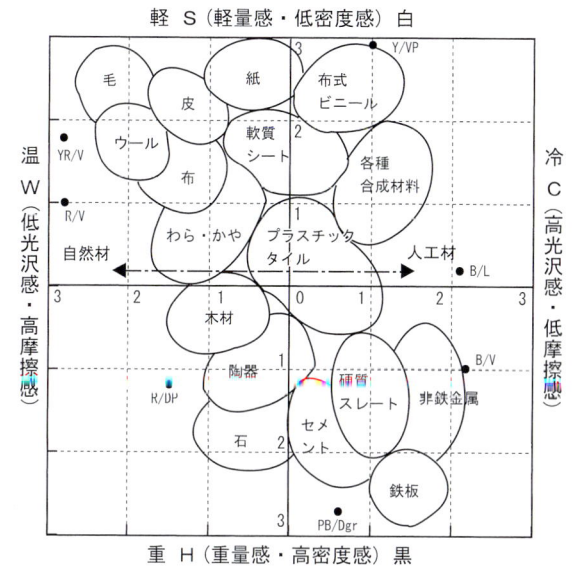

図1.3.1 材質のイメージ・スケール[1]

材料の感性的性質を表わすものとして，材質のもつイメージを2本の軸で整理した例を図1.3.1に示す．横軸は温冷感（W：warm，C：cool）の程度を表し，縦軸は硬・軟あるいは重・軽の感覚（H：hard，S：soft）の程度を表している．結果的には自然材料が温い感じを与え，人工材料が冷い感じを与えるものとなっている．

参考文献
1) 小林重順：建築デザイン心理学，pp. 139-151，彰国社，1977年
2) 穐山貞登：質感の行動科学，p. 198，彰国社，1988年

1.4 建築材料の分類

1.4.1 材料の分類方法

今日，材料は天然のものから人工のものまで，多種多様なものが存在し，そ

の種類は膨大な数に達している．それらを体系化して分類することは，まずその材料がどういった性質のものかを把握するために有効である．

　一方，建築物を構築するにあたっては，その中から適当な材料を選択する作業が必要になる．その際には建築物あるいは建築部位に課せられた条件により，その条件に見合う何らかの範囲から材料が選択されることになる．この範囲を体系化して分類しておけば，材料選択の作業がスムーズに行えることになる．具体的にいえば，建築物の骨組みを作るという際には「構造材料」という分類の中から選べばよいし，燃えないものが必要というときには「無機材料」から選ぶというように，様々な観点から分類がされていれば，まずその分類に従ってどのような材料を用いればよいかという判断が容易になる．

　一般的な材料については，それがどういうものかを理解するための，素材による分類や化学的性質による分類が主となるが，建築材料においては，それをどのように用いることができるかや，どこに用いることができるかなど，用途による分類や部位による分類が重要な意味をもつといえる．建築材料の分類方法は，必ずしも明確に規格化されていないが，おもに図1.4.1に示すような分類がなされている．

1.4.2　素材としての分類

　一般に，もととなる材料を素材という．建築物のもととなる材料といえば，木，鉄，コンクリートといったものがあげられる．素材による分類は，そういった主たる原料により分類したものである．

　古代より人類は，木，石，草，土などの自然の中で産出される素材を建築物に使用してきた．このような天然の素材をそのまま用いた材料を「天然材料」という．一方，天然の素材を工業的に加工し，人工的に製造される材料を「人工材料」という．建築に用いられるおもな人工材料には，鉄やコンクリートをはじめ，アルミニウムなどの非鉄金属，プラスチック，ガラスなどがあげられる．

　わが国では，身近に森林が豊富に存在したこと，また気候的に架構形式の構造が適していたことにより，長い歴史の間，建築構造材料として木がおもに用いられてきた．一方，ヨーロッパの南側の地域や，北アフリカ，西アジアといっ

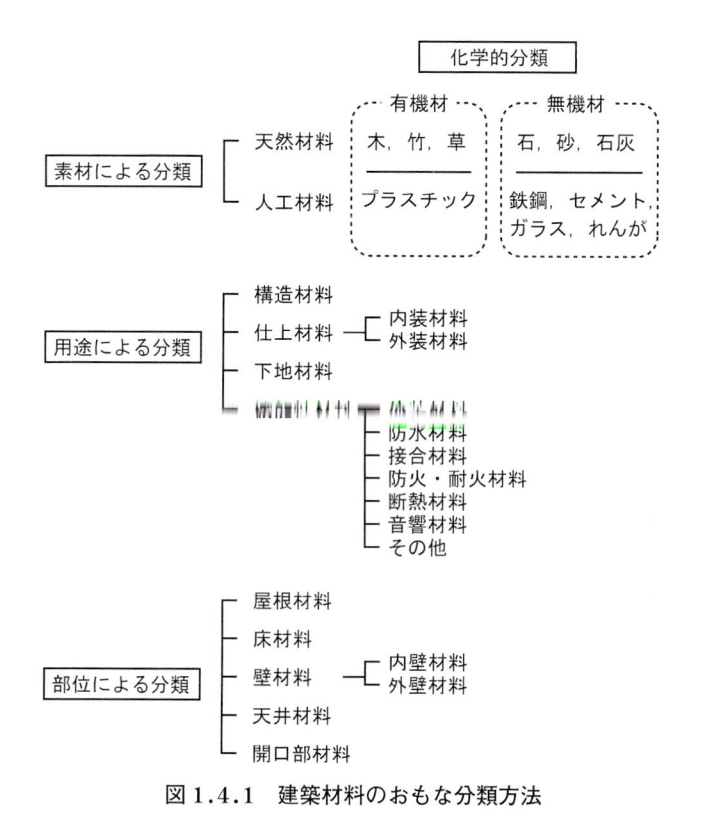

```
                        ┌─化学的分類─┐
                        ┌有機材┐ ┌無機材┐
              ┌天然材料   木, 竹, 草  石, 砂, 石灰
素材による分類 ┤
              └人工材料  プラスチック  鉄鋼, セメント,
                                    ガラス, れんが
```

```
              ┌ 構造材料
              ├ 仕上材料 ─┬ 内装材料
              │          └ 外装材料
              ├ 下地材料
用途による分類 ┤
              ├ 機能材料 ─┬ 防水材料
              │          ├ 接合材料
              │          ├ 防火・耐火材料
              │          ├ 断熱材料
              │          ├ 音響材料
              │          └ その他
```

```
              ┌ 屋根材料
              ├ 床材料
部位による分類 ┼ 壁材料 ─┬ 内壁材料
              │        └ 外壁材料
              ├ 天井材料
              └ 開口部材料
```

図 1.4.1　建築材料のおもな分類方法

た地域では，建築構造材料として用いうる針葉樹林が少なく，また気候的に組積形式の構造が適していたことにより，石や日干しれんがが用いられてきた．しかし，日干しれんがは強度的に弱かったため，やがて焼成されたれんがが作られるようになり，さらにそれらをつなぐセメントなどが誕生し，徐々に人工材料が用いられるようになってきた．

19世紀に入って工業化が大幅に進み，20世紀を迎えると，鉄やセメントといった素材が大量に生産できるようになり，建築に用いられるようになった．現在では，多種多様な人工材料が開発され，その性質も様々なものが存在する．

1.4.3　用途，建築部位による分類

建築材料は，まず，建築物における用いられ方に応じて求められる機能・性

能が大きく異なるため，それにより分類することができる．建築物の骨組みを構成する「構造材料」，内装や外装の仕上げに使われる「仕上材料」，さらに特定の機能に特化した「防火材料」，「防水材料」，「断熱材料」などといったように，用途により分類する方法は，建築的視点に立った分類として最も一般的である．

また，建築物は部位あるいは空間によって，要求される機能・性能が異なるものであり，それぞれの部位に用いられる材料もそれに対応した性質のものが用いられる．このように建築物の部位によっても材料を分類することができる．

ただし，このような用途，部位による分類に従った場合，材料としてはいくつかの分類に含まれることが多い．たとえば，構造に用いられる木材もあれば，仕上げに用いられる木材もある．また，床，壁，天井，いずれの部位にも木材は用いられている．

1.4.4 その他の分類方法

建築材料の分類方法には，そのほかにも形態上の分類（軸材料，面材料など），化学的分類（有機材料，無機材料など），構成上の分類（単一材料，複合材料）があげられる．形態上の分類は，材料の用途と結びつき，実際の用いられ方に応じて適した形態のものが選択される．化学的分類については，まず基本的な分類として炭素を含むか含まないかにより有機・無機に分類されるが，さらに詳細な分類がされることも多い．特に高分子材料，プラスチック，塗料，接着剤などの人工材料については，これらの化学組成が材料の性質に関わるため，詳細に分類される．

1.5 建築材料と規格

1.5.1 主要材料の製造と規格

1.4.1で述べたように，今日では多種多様な人工材料が製造されている．これらの製造にあたっては多くの生産業者が存在するが，それぞれが独自の製品を生産した場合，材料の互換性がなく，設計施工においてたいへんな不便が生

じる．生産する側にとっても，使用者の要求に応じて様々な寸法，品質の製品を製造することは効率的でなく，不経済である．このような理由から，製品についての寸法や品質についての統一を図るため，規格が存在する．

　わが国の場合，鉄鋼やコンクリートをはじめとする工業製品については，日本産業規格（Japanese Industrial Standards：JIS）が主要な規格となっている．日本産業規格は，産業標準化法に基づき制度化されているもので，日本産業標準調査会による調査審議を経て各種製品の規格が制定され，規格に適合した製品については，その品質を証明する「JISマーク」が表示される．日本産業規格においては，産業別に19の部門に分類されており，建築材料に関連するものとしては，A：土木および建築，G：鉄鋼，R：窯業，などがあげられる．それぞれの規格については，「JIS A 5308-2003　レディーミクストコンクリート」というように部門記号,規格番号-制定（改正）年,規格名が示されている．なお，JIS規格は，1949年以来長い間日本工業規格と呼ばれてきたが，法改正に伴い2019年7月1日より日本産業規格と改称された．

　木材などの農林物資に該当するものについては，日本農林規格（Japanese Agricultural Standards：JAS）により規格化されている．日本農林規格は，農林物資の規格化及び品質表示の適正化に関する法律に基づき,農林水産大臣が,農林物資の種類（品目）を指定して制定しており,農林物資規格調査会により，規格の品位，成分，性能，生産方法などの品質に関する基準と表示に関する基準を決定している．日本農林規格においては，品目ごとに規格が定められており，木質建材については，9規格25品目が整備されている（表3.4.2参照）．これらの規格に適合していることが認定された製品または規格により格付けされた製品については「JASマーク」が表示される．

　一方，諸外国の規格として，米国材料試験協会（American Society for Testing and Materials：ASTM），英国規格協会（British Standards Institution：BSI），ドイツ規格協会（Deutsches Institut für Normung：DIN）などによる規格がある．これらとわが国の規格については，統一が図られているものもあるが,詳細には異なっているものが多い．現代のようにグローバル化が進み,国々の間で製品が輸出入されるようになると，このような規格の違いはたいへん不合理である．そのため，国際的な規格の統一化を図る機関として，国際標準化

機構（International Organization for Standardization：ISO）があり，独自の規格を有する電機分野を除くほとんどの分野が ISO に参加して国際規格を定めたり，検討を続けている．ISO には各国の代表的標準化機関 1 つが加盟しており，2003 年現在，その数は 147 機関にのぼる．わが国からは先に述べた日本工業規格の調査・審議機関である日本工業標準調査会が加盟している．

1.5.2　主要材料の規格と建築における基準

　建築における法規の枠組みは，建築基準法，建築基準法施行令，建築基準法施行規則，国土交通省（旧建設省）告示，すなわち，法律，政令，省令，告示というように階層的に定められており，さらに地方公共団体により定められたその地域のみに適用される条例，規則などがある．建築材料についても基本的にはこれらの法令に規定されたものを用いる必要がある．

　建築基準法の第 37 条（建築材料の品質）で，木材，鋼材，コンクリート，その他の建築材料に関しては，国土交通大臣が定める「指定建築材料」として，日本工業規格または日本農林規格に適合するもの，あるいは国土交通大臣が定める品質に関する技術基準に適合することが認定されたものを用いることとしている．さらに，建設省告示第 1446 号において具体的に指定建築材料を示し，別表にてそれぞれに指定する日本工業規格または日本農林規格，あるいは技術基準を示している．

　木材・木質材料を除く建築材料については，ほとんどが日本工業規格により規格化されている．たとえば，鋼構造については，鋼材はもとより，ボルト，構造用ケーブル，溶接材料などが，鉄筋コンクリート構造については，鉄筋，コンクリート（レディーミクストコンクリート）などが，規格化されている．一方，木材・木質材料については，日本農林規格により規格化されている．木造については，軸材や面材の木材・木質材料は日本農林規格により，接合金具や基礎構造材料は日本工業規格によることとなる．

　また日本建築学会では，各種工事ごとに建築工事標準仕様書（Japanese Architectural Standard Specification：JASS）を設け，これらの材料の規格を示すとともに，建築工事における材料の扱い方や施工方法を示している．

1.6 建築材料で用いられる単位（単位系/換算）

1.6.1 単位のはたらき

建築物やそれを構成する材料を作ったり，あるいは図面に描いたり，材料を注文したりする際にそれらの長さ，大きさ，重さなどを測ったり，相手に伝える（情報を伝達する）必要が生ずる．そのときには，お互いが物を直接体感できる場合は別としても，通常は相手と共通の「物の量を表わす言葉」が必要となる．たとえば長さや重さなどの「量」の大きさを表すのに，各々の量の「基準となる量」（すなわち，ある一定量）を共通の約束のもとに定め，その基準となる量の何倍，あるいは何分の一であるかを伝えることによってはじめてお互いの間で情報の伝達が成立する．この「基準となる量」が「単位」である．これによって人々は，物の量の大きさを抽象的な数値と各単位（あるいはそれを表す記号）だけで相手に伝えることが可能になる．

古代より共同体や国家は，その制度として物を測る共通の尺度の基準となる一定値を「単位」と定め，用いてきた．特に古代においては，身近にどこででも求められる必要性から，その基準は身近なものから求められた．たとえば，手の幅，足の長さ，ひじの長さ，両手を広げた長さ，歩幅など，人間の身体の部分がまず単位となり，それから派生したものなど，今でもその名称が残っている（図 1.6.1）．なお，長さの単位として現在国際的に最も一般的に用いられているものはメートル (m) であるが，その基本単位は地球の子午線の長さの 4,000 万分の 1 に対応している．

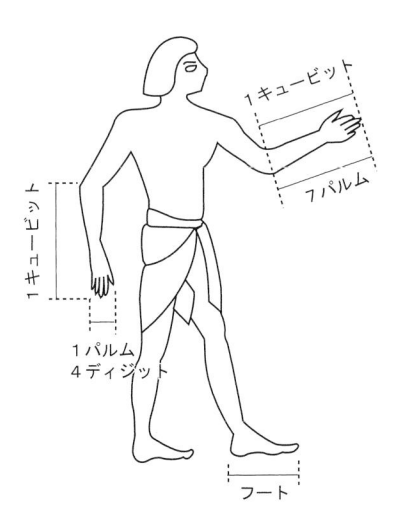

図 1.6.1 身体の部分を単位とした尺度[1]

「単位」発生の歴史は古く，古代

表 1.6.1　代表的な SI 基本単位と他の単位への換算率表

力	N	dyn	kgf
	1	1×10^5	1.01972×10^{-1}
	1×10^{-5}	1	1.01972×10^{-6}
	9.80665	9.80665×10^5	1

応力	Pa	MPa または N/mm²	kgf/mm²	kgf/cm²
	1	1×10^{-6}	1.01972×10^{-7}	1.01972×10^{-5}
	1×10^6	1	1.01972×10^{-1}	1.01972×10
	9.80665×10^6	9.80665	1	1×10^2
	9.80665×10^4	9.80665×10^{-2}	1×10^{-2}	1

仕事・エネルギー・熱量	J	kW·h	kgf·m	kcal
	1	2.77778×10^{-7}	1.01972×10^{-1}	2.38889×10^{-4}
	3.600×10^6	1	3.67098×10^5	8.6000×10^2
	9.80665	2.72407×10^{-6}	1	2.34270×10^{-3}
	4.18605×10^3	1.16279×10^{-3}	4.26858×10^2	1

熱伝導率	W/(m·K)	kcal/(h·℃)
	1	8.6000×10^{-1}
	1.16279	1

比熱	J/(kg·K)	kcal/(kg·℃)　cal/(g·℃)
	1	2.38889×10^4
	4.18605×10^3	1

1 J=1 W·s,　1 W·h=3600 W·s,　1 cal=4.18605 J（計量法による）
太線内は SI 基本単位

文明に遡ることができる．したがって，各々の文化圏あるいは経済圏特有の単位がごく近年まで使われ，国際標準規格として「SI 単位系」(System International d' Unites) が採用されている今でも，各々の単位系は実際にはまだ消滅しているわけではない．そのために，様々な形での国際的な情報の伝達が求められるようになっている現在，おもな単位系の名称と各々の換算ルールに関する知識を身につけておくことは大切である．代表的な SI 基本単位を表 1.6.1 に示す．

1.6.2 SI単位の基礎的事項

SI単位系では，長さ，質量，時間の基本を各々m，kg，sとしている．しかしながら，数値として極端に大きくなったり，あるいは逆に小さくなったりすることがあるので，単位に10^nを付す場合が多い．それを表す接頭語を表1.6.2に示す．メガやギガあるいはナノといった言葉は，今や日常的な言葉のひとつになりつつある．

応力を表わす単位としては，Pa（パスカル=N/m^2）が用いられるが，わが国ではN/mm^{2}をそのまま用いる場合が多い．

表1.6.2 SI接頭語の代表的な例

ギガ	ガ	接頭語	記号	乗数
ギ	ガ	giga	G	10^9
メ	ガ	mega	M	10^6
キ	ロ	kilo	k	10^3
ヘ	クト	hecto	h	10^2
デ	カ	deka	da	10^1
デ	シ	deci	d	10^{-1}
セ	ンチ	centi	c	10^{-2}
ミ	リ	milli	m	10^{-3}
マイクロ		micro	μ	10^{-6}
ナ	ノ	nano	n	10^{-9}
ピ	コ	pico	p	10^{-12}

しかしながら，欧米の学術論文ではMPa（メガパスカル）で表わされている場合が多い．また，たとえばコンクリートのヤング係数は，後述の工学単位系では$2.0 \times 10^5 \mathrm{kgf/cm^2}$と覚えやすかったが，SI単位系ではこれを単位変換すると以下のようになる．

$$2.0 \times 10^5 \times 0.098\,\mathrm{MPa} = 19.6 \times 10^3\,\mathrm{MPa}\ （あるいは,\ 19.6 \times 10^3\,\mathrm{N/mm^2}）$$
$$= 19.6\,\mathrm{GPa}\ （ギガパスカル）（あるいは\ 19.6\,\mathrm{kN/mm^2}）$$

1.6.3 質量と重量（換算と単位系）

測るものと単位との間の関係には，その物理的な意味にも注意する必要がある．一例として，質量と重量の関係について取りあげる．SI単位系では質量と重量の双方とも，重さを測る単位として広く用いられるものであるが，質量（m）にはキログラム（kg）を，重量（weight）にはニュートン（N）を用いる．質量は物の一定の物性を表すものであり，重量は重力場によって異なるものである．私たちは，ある物を手にとってその重さを体感できる．それは，重力加速度gが作用する重力場に，ある質量をもった物体を置いた場合に，それに加えられる力，すなわち重力を体感しているのである．

質量を重量に換算するには，式（1.6.1）を用いる．

$$W = mg \tag{1.6.1}$$

ここに，g は重力加速度を表し，地表面での重力加速度は通常 $9.81\,\mathrm{m/s^2}$ とみなされる．しかし，より高次の精度が要求される場合には，$9.8066\,\mathrm{m/s^2}$ を用いる必要がある．このように，どの程度の精度が要求されるかを問題ごとに判断することも工学の分野では大切なことである．通常は，3桁の有効数字が適切である．わが国の建築の分野では，SI 単位系が使われるようになる前にはセンチメートル（cm），グラム（g），秒（s）の3つの主要な単位を基礎とするいわゆる工学単位系（cgs 単位系）が用いられた．この cgs 単位系では，質量と重量の単位には，各々キログラム（kg）とキログラム重（kgf）が用いられた．外国の例としては，たとえばアメリカ合衆国では重量の単位にポンド（$1\,\mathrm{lbf}=0.4536\,\mathrm{kgf}$），長さの単位にインチ（$1\,\mathrm{in}=2.540\,\mathrm{cm}$）を用いる psi 単位系が一般に用いられていた．卒業研究などで少し古い論文や著書を読むときなどには，どのような単位系で表示されているかに注意する必要がある．

1.6.4 モデュール

古来より物の寸法を測る基準には，前述したように，人間自身の指や手，足といった身体の一部を基本として発達してきたものが多い．ヨーロッパのフート（$pl.$ フィート）やインチ，あるいは中国に起源をもち飛鳥時代に日本に導入された尺もこのような要素を含んでいる．時代によって「尺」の物理的な長さは異なるが，一般に1尺は 0.3030 メートルとされている．6尺で「1間」と呼び，1間四方（1間×1間）の面積を「1坪」と呼ぶ．一般に畳1枚の大きさが3尺×6尺であるので，1坪は畳2畳分の広さを意味する．重さの基本単位は貫（1貫は約 3.75 kg）で，これらを合わせた単位系を尺貫法と呼ぶ．

このように，建築構成材の大きさを与える寸法あるいはそのもととなる数値を，集合的にモデュールと呼んでいる．美しい建築物や見る人に感動を与える空間構成には，何か独特の構成美を感じさせるものがある．このような建築空間を構成する要素のプロポーションあるいは秩序の調和を測る基準としてモデュールが用いられてきた．言葉の語源はギリシャ語のモドゥルスで，ギリシャ建築ではたとえば柱の基部の直径を1つの単位（すなわちモドゥルス）として，ほかの部分を比例的に定めた．このように設計者によって設定された単位を用いて建築物の各部分の間，あるいは部分と全体の間との調和を図り，しかも形

態美を実現する寸法関係を割り出した．このような寸法の単位とほかとの調和の基準を，整った人間の身体の構成比率に求めたことも考えられる．後にル・コルビュジエは，比例概念と人体寸法という組合せから新しいモデュールの考え方を作り上げ，その基本比例として黄金比を用い，建築設計の基本の中に取り入れた[2]．これと類似したものが，わが国で用いられてきた木割である．これは，柱間や柱の太さなどを基準単位として，建築物を組み上げている部材間の構成比率が割り出されるものである．わが国に伝わる3尺×6尺の畳1枚の大きさを単位とする空間構成もまたモデュールの一種ということができよう．

　近年，建築の工業化がますます進められている．すなわち，建築を種々の構成材に分解して，これらを工場生産により量産化し，それらを組み合わせて建築を作り出すことである．このような構成材の生産・組み立てという観点から，建築物の寸法を決める際，ならびに構成材，設備部品，集成部品の位置設定およびそれらの寸法設定を行う際に，ベーシックモデュール[2]あるいはマルチモデュールを基本とすることをモデュラーコーディネーションという[3]．国際標準規格（ISO）および日本工業規格（JIS）によって，ベーシックモデュールは100 mm，マルチモデュールはベーシックモデュールの整数倍であるモデュールと規定されている[2,3]．このモデュラーコーディネーションを用いることによって，次のような効果が生み出される[4]．

1) 建築の設計者，製造業者，流通業者，建設業者，およびほかの業者間の協議協力を容易にする．
2) 設計作業において，設計の自由を制限することなく，標準構成材を用いて建築物を組み立てることができるように寸法を決めることを可能にする．
3) 種々のタイプの建築物の建設に対し，限定された数の標準化された建築構成材を使用することで，柔軟なタイプの標準化を可能にする．
4) 建築構成材の標準サイズの数を最適化する．
5) 材料，形態，または製造方法のいかんにかかわらず，可能なかぎり，構成材の互換性を促進する．
6) 建築構成材の位置出し，据付け，および組立ての合理化によって現場作業を簡略化する．

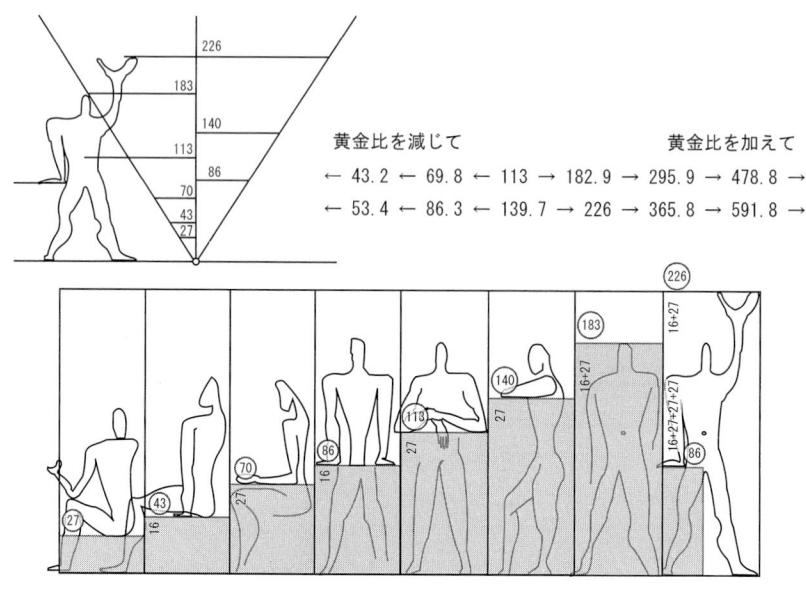

黄金比を減じて　　　　　　　　　　　黄金比を加えて
← 43.2 ← 69.8 ← 113 → 182.9 → 295.9 → 478.8 →
← 53.4 ← 86.3 ← 139.7 → 226 → 365.8 → 591.8 →

図1.6.2　ル・コルビュジエによるモデュロール
［参考文献 5) に基づいて作成］

7) 建築物のほかの部分と同様に，設置されたもの（設備，収納ユニット，その他の取付け家具など）の間のディメンショナルコーディネーションを明確化する．

　一方，コルビェジエによって提唱されたモデュロールは，「空間を調和的に計量するための尺度」として開発されたものであり，黄金分割を基本とし，人間の身体や知覚になじむ寸法の系列を構成し，建築物の美観や建築空間の秩序と調和につながるものと考えられている（図1.6.2)[5]．

　このように，モデュールの性質は構成材の互換性と結びついて重要な役割を果たすようになった．言いかえるならば，構成材は種々組み合わされることから，建築モデュールの数値には分割や倍数の組合せが自由であること，その寸法は建築の使用目的や美的要素を含む建築全体の性質に適するものであること，さらには建築は人間が生活を営む場であることから，人間的な尺度と密接に結びついたものであることが求められる点に留意しなければならない[6]．

参考文献

1) 小泉袈裟勝，単位もの知り帳，彰国社，1986 年
2) JIS A 0001：1999（ISO 1006：1983），建築のベーシックモデュール
3) JIS A 0002：1999（ISO 1791：1983），建築モデュール用語
4) JIS A 0004：1999（ISO 2848：1984），建築のモデュラ・コーディネーションの原則
5) ル・コルビュジェ（吉阪隆正訳）：モデュロールⅠ，鹿島出版会，1976 年
6) 池辺陽：モデュラー・コーディネーション，建築学便覧Ⅰ計画，pp. 286-300，丸善，1980 年

第2章 建築構成部位と材料

2.1 概 説

　建築は，一般にまずその骨組みとなる構造躯体がつくられ，次に仕上げが施されて完成する．前者に用いられる材料は構造材料，後者に用いられる材料は仕上材料と呼ばれている．建築材料は，材料単体の性質として理解することのほか，建築部位およびその集合によって建築空間が構成されたときの，部位・空間に要求される性能を満たすための構成材としてとらえる必要がある．さらに部位・空間の性能は，建築材料の構成方法，すなわち構法によって変わることから，構法についても理解することが必要である．

　建築部位および建築空間に要求される性能は種々のものがあり，部位・空間の種類によっても異なるが，究極的には居住者の安全性と快適性にかかわるものである．意匠性も考慮すべき重要な性能項目の一つであるが，安全性や快適性は定量的評価が可能であるのに対して，意匠性は視覚・感覚的な評価となることから，定量的に扱うことはむずかしい．

　建築材料自体に要求される性能としては，生産性や施工性のみならず，この両者にも深く関連する環境共生性，および健康安全性がある．環境共生性につ

いては,建築生産が資源枯渇や環境汚染の双方に大きな負荷を与えることから,資源の効率的利用や再資源化（リサイクル）および施工の省力化などを検討する必要がある（第7章参照）．健康安全性については，ある種の建築材料に含まれるホルムアルデヒドによる化学物質過敏症に代表されるように，建築材料には人間の健康に悪影響を及ぼすような有害な物質を含まないことが要求される．

　また，従来より，建築は材料や工法などの仕様を細かく定めた「仕様規定」によって設計・施工されてきた．しかし現在では，建築に要求される種々の性能を明らかにし，その性能を満たせば，使用する材料や構法，工法は問わないという「性能規定」によって設計・施工が行われる方向へ向かいつつある．

2.2　構造材料と仕上材料

2.2.1　構造材料と仕上材料の概要

　一般に床，壁，天井，屋根などの建築部位は，図2.2.1に示すように，構造材料と仕上材料によって構成されるが，仕上材料の取付けや表面の不陸をなく

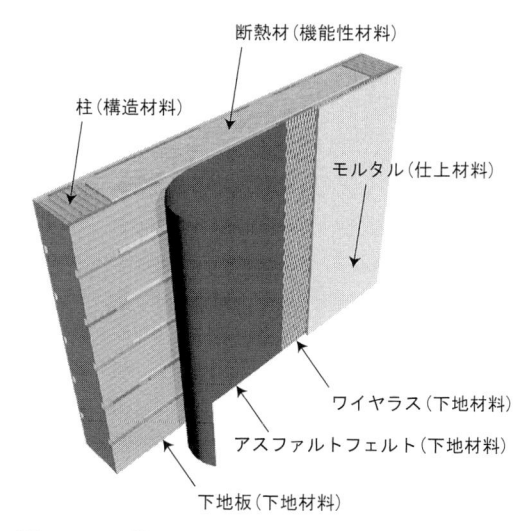

図2.2.1　構造材料と仕上材料による壁の構成例

するために下地材料が用いられる．さらに，部位に要求される防水性，断熱性，遮音性などの性能を向上させるために，これらの機能を有する機能性材料が用いられる．また，素材としての美しさなどを表現するため，構造材料が仕上材料を兼ねる場合もある．

2.2.2 構造材料

　構造材料は，柱，梁，床版，耐力壁など建築の構造躯体を構成する材料であり，わが国ではコンクリート，鋼材，木材が代表的な構造材料となる．構造躯体に要求される重要な性能は，構造安全性，耐火性および耐久性の3項目であり，基本的には構造材料自体の性質に左右される．

（1）　構造安全性を確保するための性質

　構造躯体には外力が作用したときに破損・破壊することなく，過大な変形も生じないという構造安全性が要求される．構造安全性を確保するためには，構造材料に必要となる力学的性質，すなわち強度，剛性，靭性などを保有することが必須条件となる．

（2）　耐火性を確保するための性質

　構造躯体には，火熱を受けても構造耐力が低下しないという耐火性が要求される．耐火性を確保するためには，鉄筋の被り厚さを確保したり，鉄骨に耐火被覆を施したり，木材を不燃材料で被覆したりすることによって，構造材料の火熱による変形や燃焼に対する抵抗性を向上させることが必要である．

（3）　耐久性を確保するための性質

　構造躯体には，構造安全性を長期にわたって維持するための耐久性が要求される．耐久性を確保するためには，構造材料が各種の環境作用などに対して劣化抵抗性を有していることが必要であり，劣化によって部材の有効断面が減少し，構造耐力が低下するようなことがあってはならない．劣化は時間の経過とともに徐々に進行し，劣化が著しく進行した段階では，構造躯体の耐力も低下し，場合によっては供用不能という結果にいたる場合がある．図2.2.2に示すように，劣化の兆候をいち早く発見して補修などの対策を講じると，構造躯体としての性能は初期の段階まで近づき，これを繰り返すことによって構造物の耐用年数を延長させることが可能となる．このためには，日常的な維持保全や

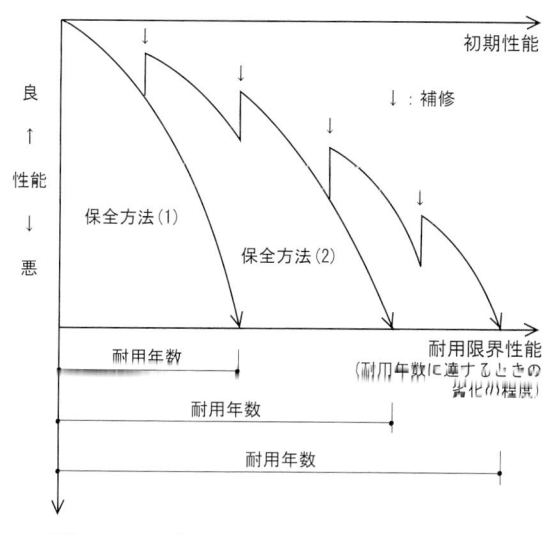

図2.2.2　建築の補修による耐用年数の延長

補修・改修がきわめて重要となる．

2.2.3　仕上材料

仕上材料は，仕上工事として下地材料や機能性材料とともに用いられ，床，壁，天井，屋根などの建築部位を構成する．木工事の場合は，敷居，階段，造り付け家具なども含む内部の仕上材料や取付物を総称して造作と呼ぶこともある．

床の例として表1.2.1に示したように，建築部位には多種多様な性能が要求されるが，部位の用途や置かれる環境などにより要求される性能は大きく異なる．たとえば，床に要求される性能は，玄関，和室，洋室，便所など建築空間の要求性能によって異なり，屋根に要求される性能は，海岸地，台風飛来地，多雨地，積雪寒冷地などの自然環境条件によって異なる．したがって，部位に要求される性能を確保するためには，まず部位に作用する各種因子を明らかにし，次に作用因子を制御するための部位の構成を検討することが必要となる．

（1）部位に作用する因子

建築部位に作用する因子は，外力，水，熱，光，音など多岐にわたり，建築部位には，各種作用因子を緩和・調節し，快適な環境をつくり出すための性能

が要求される．表2.2.1は，作用因子の制御と建築部位の関係の例を示したものである．表中の矢印は，建築の外部または内部で生起する作用因子の建築部位に対する働きを示しており，建築部位はこれらの作用因子を透過あるいは遮断(反射・吸収)するなど，適切に制御することが求められる．しかし，多くの作用因子は，地域，場所，季節，時間などによって変化するため，その変化に対して追従するような性能が要求される．窓などの開口部は，寒ければ閉じ，暑ければ開けるというような可変性が必要であり，採光と遮光の相反する性能を確保するために，カーテンやブラインドなどを取り付けるなどの対応も要求される．また，光の反射などは部位の表面に使用される材料の性質で制御することが可能であるが，断熱などは部位に使用されるすべての材料と構法とが関係する．防水性や断熱性などについては，それぞれを確保するために気密性を高める必要があるが，気密性を高めると結露が生じ，仕上材料に汚れやカビを発生させたり，木材を腐朽させたりすることもある．このような場合は，壁体内部に通気層を設けることなどの構法的対応が必要である．さらに，作用因子を部位の性能だけで制御することは困難な場合もあり，空間構成を検討することや，空調・照明などの設備システムとの連携を図ることも必要である．

(2) 部位に要求される性能

　床，壁，天井，屋根などの各部位にはそれぞれ種々の因子が作用し，作用因子を制御するための諸性能が要求される．第1章の表1.2.1に示したように，床のみを取りあげただけでも，要求される性能項目は多岐にわたる．各部位に要求される性能は，作用因子の種類によって明確となるが，種々の因子が作用するとき，すべての因子を完全に制御することは不可能に近い．このような場合は，因子の作用する強さなどの関係から要求度の高い性能を抽出し，性能項目の優先度を決定するとともに，要求される性能がどの程度の水準を必要とするかを明確にして，この水準を満たす部位を材料と構法の選択により構成する必要がある．そのためには，性能の水準を性能値として定める必要があるが，現段階では，すべての性能項目について性能値が明確にされているわけではなく，部位としての性能を評価するための試験法も確立されているものは少ない．試験法については，材料を対象とした試験から得られる材料自体の測定値を指標として，部位に付与されている性能の水準を間接的に推定せざるをえないこ

表 2.2.1 作用因子の制御と建築部位との関係
[参考文献 1) に基づいて作成]

作用因子	項目	外部←→内部（エンベロープ）	屋根	外壁	開口部	床
人	自由な出入り，日常活動				●	
	避難				●	
	訪問者				●	
火	防火・耐火		●	●	●	●
煙	煙侵入防止		●	●	●	●
	排煙				●	
水	水密性		●	●	●	
	湿気放出		●	●	●	
外力	地震・風圧力		●	●	●	●
外敵	泥棒，動物，虫		●	●	●	●
熱	冬		●	●	●	●
			●	●	●	●
	夏			●	●	
			●	●	●	●
光	採光		●	●	●	
	遮光		●	●	●	
視界	視覚的情報，外部情報				●	
	プライバシー		●	●	●	
	視線				●	
電磁波	反射障害（吸収）		●	●	●	
	反射障害（透過）				●	
	電波の遮断		●	●	●	
	情報の管理・漏洩防止		●	●	●	
空気	気密		●	●	●	
	通風・換気				●	
	汚染物質・ほこり		●	●	●	
音	外部騒音		●	●	●	
	情報				●	
	プライバシー		●	●	●	
その他	創エネルギー（電気）		●	●		
	創エネルギー（熱）		●	●		
	雨水利用		●			
	情報発信				●	
	屋上・壁面緑化		●			
	町並みの形成・保存		●	●	●	
	自然環境・生態系との親和		●	●		

とも多く，部位としての性能評価方法については，今後の研究の進展に期待するところが大きい．

2.3 構造躯体の構成と材料

2.3.1 構造材料と建築構造の概要

構造材料の視点から日本で用いられる主要な建築構造の種別を大きく分類すると，木質構造，鉄骨構造，鉄筋コンクリート構造，鉄骨鉄筋コンクリート構造，特殊コンクリート構造，プレストレストコンクリート構造の計6種類となる．図2.3.1は，建築構造の種別と各々に使用される構造材料の関係を示したもので，木質構造には木材・木質材料，鉄骨構造には鋼材，コンクリート系の構造にはコンクリートと鋼材が構造材料として使用される．また，コンクリートと鋼材は，木質構造および鉄骨構造の基礎部分などにも用いられる．また様々な構造形式は，構造材料を単一のままあるいはいくつかを組み合わせて利用し，それぞれの材料特性を生かすことにより成立する．言いかえれば，新しい構造材料の開発は新しい構造形式を生み出し，建築の表現にとって重要な構造形態とそのデザインは，構造材料と構造形式の密接な関係を基本として生み出される．

また，構造材料は，基本的にはすべて天然資源に依存しており，資源の大量

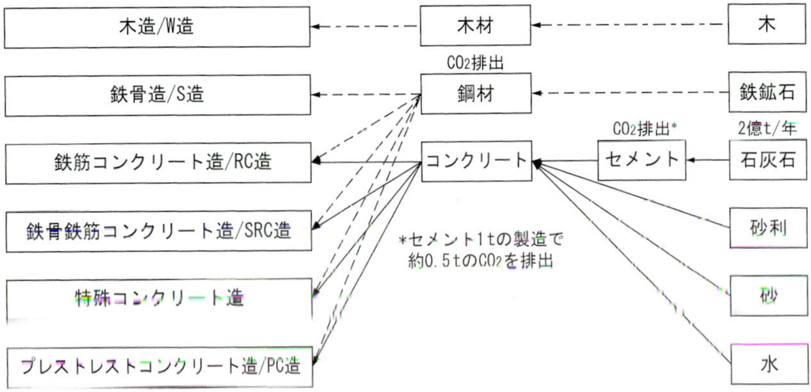

図2.3.1　主要建築構造と使用材料

消費のうえで建築生産が成り立っている．資源の枯渇や加工処理によるエネルギー消費，また既存構造物の解体に伴う廃材処理など，建築生産は資源と環境の両面に大きな負荷を与えており，問題解決のための研究や技術開発が行われている（第7章参照）．

2.3.2　構造材料の特性と建築構造
（1）木 質 構 造
　一般に，木質構造（Wooden Structure）は以下の6つに大別される．
1) 在来軸組構法（木造軸組構法）
2) 枠組壁工法
3) 丸太組構法
4) 木質プレハブ構法（パネル構法）
5) 集成材構造
6) 大規模木造建築の構造

　在来軸組構法（図2.3.2）による構造は，柱，桁，梁などの鉛直部材や水平部材などにより構成されるため，木理（もくり）の通ったまっすぐなスギ，マツ，ヒバ，ヒノキなどの針葉樹が構造材料として利用される．枠組壁工法による構造は，規格化された枠組材に合板を釘止めしたパネルを構造部材とする壁式構造であり，丸太組構法による構造は，丸太を積み上げて耐力壁を構成する構造形式である．集成材構造は大断面や長尺な集成材を用いる大規模軸組構造であり，大規模木造建築の構造は長大な集成材を用いてトラスやアーチ，シェルなどを構成する大空間構造である．なお，木造はW造と略称される場合がある．

　これらの各種構造形式は，木材の長所である加工性や軽量性および軽量のわりには強度が高いという特性を生かしたものである．さらに大規模木造建築は，大断面や長尺材が得にくいという木材の欠点を補うことができる集成材を利用することによって可能となる．さらに，木構造の欠点である仕口など接合部の剛性の低さは，金物の使用により確保することが可能である．

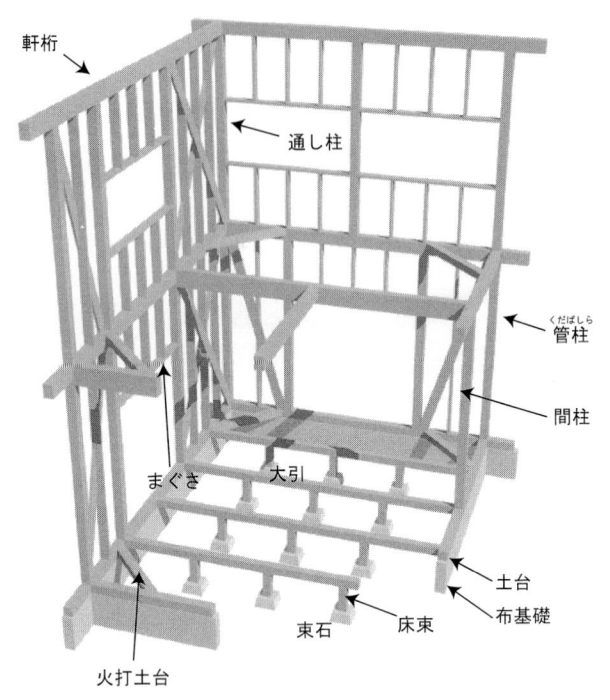

図2.3.2 軸組構造（在来軸組構法）の構成例

（2） 鉄 骨 構 造

　鉄骨構造（Steel Structure）は，鉄骨ラーメン構造（図2.3.3），鉄骨平面トラス構造，鉄骨立体トラス構造，軽量鉄骨構造に大別される．鉄骨造のことを一般にS造と略称する．

　鉄骨構造は，型鋼や鋼管およびパイプなどに加工した鋼材を柱や梁およびトラスなどに用いて骨組みを構成する構造形式である．鋼材は圧縮にも引張りにも強く，ヤング係数が高く，さらに粘り強いという長所がある反面，密度がきわめて高いため，H形鋼や鋼管などのように，部材断面外端部の寸法は大きいが鋼材そのものの断面積は小さい形に鋼材の断面形状を加工して軽量化が行われる．また，材料としては圧縮強度も高いものの，断面が薄く細いものとなる結果，部材の圧縮強度は座屈に対する抵抗性で決まる場合も出てくる．

　鋼材は，工場で生産されるため品質は安定しているが，溶接などによる接合

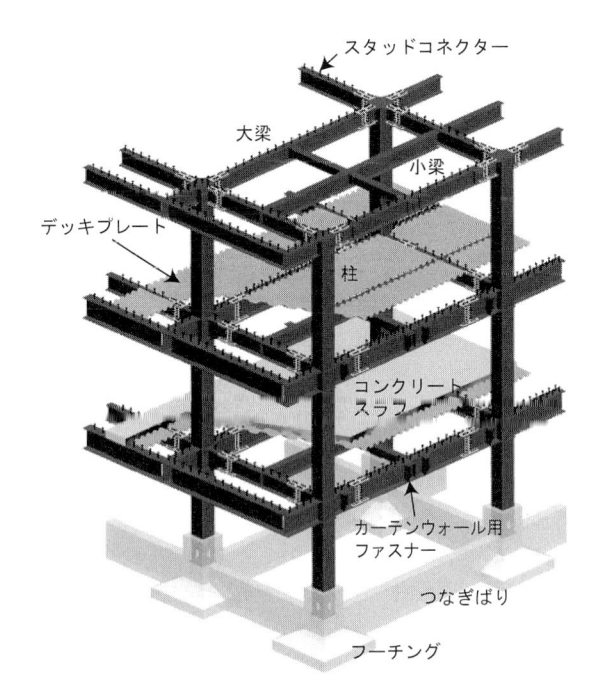

図 2.3.3　鉄骨ラーメン構造の構成例

部分には十分な品質が要求される．また，鋼材は，火熱による耐力低下が大きいため耐火被覆などが必要で，腐食による断面減少も問題となるので防錆塗料などを塗布する必要がある．

(3)　鉄筋コンクリート構造

鉄筋コンクリート構造（Reinforced Concrete Structure）は，鉄筋コンクリートラーメン構造と鉄筋コンクリート壁式構造に大別される．鉄筋コンクリート造のことを一般に RC 造と略称する．

鉄筋コンクリートラーメン構造（図 2.3.4）は，柱と梁の線状部材および床スラブや壁などの面状部材を鉄筋コンクリートで構成する構造形式であり，壁式構造は，耐力壁，壁梁，床スラブの面状部材を鉄筋コンクリートで構成する構造形式である．

鉄筋コンクリート構造は，中に配筋が施された型枠にコンクリートを打込んで構成するので造形の自由度が高く，連続した一体的な構造であるため，仕口

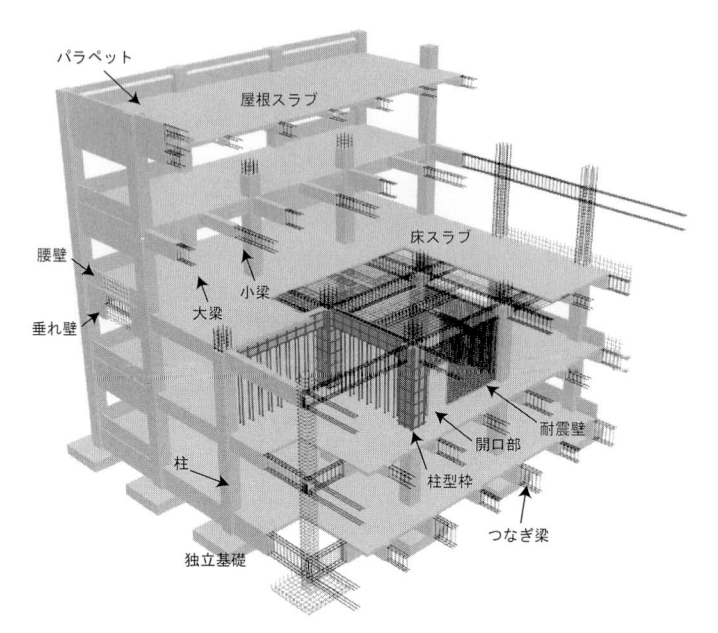

図 2.3.4　鉄筋コンクリートラーメン構造の構成例

部は剛接合となる．コンクリートは圧縮には強いが引張りには弱い．それに対して鉄筋は引張りには強いが圧縮により座屈を生じる．鉄筋コンクリート構造は，この両者の弱点を補完しあう構造形式である．またコンクリートは，その強いアルカリ性によって鉄筋の腐食を抑制するとともに，火熱による鉄筋の強度低下を防止する耐火被覆の機能を有している．

鉄筋コンクリート構造の耐久性は，凍害やアルカリ骨材反応などのようにコンクリート自体の劣化によるもの，中性化や塩害などのように鉄筋の腐食が問題となるものの2つに大別できる．これらの劣化は長い時間をかけて起こる経年変化によるものであるが，施工時に生じるジャンカ（あばた，豆板）やコールドジョイント（不良打継部）および表面の気泡などの初期欠陥も劣化抵抗性を低下させる原因となる．そのため，耐久性を確保するためには，入念な施工が必要である．

（4）　鉄骨鉄筋コンクリート構造

鉄骨鉄筋コンクリート構造(Steel Encased Reinforced Concrete Structure)（図

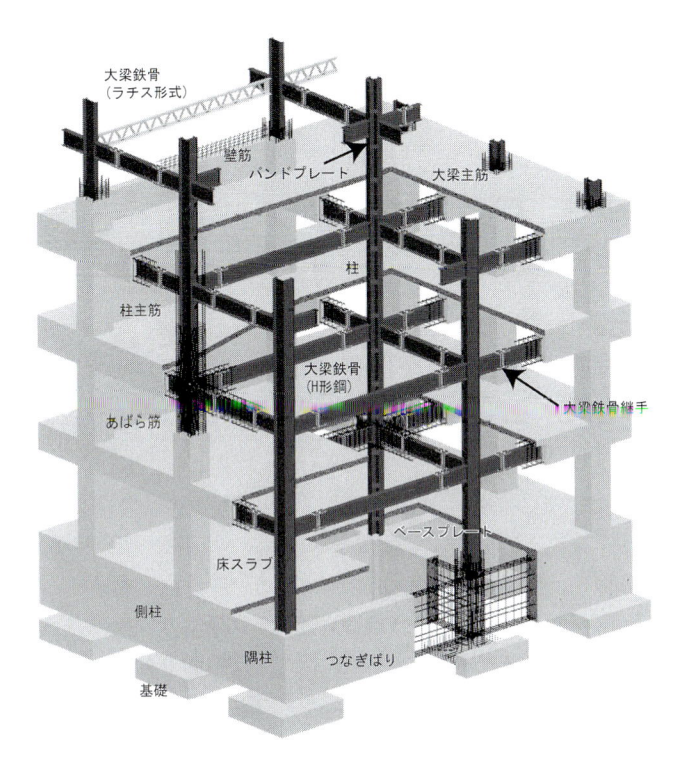

図 2.3.5　鉄骨鉄筋コンクリート構造の構成例

2.3.5) は，鉄骨で構成された柱・梁などの骨組みの周りに鉄筋を配置してコンクリートを打設する構造方式である．鉄骨の粘り強さと鉄筋コンクリートの変形のしにくさを生かした構造で，耐力的には優れるが，施工が複雑で自重が大きくなるなどの欠点がある．10〜25 階程度の中・高層建築物に利用される場合が多い．鉄骨鉄筋コンクリート造のことを，一般に SRC 造と略称する．

図 2.3.6 は，柱に鋼管を用いたときの断面構成を例示したものである．このうち「(b) 充填形式」は，鉄筋を使用せずに鋼管内にコンクリートを充填しただけのもので，CFT（Concrete Filled Steel Tube）構造とも呼ばれる．剛性・耐力・変形性・耐火性に優れ，柱の断面も小さくでき，施工も比較的容易であることから，鉄骨構造，鉄骨鉄筋コンクリート構造，鉄筋コンクリート構造に続く第 4 の構造形式ともいわれている．

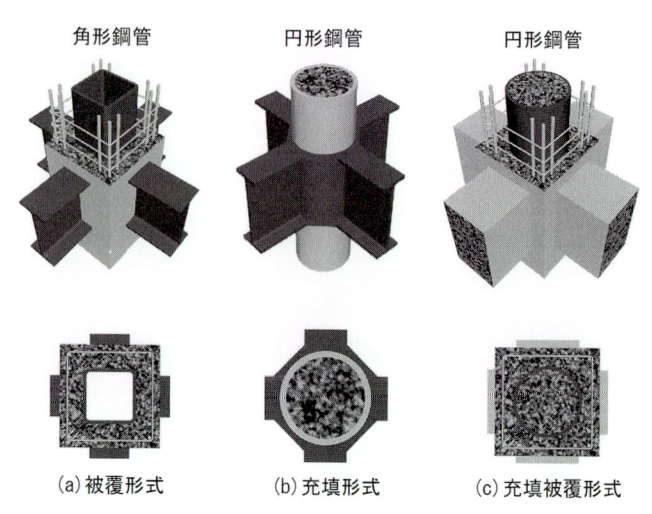

図2.3.6 コンクリート充填鋼管構造（CFT構造）柱の構成例

角形鋼管　円形鋼管　円形鋼管

(a) 被覆形式　(b) 充填形式　(c) 充填被覆形式

（5） 特殊コンクリート構造

　コンクリートと鉄筋で構成されるその他の構造としては，補強コンクリートブロック構造，型枠コンクリートブロック構造，プレキャストコンクリート構

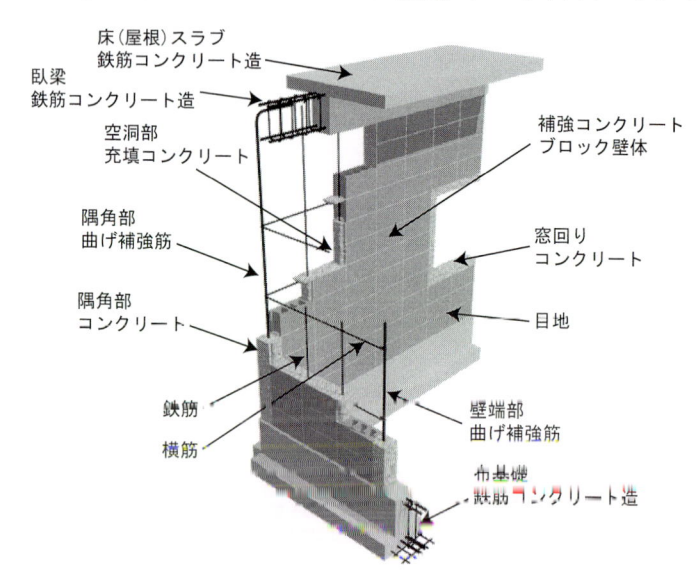

図2.3.7 補強コンクリートブロック構造の構成例

造などがある．

　補強コンクリートブロック構造（図2.3.7）は，柱・梁・床などを鉄筋コンクリートとし，壁を工場生産の空洞コンクリートブロックで積み上げる構造方式で，ブロックの空洞部に鉄筋を配しコンクリートを充填して補強する．型枠コンクリートブロック構造は，型枠コンクリートブロックを積み上げ，ブロックの中空部に鉄筋を配してコンクリートを打設する構造方式で，ブロックを一体化して壁式鉄筋コンクリート構造とするものである．

　プレキャストコンクリート構造（図2.3.8）は，工場などであらかじめ製造された鉄筋コンクリート造の柱，梁，床，壁などを現場で組み立てる構造方式であり，工期短縮，コストダウン，労務の省力化のほか，コンクリート部材の均質化を目的として開発された構造形式である．プレキャストコンクリート（Precast Reinforced Concrete）という用語は日本で生まれた呼び名であり，PCと呼ばれる場合もあるが，次項のプレストレスコンクリート（Prestressed

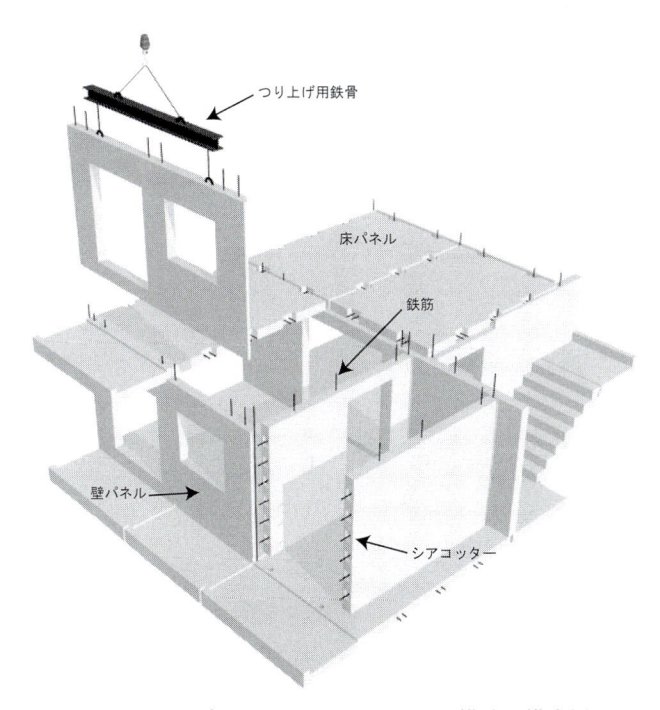

図2.3.8　プレキャストコンクリート構造の構成例

Concrete）も PC 構造と略されるので，日本では混同されやすい．最近では，これを避けるため，前者を PCa と呼ぶ場合もある．

（6） プレストレストコンクリート構造

コンクリートは引張力に対する抵抗性は小さく，引張応力が作用するとひび割れが発生しやすい．プレストレストコンクリート構造（Prestressed Concrete Structure）は，コンクリートの引張応力が生じる部分にあらかじめ緊張材によって圧縮応力（プレストレス）を与えておき，荷重を受けたときに生じる引張応力を打ち消すようにした構造である．緊張材には高強度の鋼材（PC 鋼材）を用いる．コンクリートには，普通強度のものを用いるとプレストレスにより収縮やクリープによるひずみを生じるため，高強度のものが用いられる．柱，梁，床，耐力壁など構造躯体の一部に採用されることが多く，梁部材などは曲げひび割れが発生しにくくなるので，大スパン架構などに採用される．

プレストレスの導入方式はプレテンション方式とポストテンション方式の 2 通りがある．プレテンション方式は，PC 鋼材に引張力を与えておいてからコンクリートを打設し，コンクリート硬化後に PC 鋼材の緊張力を緩めて，コンクリートと PC 鋼材の付着力によってプレストレスを与える方式である．PC 鋼材を事前に緊張するためのアバット（固定アンカー台）を必要とし，通常はコンクリートが促進養生されるので，梁や床スラブなどの小型プレキャスト部材として工場生産されることが多い．ポストテンション方式は，コンクリート硬化後に PC 鋼材に引張力を与えて，その反力としてコンクリートに圧縮力を生じさせる方式である．PC 鋼材は曲線配置とすることが多く，主として現場打ち構法に多く用いられるため大型部材の施工に適する．

（7） その他の構造

吊り構造（ケーブル構造）は，ケーブルを構造材料として用い，ケーブルの張力を利用して外力を伝える架構形式である．ケーブルは，細くて強度の高い鋼線を束ねるか縒（よ）りあわせて作られ，引張強度が高く，軽くて柔軟性を有している．ケーブルの形状が放物線や直線となるため，造形の自由度がなく，また，支点に大きな応力が集中するため，ケーブル端部の設計・施工に注意を要するほか，外力により変形や振動が生じやすいことに注意する必要がある．架構の剛性を確保したり，造形の自由度を高めたりすることを目的として，ケー

ブルの代わりに PC 棒鋼や形鋼を用いる場合もある．

アーチ構造は，吊り構造のケーブルとは逆にアーチに作用する圧縮応力で荷重を支える構造であり，地震の心配がないヨーロッパなどでは石材や煉瓦を構造材料とする組積造のアーチ構造も見ることができる．

膜構造は，薄い膜に張力を与えることによって，ある程度の剛性を確保する構造で，膜を支持する方式は，骨組み膜方式（図 2.3.9，2.3.10）や，ケーブル膜方式，吊り膜方式（サスペンション膜方式）などがある．また，空気膜構造（ニューマチック構造）は，膜の内側に外気圧よりやや高めの内圧を加える

図 2.3.9 大館樹海ドーム（骨組み膜方式）
[(財) 大館市文教振興事業団より許可を得て転載]

図 2.3.10 大館樹海ドームの集成材による骨組み（膜の採用により採光性を確保）
[(財) 大館市文教振興事業団より許可を得て転載]

ことにより膜に張力を与え，膜自体を自立させる構造である．自重が小さいため，大スパン構造に適する．

参考文献
1) 日本建築学会：建築設計資料集成［総合編］，p.82，2001年
2) 日本建築学会：構造用教材，2004年

2.4 屋根の構成と材料

2.4.1 屋根の名称と働き
（1） 屋根の名称

　屋根にまつわる呼称はほかの部位に比べて圧倒的に多い．形態に基づいた名称＜陸屋根，勾配屋根，寄棟，片流れ，切妻，方形，…＞，形態と区別しにくい点もあるが構法に基づいた名称＜入り母屋，合掌造，…＞，材料で区別する名称＜瓦屋根，金属屋根，…＞があり，網羅することは容易ではない．呼称は歴史性と地域性にも関連し，体系的とは言いにくいので，細部に関するものは経験によって学んでいく必要がある．

　通常の意味で屋根は形態で分けられることが多いが，屋根の形態は実に多様である（図2.4.1）．これらを大きく2つに分けることが慣例になっている．1つは平らな屋根で陸屋根（ろくやね）といい，もう1つは平らでない勾配屋根である．平らでない屋根には，ドームやヴォールト，シェルなど曲面で構成されたり壁と一体になるものもあるので，かならずしも平面屋根ばかりではない．また，陸屋根は平らといっても水が流れるくらいの勾配はとってあるので厳密には平らではない．これら2分類の屋根があるものの，わが国で屋根といえば勾配屋根を意味することが日常的であり，陸屋根は屋根でありながら屋上ととらえられることが多い．実際，勾配屋根には目に見える屋根面を形成する屋根葺（ぶき）材料が用いられ屋根の意匠を感じさせるが，陸屋根は日常的な視点では屋根面が見えず，屋根葺材を用いることもきわめてまれである．陸屋根は雨水を通さない床（スラブ）と考えたほうが自然で，「屋根スラブ」あるいは「屋

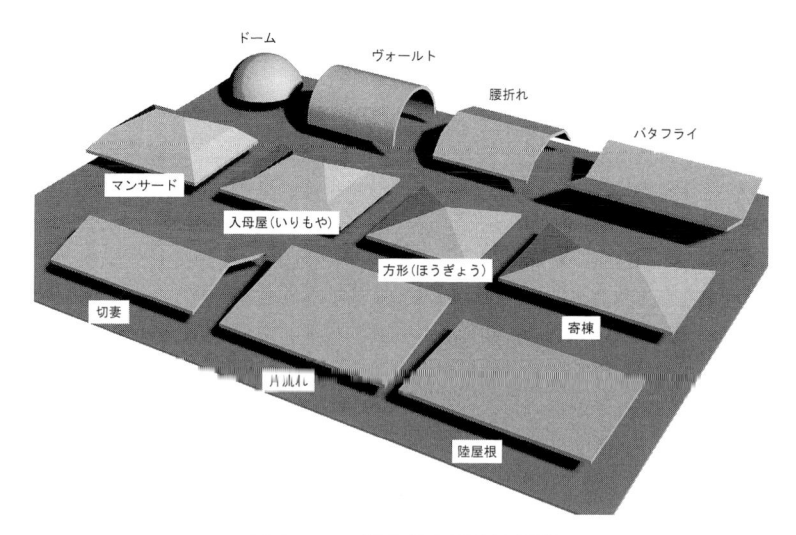

図2.4.1 代表的な屋根の形状

上スラブ」ということが多い．陸屋根の出現は，わが国では近代以降のことである．

（2） 屋根の働き

　屋根という部位の際立った特徴は，気候という環境の直接的な遮断性にある．気候の中でも，日射や雨・雪が遮断の対象だが，わが国の場合は歴史的に，雨水（雪）の遮断が屋根という部位の第一の機能といってよい．熱帯気候では日射の遮断が第一の機能になるので，雨の遮断が第一というのは平均的な日本の気候においてという意味である．

　一般的に屋根が遮断する周辺環境としては，雨・風・雪・外気温・日射などの気象環境，音・熱・有害外気・火災などがあげられる．だが，わが国の場合，雨（雨水）が室内に入らないという性能をまず第一に考えて建築物を考えるとわかりやすい．この性能を確保・維持するためにいくつかの屋根の構法と屋根材料が存在している．歴史的な町並みを形成する屋根景観というものも，その地域で守られてきた雨水対策の屋根の構法と屋根材の歴史の形跡にほかならない．

2.4.2 屋根の構法と構成材料
（1）陸屋根の防水工法と構成材料
　陸屋根は，防水性と排水性（断熱性も加えてよい）を備えた床ということもできる．陸屋根構成の基本原理は，1種類の材料で性能を確保するのではなく，何種類かの材料を層状に構成して性能を確保することにある．たとえば，コンクリート躯体のままでは，屋根の形らしきものにはなっても，まだ陸屋根ではない．ここに，防水工事を施してはじめて性能を持った陸屋根になる．近代以降，技術的にほぼ確立した工法としてアスファルト防水があり，現在の防水工法の大半を占めている．アスファルト防水は，広い屋根面を継ぎ目なく覆う大きな1つの面を作るという意味のメンブレン防水工法のひとつであり，最近ではアスファルトの替わりに高分子シートを用いるシート防水工法もある．防水工法の基本は水を通さない材料層をいかにつくるかということにあり，それ以外の層は，防水層の保護，水勾配の確保，断熱などのために作られる層になっている（5.4節参照）．

（2）勾配屋根の構法と構成材料
　屋根が勾配をもつ第一の理由は，雨水を流すことである（多雪地帯では雪を滑らせて地面に落とすという理由もある）．勾配のとり方は歴史的にも地域的にも非常に多種多様であり，その勾配の大きさは構法や屋根葺材料とも関係している．また，勾配や屋根葺材料によって建築物の意匠や町並みが決まってくる．したがって，景観にまで影響を与える勾配屋根と材料の多様性が，陸屋根と異なる勾配屋根の面白い点である．

　もともとの屋根の性能は周辺環境の中の気象環境の遮断性にある．周辺環境の中の気象環境は地域によって異なり，また，地域の違いは，最も外側の外皮になる材料，すなわち屋根葺材の違いを生み出す．世界的に見れば，木の枝や木の皮，植物の葉，動物の皮を使うところもあるだろうし，干した土を使うところもある．わが国の伝統材料としては，木片や植物の茎（葦や茅），あるいは土を焼いた瓦がよく知られているところである．近代以降わが国では，伝統材料は新材料にとって代わられ，特殊な場合を除き，瓦以外の伝統材料はほとんど使われてはいない．現在，流通する屋根葺材を材料の種類で分けると表2.4.1のようになる．

表 2.4.1 屋根材料の分類

材料種別	分類	使用頻度	備考
セラミックス系	和瓦	◎	桟瓦など
	洋瓦	○	スペイン瓦など
金属系	鋼板（表面処理）	◎	
	アルミニウム合金板	△	
	ステンレス鋼板	△	
	銅板	▲	
	チタン板	▲	
	その他	△	
植物系	かや，わら	▲	伝統民芸
	板	▲	寺社・伝統和風
石材系	スレート(粘板岩)	△	
セメント系	セメント瓦	◎	
	セメント板	△	
合成高分子系	スレート状	◎	
	シート状	◎	

◎非常によく用いられる，○よく用いられる，△特別な建築物，▲特殊な建築物

屋根構成の基本は，「建築物内部に雨水が侵入しないように，いかにして屋根葺材を屋根に取り付けるか」ということにある．そのためには，
・第一に屋根葺材を取り付ける下地（屋根下地）をいかに作るか
・第二に屋根下地に屋根葺材をどう取り付けるか
の二点が重要になる．気象環境の遮断性が満足され，施工精度として軒や棟などの屋根の直線性（場合によっては曲線性）を美しく実現するような構成が求められる．

近代以降，屋根葺材の種類が増えたため，屋根下地の構成も数多く生まれたが，構成原理が複雑になったわけではない．基本的には次の段階・層で構成される．屋根の外側（建築物外部）から内側（建築物内部）に向かって，①屋根葺材，②下葺（したぶき）材，③野地板（のじいた），④垂木（たるき）となる．図 2.4.2 に代表的な屋根の構成を図示した．この図は構成の基本原理を示した

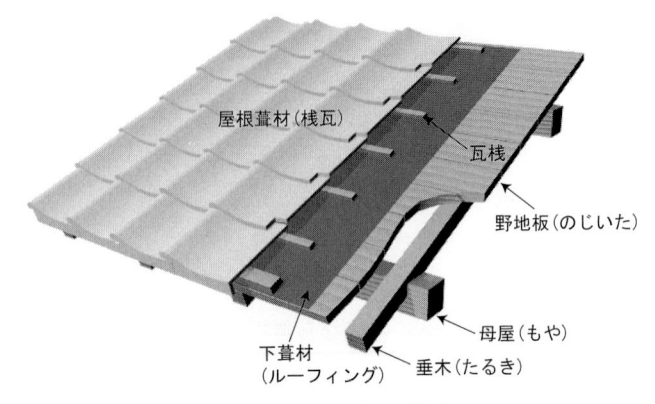

図 2.4.2 屋根の構成

 もので，実際には，屋根葺材と勾配および躯体構法によって細部が変化する．垂木は一般に棟木（むなき）と母屋（もや）の上に載せられており，場合によっては棟木や母屋も屋根の構成の一部に加えられることがある．伝統木造では柱や梁など大断面の躯体ほど精度が落ちるので，その上に構成する屋根面の荷重を分散させながら躯体に伝え，平面精度を確保するために中間に様々な部材が必要になる．母屋，垂木は力の分散，野地板は平面の確保，下葺材は雨水の侵入防止という役目を果たす．屋根葺材は外気の暴露に耐え，屋根形状とともに建築物の意匠に寄与する．

2.5　床の構成と材料

2.5.1　床の名称と働き
（1）床の名称

　床という部位は形態的には単一平面である場合がほとんどなので，形に関する呼称はほとんどなく，コンクリート床，デッキプレート（鋼板でできている），フローリングなど材料種で区別されることが多い．なお，構法上，組床（架構式），直床（非架構式）に分ける場合もある．また，わが国の伝統的な床仕上げとして畳敷きがあるが，これを床の一種と認識されることはほとんどないの

で本節では取りあげない．

　住宅の床の場合に，フローリングという言葉が使われることがある．フローリングという語は，もともとは床を作ることや床材の総称だが，現在わが国では，木や木質材料で作られた「木の床」を指す．しかし，「木の床」の作り方にはいろいろあって，中身がすべて単一の無垢材からなる床も，木の繊維を固めて作った木質材に 0.2 mm の極薄板（突板という）を張り付けた製品床材からなる床も「木の床」ということになっており，「木」という言葉は多義的である．フローリングという場合，本来なら無垢材からなる「木の床」を指すべきところだが，モルタル仕上げ床や塩化ビニル樹脂系床などの非木質系と区別して木質系床材料からなる床を指すようになっている．

(2) 床の働き

　床は建築物の部位の中で人とじかに触れ合う機会の最も多いところである．特に日本の住宅の場合，室内では靴をぬいで生活する場合が圧倒的に多いので，床上でもさまざまな行為が行われ，足の裏に限らず身体の様々な部分が床に接触する．これが，壁，開口部，天井などと際立って異なる床の特徴である．

　室内で靴を脱ぐ場合でも脱がない場合でも，床は建築物内にあって，人間のすべての行為を支持して引き受けている部位である．何もしないときでも，床の上に人は立っていなければならない．さらに床を歩いてほかの空間に向かわなくてはならない．その床で人と立ち話をする，腰掛けに座る，踊る，…，ありとあらゆる行為が床の上で行われている．この床の存在を肌で直接知るという性質，および，様々な行為が床の上で行われるという性質が，床材料を考えるときには第一に考慮すべき点である．

　床材料に求められる性能は，まずそこで行われる行為の種類によって規定される．たとえば，飲食店の厨房のような防水・排水が重要な床，幼児のあらゆる遊び行為をサポートする幼稚園室内の床，高齢者や障害者の歩行を妨げない滑りにくい床など，特殊なケースを考えることによって，床に必要な性能が様々あることを理解できる．床に要求される性能には，表 1.2.1 に示すように防水性，遮音性，断熱性など，環境遮断性のほかに，平坦性，弾力性，滑り性能（快適性）などの人間生活の行為に直接関わる性能が加わる．快適性に関しても，ほかの建築部位では心理的な要素が主要因になるのに対し，床の場合は身体的

な快適性がその要因に加わる．各要求の程度はその室内の性質と機能によって決まってくる．

2.5.2 床の構法と構成材料
(1) 床の構成方法

床の構法原理は躯体構造種別により異なってくる．S造とRC造は柱梁に関しては各々SあるいはRCで作られるが，床に関してはいずれの構造種別でもほとんどの場合RCで作られる．したがって，S造とRC造は床の構法に関しては同一とみなしてよい．それに対して，木造では基本的に異なっている．すなわち，S造とRC造では，躯体工事中に床の平面部分つまり床版（床スラブ）がほぼできているのに対し，木造では，躯体部分ができてもまだ平面は形になっていないということである（ただし，木造の中でもツーバイフォー工法は例外で，プラットフォームとして床版ができている）．したがって，木造の場合の床の構成は原則として＜根太＋下地＋床材料＞として根太（ねだ）と下地で平面を構成し，ここに最終的に人と接触する床材料が張られることになる．根太は，大引（おおびき）に載ることが多い．S造とRC造は，木造と同様＜根太＋下地＋床材料＞という構成で根太を床版に留めて作る方法と，根太なしで＜下地＋床材料＞とする直張り工法とがある．これらの工法の下地には，近年ではほとんどの場合合板が用いられ，室用途に応じた防湿性や耐水性が合板や構成材の間に挟み込まれるシート層の構成によって確保される．

(2) 床の構成材料

床材料の分類として，おおまかに，石材系，セラミックス系，金属系，木質系，合成樹脂系，繊維系と分けることができるが，使用頻度から見ると，金属仕上げの床はきわめて特殊か，何も仕上げのないデッキプレートやフリーアクセス床の構成材ぐらいである．石材系やセラミックス系もわが国では室内床としては特殊な部類に入り，構法的には直仕上げの部類になる．

構法の違いという観点から材料を見ると，木質系の構法と合成樹脂系の構法に大別できる．繊維系には，純繊維で織られた大面積のカーペットと塩化ビニル樹脂などの基盤に繊維を植えた小面積のタイル状カーペットがあるが，繊維系の構法は，木質系あるいは合成樹脂系の構法のどちらかを応用したものになる．

2.5 床の構成と材料

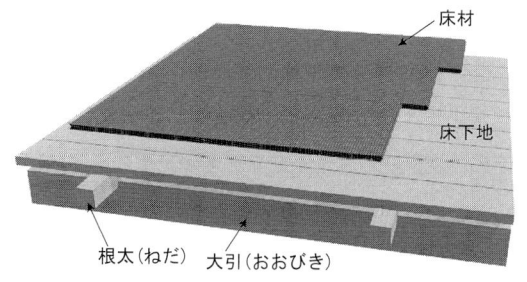

図2.5.1 床の構成

（図中ラベル：床材、床下地、根太（ねだ）、大引（おおびき））

　合成樹脂系の材料は，現在は塩化ビニル樹脂系がそのほとんどを占めており，塩化ビニルタイル（塩ビタイルと呼ばれる）と塩化ビニルシート（塩ビシートと呼ばれる）に大別できる．さらに塗床材料として，ウレタン樹脂，エポキシ樹脂なども用いられる．

　木質系床材の（技術的・経済価値的に見て）最上位のものは無垢材の単層フローリングであるが，わが国の一般住宅ではまれな部類である．単層板の材種は針葉樹，広葉樹を問わずさまざまな種類が使われているが，材料に広葉樹種が多いことも木製建具や躯体などと異なる床材の特徴である．厚みも8 mmほどの薄いものから40 mm以上の厚板まで，幅も60 mmから150 mm，あるいは300 mmという幅広材まで，また，その長さも多様である．工法としては図2.5.1に示すものが一般的である．また，厚板のときは，その剛性を生かして根太なし工法が採られることもある．

　木質系床材で，特に住宅用として現在最も使用量が多いのは，複合フローリングである．これは表面に無垢薄板を，内側に合板を使って層構造にしたものである．平面精度が出せるので規格寸法を大きくして施工手間を減らせるようになっている．複合フローリングは，複層にする材種，規格寸法，表面層厚によって，数多くの種類の商品が市場に出回っている．複合フローリングの場合も工法の構成原理は単層フローリングと変わらない．

　単層と複合の基本的な違いは市場価格である．複合フローリングにはあらかじめポリウレタン塗装をほどこしてあるものが多く，施工手間の小さいこと，平面精度が高いことがあり，材料単価に加えて工事単価も低くなる．反面，工業製品的で木の自然な素材感は失われている．逆に，無垢単層フローリングで

は木の絶対量が大きく，接着層による不透湿性能がないことから，調湿作用（下地が合板でないこと，適正な塗装が施されること）や，木のぬくもりなどの心理的な効果など，本来の木造住宅床の利点が期待できるところにある．

2.6 壁の構成と材料

2.6.1 壁の名称と働き
（1） 壁 の 名 称
　壁の成り立ちは，シェルターとしての働きを期待して建築物の外周に設けた壁体の構成に始まる．その後，居住性（遮音性，断熱性など）や防火性の向上，構造耐力の合理化などを背景に，様々な働きを担う壁体が工夫されている．これらの壁には，それぞれに名称が与えられているが，以下に代表的な壁名称の例を示す．
・空間的位置による名称：外壁（外周壁），内壁（間仕切壁）
・構造耐力による名称：耐力壁，帳壁（非耐力壁）
・その他の名称：戸境壁，可動間仕切壁など

（2） 壁 の 働 き
・外壁と内壁：外壁は，建築物の外周に配置されて内部空間を囲い込む壁であり，外周壁とも呼ばれる．この外壁の特徴は，気象環境による外的作用（雨，風，雪，日射，気温など），人や動物の侵入，騒音などの作用から内部空間における生活を守る働きを担うことにある．一方，内壁は間仕切壁とも呼ばれ，隣接する内部空間からの物理的作用（音，熱，湿気など）や生活者に対する心理的作用（視覚，聴覚など五感への作用）を調節する働きを担う．
・耐力壁と帳壁：構造上有効な耐力をもつ壁を耐力壁といい，地震に有効な耐力壁については特に耐震壁と呼ぶ．RC造の耐力壁，補強コンクリートブロック造の組積壁，木質構造の筋かい壁などがこれに該当する．これに対して構造的な耐力を担わない壁は帳壁（非耐力壁）と呼ばれ（図2.6.1），RC造や鉄骨造のコンクリートブロック壁やガラスブロック壁，カーテンウォール外壁（図2.6.2），可動間仕切壁などがこれに該当する．

2.6 壁の構成と材料　**47**

(a) ガラスブロック壁　　(b) コンクリートブロック壁　　(c) ALC板壁

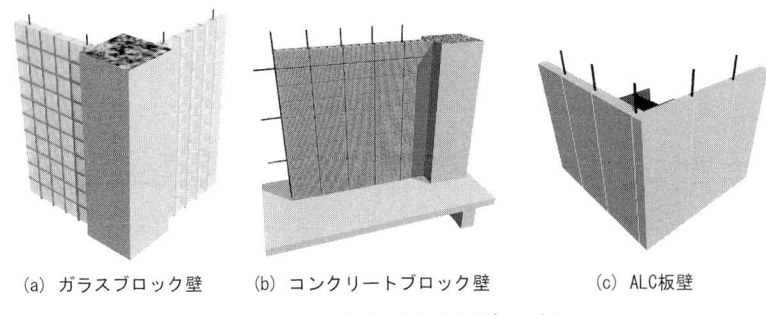

図2.6.1　帳壁（非耐力壁）の例

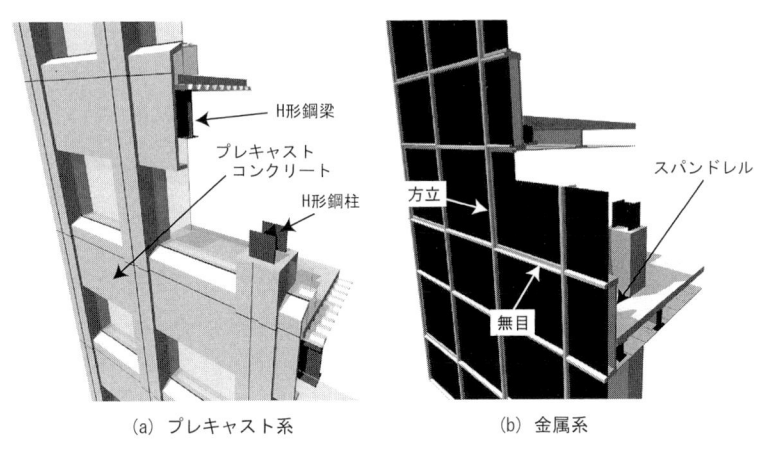

(a) プレキャスト系　　(b) 金属系

図2.6.2　カーテンウォール外壁の例

2.6.2　壁の構法と材料
（1）壁の構法

　小舞壁や下見板張壁は，日本の風土に育まれた伝統的な壁構法である（図2.6.3）．現代の壁構法はこれらの伝統構法を基礎に，新しい素材や加工技術を活用して様々に応用されている．材料と構法において多様化が著しい現代の壁構法を壁本体の構成手順により整理すると，おおかたの壁構法は躯体一体型，下地組型，パネル方式の壁構法に類別される．

　躯体一体型の壁としては，RC造，補強コンクリートブロック造，丸太組木造などの壁体がこれに該当し，壁本体を躯体施工時に一体的に作り上げる方式

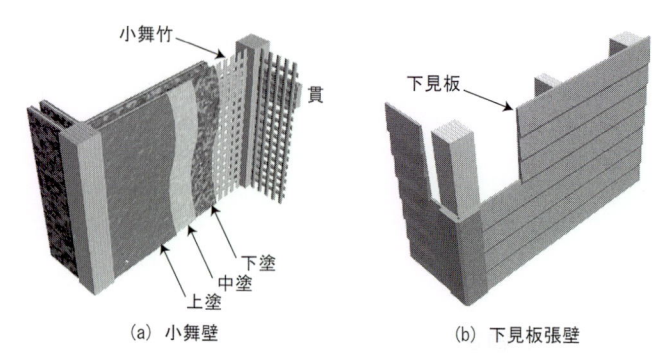

図2.6.3　小舞壁と下見板張壁の例

である．下地組み型の壁とは，柱，梁などの構造軸組材に，間柱・胴縁，貫・木摺などの下地材を組み込み，これを下地にしてボード張りや塗仕上げを施すことで壁体を構成する方式である．木造軸組みや鉄骨造などの建築物では，一般にこの下地組み方式が利用される．また，パネル方式の壁とは，木質系，コンクリート系および鉄骨系の材料を基本材料としてパネル化した壁部材を構造軸組みに取り付けて壁を構成する方式である．

（2）壁の仕上工法と材料

外部空間や内部相互の物理・化学的作用と心理・生理的作用を調節するために，外壁や内壁には様々な仕上げが施される．これらの仕上材料は，その工法により分類すると，湿式工法系と乾式工法系の2つに区分することができる．

・湿式工法の仕上材料：湿式工法とは，粉体や細骨材に水を加えて練り混ぜ，塗付け工事や吹付け工事により現場施工するもので，砂壁，けいそう土壁，プラスター壁，モルタル壁，合成高分子系塗壁などがその例である．モルタルを接着剤にして積み上げる壁工法のブロック壁やれんが壁もこの湿式工法に分類される．

・乾式工法の仕上材料：乾式工法とは，施工現場で水による練混ぜ工程を必要としない材料を使用する工法一般の総称である．製材板張り，各種ボード張り，各種金属板張りなど，板状仕上材料を釘，ねじ，ビスなどの接合金物により下地組みに取り付けて壁仕上げとする．板状製品は，製材板類，合板類，成形ボード類，金属板類，セラミックス系板類など，用途に合わせて様々な

製品が生産されている．なお，これらの板状製品には素面板と化粧板の2種があり，素面板ではこれを下地に塗仕上げ，塗装仕上げ，クロス仕上げなどを施して意匠を整える．

2.7 天井の構成と材料

2.7.1 天井の名称と働き
(1) 天井の名称

天井の成り立ちは，小屋組や上階床の床組を室内側から見切りつけて室内の意匠性を高めることにあり，法隆寺や唐招提寺（いずれも7世紀頃建立）において天井のしつらえが認められている[1]．この天井の設計と施工の作業にあ

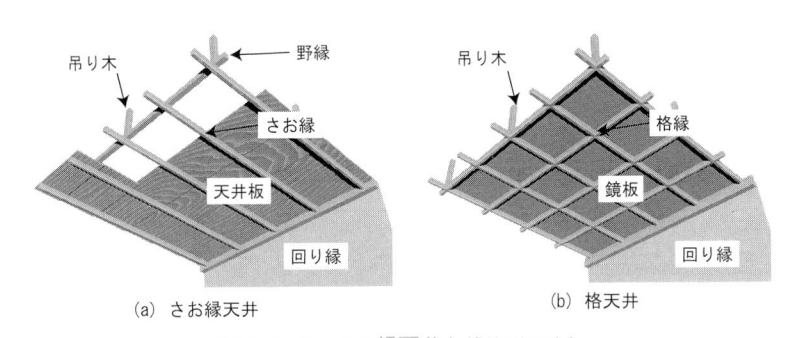

(a) さお縁天井
(b) 格天井

図2.7.1 さお縁天井と格天井の例

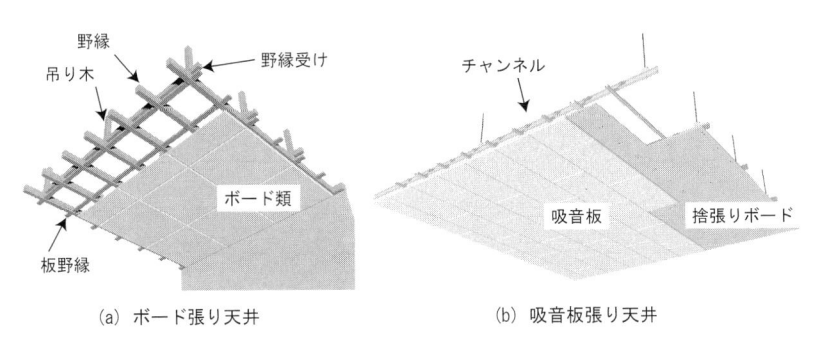

(a) ボード張り天井
(b) 吸音板張り天井

図2.7.2 ボード張り天井の構成例[2]

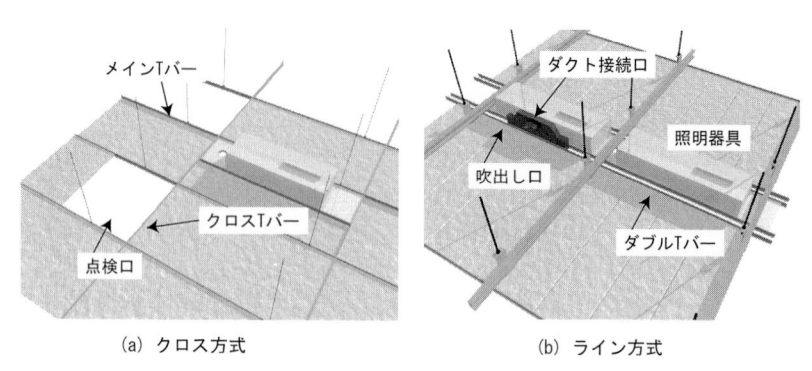

図 2.7.3 システム天井の構成例[2]

(a) クロス方式 — メインTバー、クロスTバー、点検口
(b) ライン方式 — ダクト接続口、吹出し口、照明器具、ダブルTバー

たっては，その位置関係，構成方式，形状，様式などにより各種の名称がある（図 2.7.1, 2.7.2, 2.7.3）．

- 設置部位による名称：天井（室内一般の天井），軒天井
- 構成方式による名称：じか天井，吊り天井
- 形状構成による名称：平天井，勾配天井，下がり天井など
- 意匠様式による名称：さお縁天井，格天井，網代天井など
- 部位方式による名称：天井パネル，システム天井など

（2） 天井の働き

- 意匠的な働き：天井は，床，内壁，建具とともに室内空間の意匠性向上を担う部位である．天井の意匠要素には，平天井，勾配天井，下がり天井などの形状構成，さお縁天井，格天井，網代天井などの仕上様式，照明器具や空調開口などの設備機器要素がある．
- 配線・配管のスペース：現代建築の特徴のひとつに，建築設備の多様化があげられる．照明設備，通信設備，空調設備，消火設備などの建築設備である．吊り天井方式で確保できる天井裏のスペースは，これら設備の配線や配管を引き回すスペースとして有効に利用される．
- 音響と温熱遮断の調整：音楽ホールはもとより，教室，会議室などの室内では，音声の明瞭な伝達ができる音響設計が求められる．音声伝達の明瞭度を調節するおもな要素は，残響時間の制御であり，天井面材に吸音材料を利用することが効果的である．また，暖房や冷房が普及している現代建築では，

エネルギー利用の効率化に向けて天井の断熱性確保が求められる．外部環境の近くに位置する小屋根天井の断熱化は，特に重要である．

2.7.2 天井の構成と材料
（1） 天井の構成方法
　天井の構成方法には，直（じか）天井と吊り天井の二方式がある．直天井とは，屋根裏や床裏の構造そのものを天井にする方式で，RC造スラブやデッキプレートなどの裏面に仕上げを施した天井がこれに該当する．一方，吊り天井とは，天井の下地組みである野縁を躯体構造に取り付けた吊り木で支え，この野縁下地に天井仕上げを施す方式である．吊り天井は，現代建築に一般的な天井構法で，室内空間の形状構成，仕上構成，照明構成，吸音調整など，室内意匠や設備構成に求められる要求に対応しやすい構法である．

（2） 吊り天井の構成材料
　吊り天井は，初めに野縁材により天井下地を組み上げ，この天井下地に仕上材料，照明器具，空調開口などを取り付ける工程で作られる．パネル天井やシステム天井は，この工程の一部または全体をパネル化あるいはシステム化して工事の効率化を図ったものである．

・吊り天井の下地部材：吊り天井の下地を構成するおもな部材は，吊り木受け，吊り木，野縁受け，野縁の4種である．吊り木の名称は，用材として木材が伝統的に使われてきたことによる．また，都市建築の天井では，仕上材料はもとより下地材にも防火仕様が求められるため，鋼性の吊りボルト，軽量形鋼の野縁など，不燃材料の下地部材を用いる．

・吊り天井の仕上材料：吊り天井の仕上げに利用される材料の大半は，乾式工法の板状材料である．製材板類，合板類，ボード類，金属板類などの板状製品が使用され，その多くは内壁用の仕上材料と共通する材料である．

　なお，天井の特徴は，壁や床のように衝撃荷重や積載荷重を受けないことから，低強度・低密度の仕上材料が利用できることである．有孔合板，有孔せっこうボード，ロックウール吸音材などの吸音ボードがこれに該当し，小規模空間の残響調整ではこれらの吸音ボードを天井に施工するのが効果的である．

参考文献

1) 大阪建設業協会編：建築ものはじめ考，新建築社，1973年
2) 日本建築学会：構造用教材，2004年

2.8 開口部の構成と材料

2.8.1 開口部の種類と働き
（1） 開口部の種類
A．開口部の種類と名称

　壁はもとより，屋根，天井，床にも様々な働きを求めて開口部が設けられる．この開口部の働きで主役となる建具には，目的に応じて様々な名称が付けられている．

・開口高さによる名称：テラス戸，腰窓，高窓，天窓など
・建具様式による名称：障子，ふすま，フラッシュ戸など
・その他の開口名称：点検口，換気口，排気口など

B．建具の開閉方式と名称

　開口部に装着される建具の開閉方式は，その原理により引き方式と開き方式の2つに大きく分けられ，用途や環境の条件により様々に工夫が行われる．

　開き方式とは，建具に回転運動を与えて開閉する方式である．また，引き方式とは，建具を線的に移動させて開閉する方式である．戸や窓の設計・施工では，開閉方式の名称を添えて建具の仕様を指示する．

・引き方式：片引戸（窓），引違い戸（窓），上げ下げ窓など
・開き方式：片開戸（窓），両開戸（窓），突出し窓など

　なお，開き方式の一つとして回転扉がある．

（2） 戸と窓の働き

　開口部の成り立ちは，外壁に設けられた戸や窓である．戸は人の出入りや物の出し入れの利便性を求めて設けられたものであり，窓は居住性を向上させるために外壁に採光や換気の機能を与えたものである．このことは，外壁に求めたシェルターの機能が，戸や窓を設けることで低下することを意味する．たと

えば，建具に可動性を与える隙間は，防水性，断熱性，気密性，遮音性などの性能を低下させる原因となる．つまり，開口部の設計・施工にあたっては，シェルターとしての機能を損なわない工夫が重要となる．

2.8.2　開口部の構成とおもな性能
（1）　開口部の構成
　開口部を構成するおもな部材は，建具枠，建具および建具金物の3種である．建具枠は，戸枠や窓枠とも呼ばれ，おもに建具を支持する役割を担うが，引き方式の建具用の建具枠では，この枠材に開閉や雨仕舞の機構を組み込むことがある．開口部の主役である建具は，木質系，金属系，ガラス，プラスチックをおもな材料として製作され，その形状や意匠は開口部の用途に合わせて様々にデザインされる．建具金物は，建具を建具枠に取り付けて支持する支持金具（蝶番，ヒンジなど），戸締りや施錠のための締まり金物（シリンダー錠，間仕切錠など），建具の操作を支援する操作金物（取っ手，押板など）の3点からなり，建具金物とはこれらの総称である．

（2）　建具の材料と性能
A.　木製建具

　建具は，洋の東西にかかわらず伝統的には木製が主流である．障子，ふすま，格子戸などは代表的な和風の木製建具で，引き方式の開閉機構を特徴とする．一方，近代化とともに普及した洋式建具では，気密性や防犯性に優れる開き方式の開閉が主流である．木製建具の特徴は，意匠性や断熱性に優れることにあり，内装および外装用の建具として広く用いられている．

B.　金属製建具

　建具に使用される金属材料は，おもに鋼，アルミニウムおよびステンレス鋼である．金属性建具の長所は，一般に耐候性や気密性に優れることにあり，外装用の建具として普及している．一方，鋼やアルミニウムは熱伝導率がきわめて高いので断熱性や防露性に劣る．

C.　機能性の建具

　建物の用途や環境条件によっては開口部の建具にも高度な性能が要求されることがある．これらの要求に応える既成の建具製品として，気密サッシ，防音

サッシ，断熱サッシ，防露サッシなどの機能性建具が供給されている．また，ホテルや集合住宅などの建築では，防火戸や耐震ドアの設置が求められることがあり，これらの要求に応える建具が製品化されている．

第3章 構 造 材 料

3.1 概 説

3.1.1 はじめに

 構造材料とは，建築における主体構造および基礎に用いられる，種々の荷重に耐える材料であり，コンクリート，鋼材，木材，石材などがある．通常は建築構造設計において，その特性を評価し寸法などの仕様が決定される．そのため，構造材料の特性，特に力学特性は建築構造設計において重要な因子となる．本章では，3.2節以降にコンクリート，鉄鋼材料，木材・木質材料の材料特性を詳述するが，ここではそれらを理解する上で重要な手助けとなる力学特性について説明する．

3.1.2 力と変形

 構造材料を理解するためには，まず力と変形の概念を理解する必要がある．図3.1.1は引張り，圧縮，せん断，ねじれ（純せん断）について，人間と構造物・部材を対比させながら説明したものである．ここで重要なことは，吊り材やブロックなどの構造部材を通して力（荷重）は伝達され，その力は等しい大

きさで逆方向に作用する反力と常に釣合っていることである．これが釣合い条件であり，この条件を満足しない建築構造物は移動する，すなわち崩壊することになる．また，釣合い条件が満足される範囲内では，引張り，圧縮，せん断，ねじれの変形はすべての箇所において連続する，すなわち適合条件を満足していることになる．

　すべての材料は，このように力の作用を受けて変形するが，変形の原因である力の作用を取り去ると，その材料の性質と変形の程度により種々の状態を呈する．多くの材料においては多少の差はあるが原形に戻るように作用する．このように，材料が力の作用を受けて変形したものが元に戻る性質を，弾性という．この弾性に関する材料の基本特性として後述する弾性係数がある．特に，伸び縮みの特性を表す縦弾性係数をヤング係数と呼び，E で表す．一方，部材の変形状態は材料の性質のみでなく，断面の大きさや形状により変わるものである．断面形状により決定される典型的な断面定数として，断面積 (A) と断面2次モーメント (I) があり，たとえば図3.1.1の伸び縮みは「EA」により

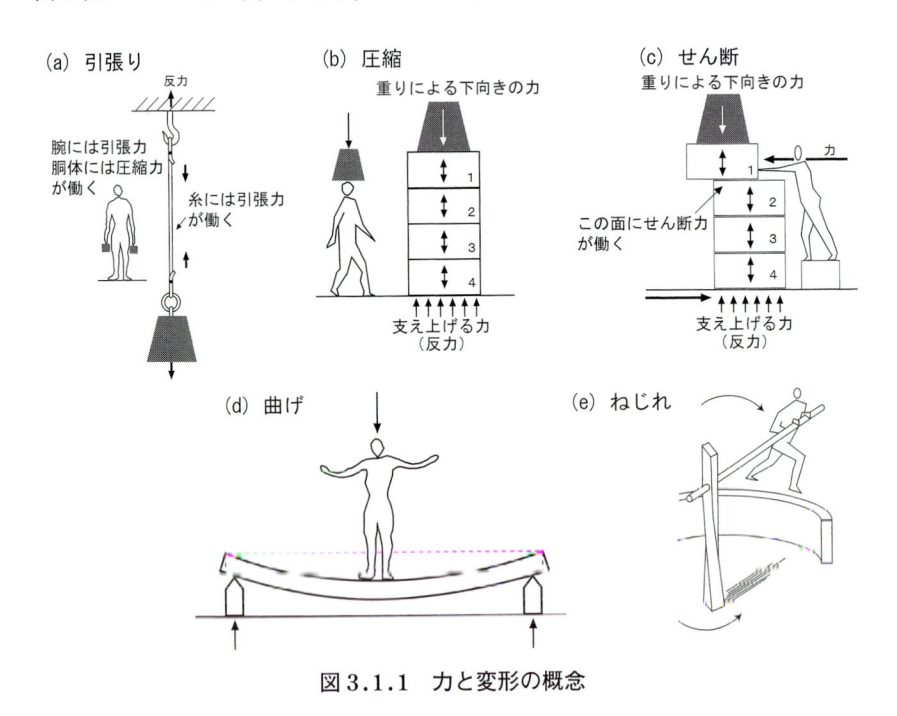

図3.1.1　力と変形の概念

決定され，曲げによるたわみは「EI」により決定される．

3.1.3 応力とひずみ

次に構造部材の力と変形が，どのように応力とひずみに置換されるかを考える．図 3.1.2 に示す F という力が作用しているブロックを想定する．F は，ブロック原形面に垂直に作用しており，すべての箇所で応力場にある．その応力場の強さを σ として以下の関係式で与えられるものを（公称）応力（度）と定義している．

$$\sigma = \frac{F}{A} \tag{3.1.1}$$

典型的な応力（度）の一つは，図 3.1.2（a）に示すように，面に対して直交方向に引張力が作用したときに生じる引張応力（度）である．いま，図 3.1.2（b）に示すように，ある角度をもって力が作用した場合，2 つの成分に分解する必要がある．すなわち，作用面に直交する方向と平行する方向である．直交する成分 F_L は，式（3.1.1）で求められる引張応力（度）F_L/A を生じさせ，もう 1 つの成分 F_S は，下式で得られるせん断応力（度）τ を生じさせる．

$$\tau = \frac{F_S}{A} \tag{3.1.2}$$

ここで重要な点は，応力の大きさ（応力度）は，力をその作用する面の大きさで除したものに等しいということである．図 3.1.3 に身近にみる一般的な応力場を示す．最も単純な応力場は，単純引張りあるいは単純圧縮である．また，

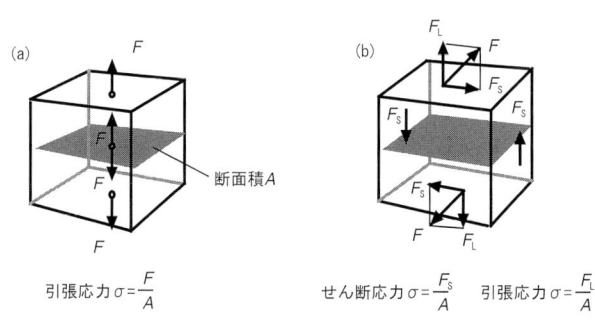

図 3.1.2 応力（度）の定義

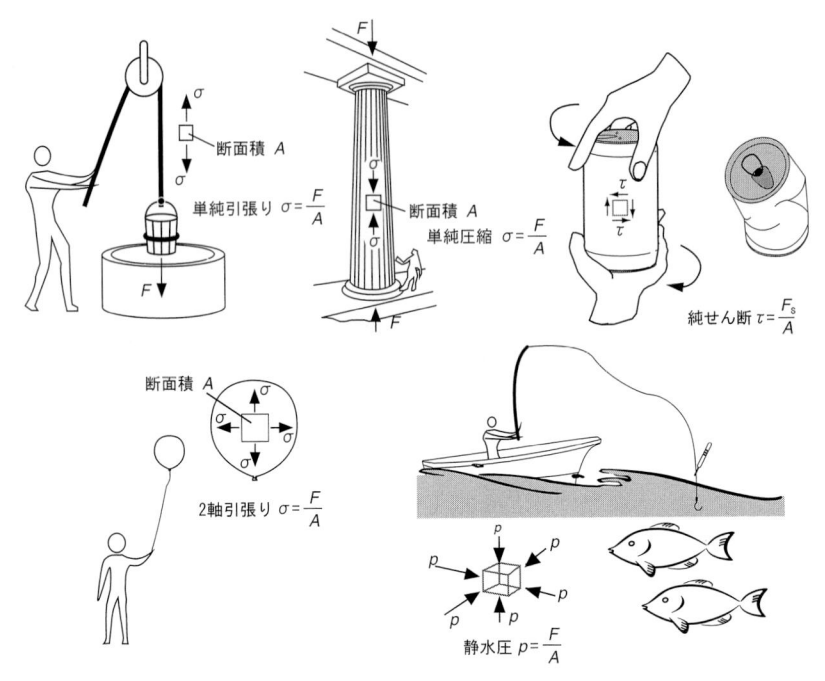

図3.1.3　一般的な応力場

膨らんだ風船で生じる二軸引張応力状態や，水中で生じる静水圧状態，さらには薄肉円筒をねじったときに生じる純せん断応力状態も身近に観察される応力場である．

さて，ある応力場では，材料はひずみ（度）という工学量によって応答する．いま，図3.1.4に示すような引張応力 σ が作用する一辺が L の立方体を考える．引張応力によって生じる変位量 u を使って，引張ひずみは下式で得られる．

$$\varepsilon = \frac{u}{L} \tag{3.1.3}$$

このような引張応力場においては，図示するように，立方体は力が作用する方向と直交する方向に細くなっていく．この縮小していく度合いを材料特性として定義したものが，いわゆるポアソン比 ν である．

せん断応力場においては，立方体は横方向に変位量 w だけ変形し，この場合のせん断ひずみは，次式で得られる．

$$\gamma = \frac{w}{L} = \tan\theta \tag{3.1.4}$$

ここで，θ はせん断変形角であり，弾性ひずみ場では，その大きさがきわめて微小なため，下式で近似している．

$$\gamma = \theta \tag{3.1.5}$$

なお，ここで示したすべてのひずみは，長さを長さで除して得られているため，それ自身には単位はなく無次元量である．

静水圧状態では，均一な体積変化 ΔV が生じ，その変化率は，立方体の体積 V を使って下式で得られる体膨張（厚）で定義される．

$$\Delta = \frac{\Delta V}{V} \tag{3.1.6}$$

さて，応力とひずみは各々定義されたが，これら応力とひずみとの関係を理論的に求めるのは困難であり，ただ実験的にのみ知ることができるものである．フック（R. Hooke）は鉄のバネを用いて種々の実験を行い，その結果，応力とひずみとの間にはある範囲内で比例関係が成立することを認めた．すなわち，「応力が一定の値を超過しない間は，応力とそれによって生じるひずみの比は，応力および材料の種類によって定まる一定値をとる」．これをフックの法則といい，応力とひずみの比を弾性係数という．ある範囲より応力が大きくなれば，

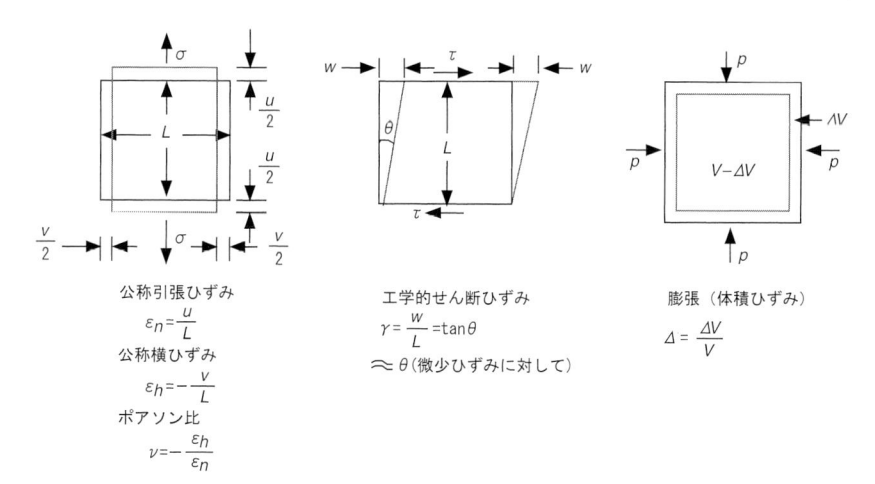

公称引張ひずみ
$\varepsilon_n = \dfrac{u}{L}$
公称横ひずみ
$\varepsilon_h = -\dfrac{v}{L}$
ポアソン比
$\nu = -\dfrac{\varepsilon_h}{\varepsilon_n}$

工学的せん断ひずみ
$\gamma = \dfrac{w}{L} = \tan\theta$
$\approx \theta$（微小ひずみに対して）

膨張（体積ひずみ）
$\Delta = \dfrac{\Delta V}{V}$

図 3.1.4　ひずみの定義

フックの法則は適用されない．材料についてフックの法則が成立する最大限度を比例限度という．

3.1.4　弾性係数

ここでは，構造材料の基本特性である弾性係数を定義する．弾性係数は先述したフックの法則により定義され，ひずみが小さく，応力とひずみの関係が比例関係にあるという条件のもとで，実験的に得られる材料特性である．引張応力場では，縦弾性係数（すなわちヤング係数）E を用いて下式により定義され，圧縮応力場においても同様に成立する．

$$\sigma = E\varepsilon \tag{3.1.7}$$

せん断応力場においても同様の関係が成立し，せん断弾性係数 G を用いて下式により定義される．

$$\tau = G\gamma \tag{3.1.8}$$

静水圧状態では，負の体膨張（度）は，静水圧 p と比例関係にあり，体積弾性係数 K を用いて下式により定義される．

$$p = -K\varDelta \tag{3.1.9}$$

表 3.1.1 に代表的な建築材料のヤング係数のおおよその値を示す．また弾性係数の差異が与える構造性能の変化を理解するため，図 3.1.5 に，木材，コンクリート，鋼に対し，同形状・同寸法断面の部材に一様に力を加えた場合のおおよその変形量の比較を視覚的に示す．なお，図の変形量は，均質材料を想定

表 3.1.1　代表的な材料のヤング係数

材　料	ヤング係数 E（GPa）
木材	8〜14
れんが	7〜21
コンクリート	21
鋼	206
アルミニウム	72
ガラス	10
ゴム	0.007

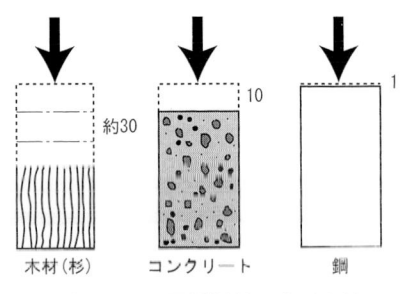

図 3.1.5　異種材料の変形比較

したものであり，たとえばコンクリートのように実際には均質ではない材料の変形特性を評価する場合や，あるいはコンクリートと鉄筋や鉄骨との合成構造部材にみられる変形特性や各材料の負担応力分布を評価するためには，非均質性を考慮した複合モデルによる評価が必要になる．

3.1.5 設計実例からみる構造材料の適用法
（1） 建築・土木構造物にみる構造材料のあゆみ

ここでは，構造材料がどのように発展し，その結果として様々な形態をもつ構造物をどのように実現してきたかを，鋼構造，鉄筋コンクリート構造，木質構造の実例を取りあげながら概観する．まず，鉄は紀元前より使用されてきたが，15世紀に高炉法の発明により銑鉄がつくられ，18世紀初頭にはコークスによる製鉄が行われて鋳鉄が，また後半にはパドル法の発明により練鉄が，さらに19世紀中頃にはベッセマー（H. Bessemer）の転炉により鋼がつくられるようになった．そして，鋳鉄，練鉄，鋼といった材料の発展により，材料の性質を生かした鋼構造物が発展してきた．さらに近年では種々の新しい鋼材が開発され（図 3.1.6），新しい建築形態を実現している．

同様の発展が，鉄筋コンクリート構造や木質構造にも見られる．コンクリートは，1824年のアスプディン（J. Aspdin）による人工セメント製造技術の確立から，種々の改良や材料開発により，その力学特性が大きく向上し，鋼材の発展とともに，複合構造として大空間化や高層化を可能にし，連続した一体構造として造形性に優れた様々な建築形態を実現している（たとえば図 3.1.7）．

図 3.1.6　火事にも強い FR 鋼を使った鋼構造：水島サロン（倉敷市）

図3.1.7　4枚のシェルを用いた構造：ケネディ国際空港TWAターミナルビル（1962年）米国

図3.1.8　合理的で美しい木組を用いた構造：法隆寺五重塔（奈良県生駒郡斑鳩町）

図3.1.9　長方形壁材を用いたコテージ：丸太組構法による構造

また，木質構造には，1,000年以上も昔に建てられた法隆寺（図3.1.8）をはじめ，数多くの歴史的な建造物は，独特の構法により造られている．しかしながら近年になって，木造伝統構法とは異なる，木造軸組構法や枠組壁工法による構造あるいは丸太組構法（図3.1.9）による構造，さらには集成材構造（3.4節参照）などが出現した．鋼構造やコンクリート構造とは異なり，木材という自然素材の豊かさとあいまって，独自の空間表現を可能にしている．

(2)　材料の破壊と建物の崩壊

予想をはるかに上回る自然環境の力により被害を受けた代表事例として，風により橋の周りに渦が生じ，その渦からの周期的な力と橋のねじれ振動（渦励振）により落下した米国のタコマ・ナロース橋（図3.1.10）や，兵庫県南部

図3.1.10 渦励振による落下事故：タコマ・ナロース橋（米国，1940年）

地震において構造部材断面や層剛性の各層間バランスにより中間層が完全に崩壊した神戸市役所などがある．これらの被害事例からわれわれが学ばなければならないことは，すべての設計上の問題点を科学だけで解決するのではなく，自然の摂理にかなった耐力，靱性，バランスのよい剛性分布を確保するという観点である．本節では，材料科学や耐震学の発展に伴い，様々な形態の建築が建てられてきたことを紹介してきたが，材料の性質を理解して建築構造設計を行う上で，ここで示した事例を常に念頭におくことは，重要なことである．

3.2 コンクリート

3.2.1 コンクリートの概要
(1) コンクリートの用途と歴史

　コンクリートは鉄筋コンクリート構造用材料として，一般の建築からシェル構造や超高層建築まで，広く用いられている代表的な建築構造材料である．木造や鉄骨造の建築物であっても，その地下部分および基礎は鉄筋コンクリート構造になっている．また，橋，道路，トンネル，ダムあるいは港湾などのインフラストラクチャー（社会基盤構造物）にコンクリートが多く用いられている．以上のことからも，鉄筋コンクリートが耐久性，信頼性に優れ，しかも経済的な構造材料であることが理解できる．

コンクリートは，セメント，水および骨材の混合物が固まった複合材料である．このコンクリートの歴史は，古代エジプト，ギリシャ・ローマ時代にまでさかのぼる．古代ローマのコンクリートを用いた建造物は有名であり，コロッセウム（B.C. 80），パンテオン（A.D. 128）および水道橋などが現存している．古代コンクリートにはせっこう，石灰および火山灰などの天然セメントが用いられたのに対して，近代コンクリートはポルトランドセメントの発明（1824）に始まり，鉄筋コンクリートの発明（1867），水セメント比説（1918），また混和剤の開発（1930年代）などの技術開発により，現在のコンクリートに進歩してきた．

（2） コンクリートの特性
鉄筋コンクリートとして用いられるコンクリートは，その長所として以下のような特性を有している．
1）構造材料として十分な圧縮強度と剛性を有している．
2）構造物の材料として優れた耐久性を有している．
3）鉄筋を保護する耐火性と防せい（錆）性に優れている．
4）どんな形状・寸法でも型枠に流し込むことによって一体成形できる．
5）材料が豊富で経済的である．
一方，短所としては次の諸点があげられる．
1）引張強度が低く，脆性的な破壊挙動を示す．
2）単位容積質量が大きく，構造物の重量が大きくなる．
3）乾燥収縮や水和熱の発生によって，ひび割れが生じやすい．
4）打込みから強度の発現までに長時間を必要とする．
5）構造物の解体，再利用，廃棄が容易ではない．

3.2.2　コンクリートの基礎知識
（1）　鉄筋コンクリート
コンクリートは圧縮応力の作用に対しては高い強度を示すものの，引張応力やせん断応力に対しては強度が低いという特徴を有している．したがって図3.2.1に示すように，引張応力の作用に対して強い抵抗力を持つ鉄筋と組み合わせて，鉄筋コンクリートとして用いられる．鉄筋コンクリート構造の柱・梁

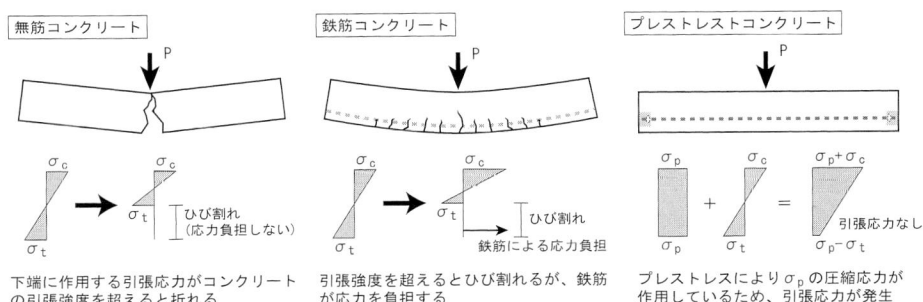

図3.2.1 鉄筋コンクリートとプレストレストコンクリートの構造原理[1)]

の主筋は引張応力に対する補強であり，帯筋（フープ）とあばら筋（スターラップ）はせん断応力に対する補強であると同時に，コンクリートを拘束して鉄筋コンクリート構造の靱性を高めている．また，鉄筋はコンクリート内に埋設されることによって，空気中に暴露されて錆びたり，あるいは火災の高温にさらされて強度が低下することから保護される．このように，コンクリートと鉄筋を一体のものとして用いる鉄筋コンクリートは，圧縮応力に対しても引張応力に対しても高い強度を有し，優れた耐久性や耐火性を備えている．鉄筋コンクリート構造の性能は硬化コンクリートの性質に依存し，コンクリートと鉄筋の一体化および柱・梁などの一体構造はフレッシュコンクリートの可塑性，流動性によって可能になっている．

(2) プレストレストコンクリート

上述のコンクリートと鉄筋の役割分担における補完関係をさらに前進させたものとして，プレストレストコンクリートがある．たとえばコンクリートにプレストレスを導入することによって，コンクリートの見掛けの圧縮強度と引張強度を同一にすることができ，鋼材のように理想的な構造材料が得られる．その結果，変形が小さく抑えられるとともにコンクリートには引張応力がかからないので，コンクリートの欠点であるひび割れが発生しない（図3.2.1）．これらのことから，プレストレストコンクリートはスパンの大きな構造に適している．なお，プレストレスを導入する鉄筋にはPC鋼棒，コンクリートにはクリープの少ない高強度コンクリートが使用される．

（3） コンクリートの現場施工

　鉄筋コンクリートの現場施工は，鉄筋工事，型枠工事，コンクリート工事から成り立っている．配筋された型枠（図3.2.2）の中にフレッシュコンクリートが打ち込まれ（図3.2.3），養生されて硬化し，鉄筋とコンクリートとは一体化して鉄筋コンクリート構造体となる．コンクリートの品質は，工事現場で

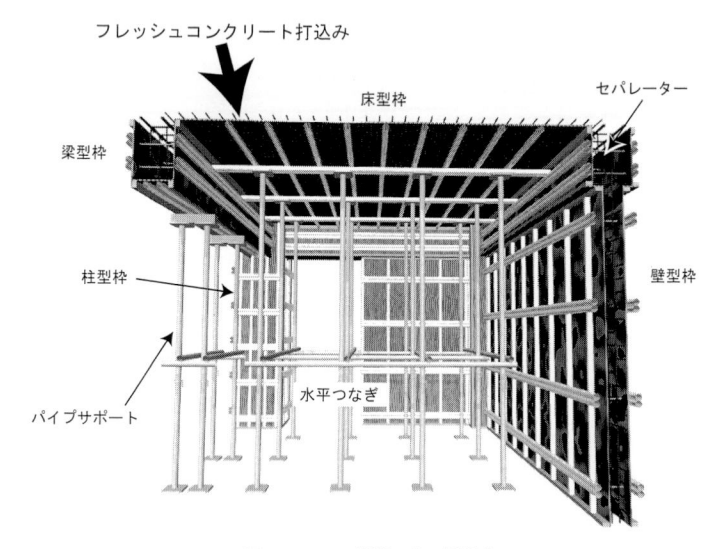

図3.2.2　型枠（＋配筋）

図3.2.3　フレッシュコンクリートの打込み

施工され，固まった後にはじめて定まる．このことは，使用前に品質が定まっている鋼材や木材と比べて大きく異なり，現場施工に伴うコンクリートの特徴的な点である．さらに，鉄筋コンクリートの現場施工には，以下のような特徴がある．
1) 形状の自由度が高く，接合部のない一体構造ができる．
2) 建設現場は気象条件の影響を受け，作業性が悪い．
3) 一品生産のため機械化・自動化が困難で，工期が長く生産効率が低い．
4) 現場での品質管理がむずかしく，寸法精度も悪い．

(1) コンクリート製品の工場生産

A. 工場生産の特徴

　コンクリート工場であらかじめ成形されたコンクリート部材は，コンクリート製品またはプレキャストコンクリートと呼ばれ，プレキャストパネル，ハーフプレキャストパネル，ブロック，その他各種の成形品がある．これらの製品は以下の特徴を有しており，コンクリートの品質向上やプレハブ化による工期短縮など，コンクリート工事の合理化に役立っている．
1) 管理された工場内で製造されるので，建設現場のように気象条件に影響を受けることがなく，また熟練した作業員が製造するため，信頼性が高く高品質のコンクリートができる．
2) 製造過程が機械化・自動化されており，鋼製型枠，振動成形，蒸気養生などにより生産効率が高い．
3) 製品が規格化され，寸法精度が高い．またコンクリート部材の薄肉化も可能である．
4) 大型の製品は輸送上その寸法に制限があり，重量が大きいので，建方にはクレーンなどの設備が必要となる．
5) 製品の接合部分が構造上および防水上の欠点となる場合がある．

B. 構造用コンクリート製品の種類

　コンクリート製品は，枕木，電柱，U字溝やヒューム管などの土木用として多く用いられている．建築構造用としては，建築用コンクリートブロック（図2.3.7），プレキャスト鉄筋コンクリート板（PCa板）（図2.3.8），ラーメン構造用プレキャスト鉄筋コンクリート部材（RPCa部材），床スラブ底面や壁の

片側などのプレキャスト鉄筋コンクリート半製品部材（ハーフプレキャスト部材），プレストレストコンクリート部材（PC 部材），鉄筋コンクリート杭などがある．

（5） コンクリートの基本

A. コンクリートの質量と強度

普通コンクリートの気乾単位容積質量は調合によって異なるが，通常 $2.3\,t/m^3$ とされる．鉄筋コンクリートの単位容積質量は，これに $0.1\,t/m^3$ を加えて $2.4\,t/m^3$ とされる．しかし，実際のコンクリートの質量は使用骨材によって異なり，単位容積質量が $2.1\,t/m^3$ 以下を軽量コンクリート，$2.5\,t/m^3$ 以上を重量コンクリートと呼んでいる．

普通コンクリートの圧縮強度は $18\sim36\,N/mm^2$ であり，RC 超高層建築などには設計基準強度が $36\,N/mm^2$ を超える高強度コンクリートが用いられている．引張強度は低く，圧縮強度の約 1/8〜1/10 の脆い材料であることが特徴である．

コンクリートの密度（$2,300\,kg/m^3$）は鋼材の密度（$7,850\,kg/m^3$）に比べて小さいが，許容応力度および比強度の低い材料であるから，構造物の断面積は大きくなる．したがって，鉄筋コンクリート構造は木質構造や鋼構造よりも重量構造物となる．

B. コンクリートの組成

コンクリートの組成を図 3.2.4 に示す．セメントと水を練り合わせたものをセメントペーストと呼び，これに細骨材（砂，砕砂）を加えたものがモルタル，さらに粗骨材（砂利，砕石）を加えたものがコンクリートである．コンクリート中には空気が含まれ，大きな空げき（隙）がエントラップドエア，0.1 mm 以下の微小な気泡がエントレインドエアである（3.2.5 項参照）．さらにコンクリートの性質を改良するために様々な混和材料が添加される．

コンクリート 1 m^3 あたりの各材料の使用量（kg/m^3）を「単位セメント量，単位水量，単位細骨材量，単位粗骨材量，空気量」と呼び，空気量は体積％で表す．この各材料の使用量が，コンクリートの製造や品質の指標になる．

コンクリートの練混ぜ後，まだ流動性のあるものをフレッシュコンクリートと呼び，時間の経過とともに固まったものを硬化コンクリートと呼ぶ．この硬化コンクリートの外表面はセメント硬化体で被われているが，その内部は複雑

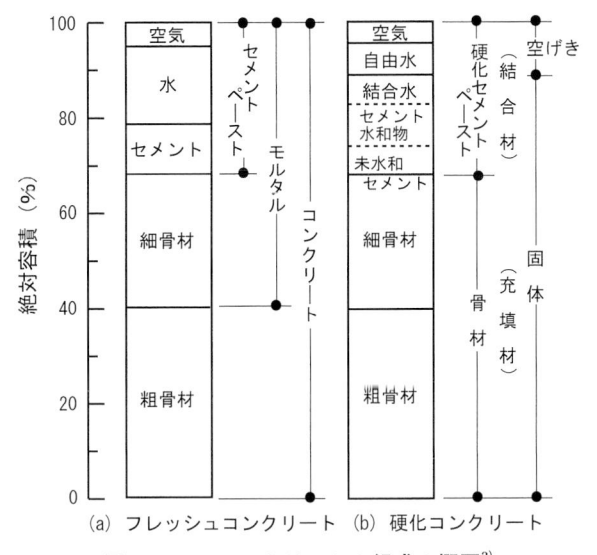

図3.2.4 コンクリートの組成の概要[3]

な三次元構造となっている（切断面の例を図3.2.5に示す）．なお，本書ではセメントと水の化学反応（水和反応という）によって固まったものをセメント硬化体と略称する．

　複合材料の観点からは，図3.2.5に示したように粗骨材のすき間を細骨材で埋め，残ったすき間をセメントペーストで満たしたものがコンクリートである．

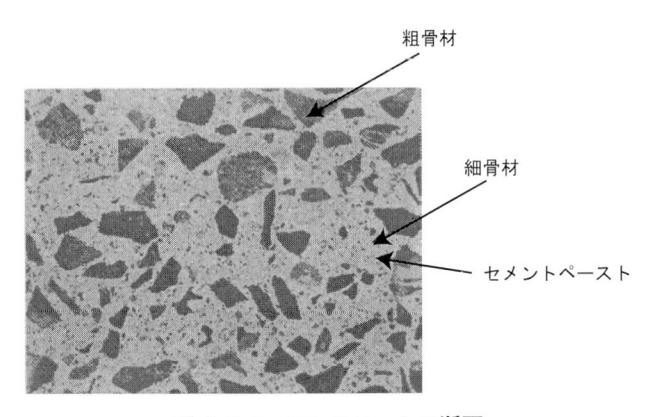

図3.2.5 コンクリートの断面

セメントペーストが骨材どうしの結合材（マトリックス）の役割を果たし，セメントが水和反応して硬化することによって，結合材と骨材が一体化したものが硬化コンクリートである．

セメントに対する水の割合は水セメント比（W/C）と呼ばれ，コンクリートの強度その他の品質を決める主要因となっている．さらに，骨材の品質，セメント硬化体と骨材との界面の付着，セメントの水和によって生じる毛管空げきやゲル空げきがコンクリートの性質に影響を及ぼす．

C. コンクリートの品質と影響要因

良いコンクリートとは，硬化コンクリートが必要な強度と耐久性を満足し，フレッシュコンクリートが必要な施工性を備えていることである．これらに関連するコンクリートの多様な性質は，良質な材料，正確な調合，適切な施工によって実現される．このようなコンクリートの性質と影響要因の関係を図3.2.6 に示す．

D. コンクリートの欠陥および劣化

コンクリートの材料，調合，施工のいずれかが適切でないと，表3.2.1に示すようなコンクリートの欠陥および劣化が発生する．長期ひび割れはコンク

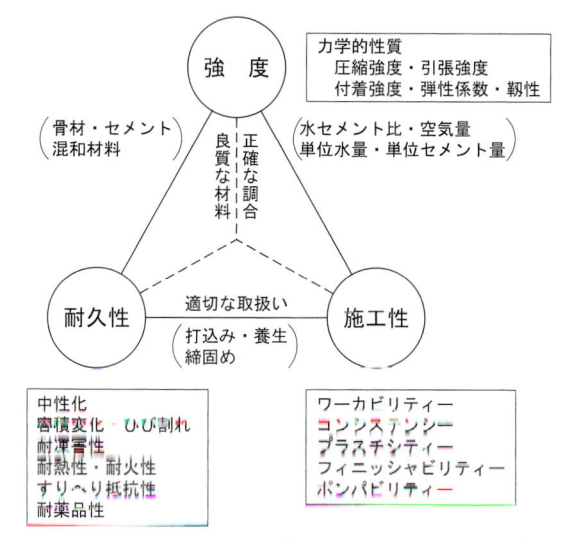

図3.2.6 コンクリートの基本的な性質と影響要因[3]

3.2 コンクリート

表3.2.1 コンクリートの欠陥および劣化

欠陥および劣化の種類		説明
硬化	硬化不良	有害物質，乾燥，低温などの作用で生ずる．表面硬化不良が多い
	初期凍害	十分に硬化する前に凍結すること．強度発現を阻害する
打込み	充填不良	隅角部や窓台などコンクリートが回らないこと
	大気泡・空洞	締固めが不十分だとコンクリート表面や内部に大気泡や空洞ができる
	ジャンカ（豆板）	材料が分離し，粗骨材がコンクリート表面に露出した状態
	砂すじ	型枠からセメントペーストが流出し細骨材が露出した状態
	ふくれ・はらみ	コンクリートの側圧により型枠が変形して起こる
	コールドジョイント	コンクリートの打込み間隔が長いと不連続面となり弱点ができる
	打継部	打込み区画（階層）に打継部が弱点となる
初期ひび割れ	沈みひび割れ	ブリーディングに伴うコンクリートの沈降によって発生する
	初期収縮ひび割れ	硬化過程における表面乾燥によって発生する
	水和熱ひび割れ	マスコンクリートの温度上昇によって発生する
長期ひび割れ	収縮ひび割れ	乾燥収縮，自己収縮によって発生する
	温度ひび割れ	熱膨張，収縮によって発生する
	構造ひび割れ	構造体の変形や応力集中によって発生する
	はく離・ポップアウト	ひび割れの発達や膨張作用によって発生する
劣化	中性化	空気中の二酸化炭素によるコンクリートの劣化
	凍害	凍結融解作用によるコンクリートの劣化
	アルカリ骨材反応	コンクリート中のアルカリと骨材の反応による劣化
	化学物質の作用	酸や硫酸塩などの作用による劣化
	エフロレセンス	ひび割れから流出する石灰分によるコンクリートの汚れ
	摩耗	歩行や通行によるコンクリートの表面が局部的に損耗する現象

リートの代表的な劣化であり，また劣化作用の多くはひび割れを伴っている．

E．コンクリートの種類

　コンクリートには使用目的・条件に応じて様々な種類がある．また，コンクリートの呼び名として，フレッシュコンクリートと硬化コンクリートは状態を表し，AE（Air-Entrained）コンクリートは，AE剤を添加して微細気泡を連行したコンクリートの名称である．そのほかにも使用材料や特殊目的を表す様々な名称のコンクリートがある．

表 3.2.2　コンクリートの強度比

強　度	圧縮	曲げ	引張り	せん断	付着
比　率	100	20～13	12～10	25～20	30～25

3.2.3　硬化コンクリートの性質
（1）　コンクリートの強度

　コンクリートの強度上の特徴は，圧縮強度に比べて引張強度が非常に低い点である．圧縮強度を 100 として，ほかの強度との強度比を表 3.2.2 に示す．コンクリートの引張強度は圧縮強度の約 1/8～1/10 であり，この比率は圧縮強度が高くなるほど小さくなる．コンクリートは圧縮強度が分かればほかの力学的諸性質をほぼ推定できること，また圧縮試験方法が簡便でありコンクリートの品質管理の特性値として圧縮強度が利用しやすいことから，圧縮強度はコンクリートの品質の代表値になっている．

　一般の鉄筋コンクリート構造に用いられるコンクリートの圧縮強度は 18～36 N/mm^2 であるが，RC 超高層建築などには設計基準強度が 36 N/mm^2 を超える高強度コンクリートが用いられている．さらに現在では 100 N/mm^2 以上の超高強度コンクリートまで現場施工が可能になっている．これらの高強度化はコンクリート技術の総合的な進歩の結果であり，中でも高性能減水剤によってきわめて小さい水セメント比のコンクリートでも施工が可能になった結果である．

（2）　コンクリートの圧縮強度に影響する要因
A．水セメント比

　コンクリートの強度は水セメント比に支配されており，これを水セメント比説（D. A. Abrams）と呼ぶ．水セメント比と圧縮強度の関係は図 3.2.7 に示すようになり，よく締固められたコンクリートの圧縮強度は次式で表される．

$$F_C = \frac{A}{B^x} \qquad (3.2.1)$$

　　F_C：圧縮強度，$x=W/C$：水セメント比（水とセメントの質量比），
　　A, B：実験で決まる定数

　また，コンクリートの常用範囲では，水セメント比の逆数を取り，セメント水

比を用いれば圧縮強度は一次式で表される．これをセメント水比説（I. Lyse）と呼ぶ．

$$F_C = aX + b \quad (3.2.2)$$

F_C：圧縮強度，$X = C/W$：セメント水比，a, b：実験で決まる定数

すなわち，コンクリートの圧縮強度は水セメント比が小さいほど高強度になる．また，水セメント比を小さくすることは，耐久性の向上や乾燥収縮の低減などにつながるので，水セメント比を小さくすることはコンクリートの品質全般にかかわる要点である．

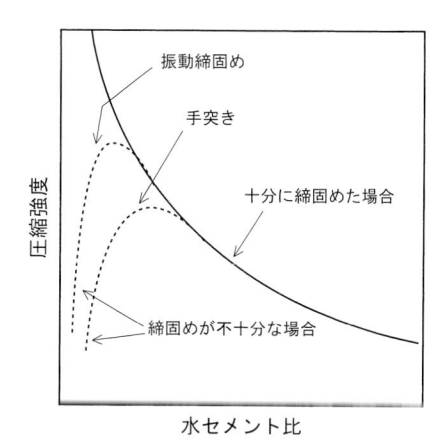

図 3.2.7 水セメント比と圧縮強度の関係[4]

B. セメント強度

セメントはコンクリートの結合材であるから，セメント強度はコンクリートの強度に影響する．上記の圧縮強度とセメント水比との関係式（3.2.2）は，セメント強度を加味して次式のように表される．

$$F_C = K(\alpha X + \beta) \quad \text{これより} \quad W/C = \frac{\alpha}{F_C/K - \beta} \quad (3.2.3)$$

K：セメント強度，$X = C/W$：セメント水比，α, β：実験で決まる定数

この関係式はコンクリートの調合設計の際に水セメント比を決定する目安として利用されている．

C. 空げきおよび空気量

フレッシュコンクリートに含まれる空げきすなわちコンクリートの空気量は，普通コンクリートで 1〜2％，AE コンクリートでは 4〜6％ であり，水セメント比が同じであるならば，空気量の増加 1％ に対して圧縮強度は 4〜6％ 低下する．コンクリートをよく締固めれば，気泡や余剰水が排出されて密実となり強度が増加する．ただし，過度の締固めはコンクリートの分離や鉄筋とコンクリートの付着力の低下を招くので注意が必要である．

D. 骨材

　一般のコンクリートの場合，骨材の強度は，それを結合しているセメント硬化体の強度よりも大きければ，コンクリートの強度にはほとんど影響しない．しかし，骨材の表面状態はセメント硬化体と骨材との界面の付着性状に影響し，川砂利に比べて表面積が大きく，凹凸のある砕石を用いたコンクリートは強度が 10〜20％ 増加する．また，粗骨材の最大寸法を小さくしたり，細骨材の量に比べて粗骨材の量を少なくすれば，骨材表面積が増大するのでコンクリートの強度は増加する．したがって，コンクリートよりもモルタルの方が強度は高いが，粗骨材を加えないと単位セメント量および単位水量が多くなり，発熱，収縮，ひび割れなどセメント硬化体としての欠点が顕著になるとともに，ワーカビリティや経済性も悪化する．また，軽量コンクリートや気泡コンクリートの強度は，軽量骨材の強度と単位骨材量あるいは気泡の大きさと量によって著しく影響される．

E. 材齢と養生条件

　コンクリートの硬化および強度発現はセメントの水和反応に依存しており，一般にコンクリートの強度管理は材齢 28 日が基準になっている．ただし，低温期のコンクリートあるいは低熱ポルトランドセメントを用いた高強度コンクリートやマスコンクリートなどでは，強度管理の材齢を 29〜91 日を基準にすることがある．コンクリートの養生はこの間の水分と温度を適度に保つことが重要であり，特に初期養生をきちんと行うことが大切である．

1) 材齢と強度発現：セメントの水和反応は温湿度を保てば，長年月にわたり継続する．コンクリートの強度は 28 日で約 80％ 発現し，それ以後の強度増加はゆるやかになり，1〜3 年でほぼ一定になる．
2) 湿潤養生：湿潤に保たれたコンクリートの圧縮強度は長期間にわたり増大し続ける（図 3.2.8）．一方，乾燥したコンクリートは一時的に強度は上がるが，その後の強度増加は頭打ちとなり，初期に乾燥させるほど強度発現は低くなる．乾燥したコンクリートを湿潤状態に戻せば再び強度は増進するものの，全期間湿潤養生したコンクリートの強度には及ばない．
3) 養生温度：コンクリートは養生温度が高いほど初期強度は高いが，その後の強度発現がにぶり長期強度は低くなる（図 3.2.9）．養生温度は低い方が

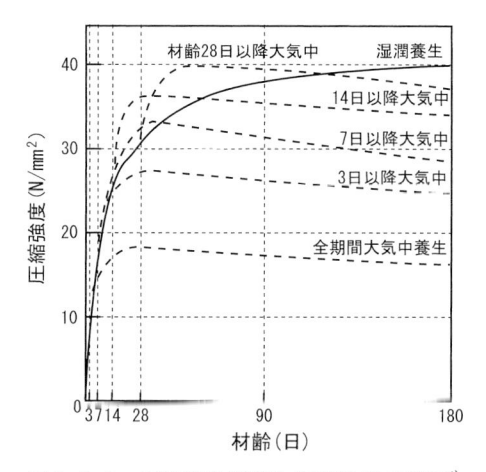

図 3.2.8 湿潤養生期間と圧縮強度の関係[4]

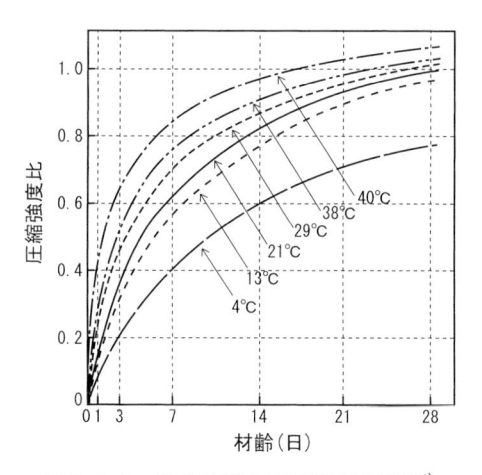

図 3.2.9 養生温度と圧縮強度の関係[4]

コンクリートの長期強度は高くなるが，初期強度が不足し，さらに5°C以下では十分な強度発現が得られない．また，初期に低温によって凍結を受けると強度発現が著しく低下する．これを初期凍害と呼ぶ．ちなみに，コンクリートの標準養生温度は20°Cである．さらに特殊な養生方法として，コンクリートの早期強度を得るために各種の促進養生がある．コンクリート製品は1〜2サイクル/日 の製造が行われるので，通常の製品は蒸気養生

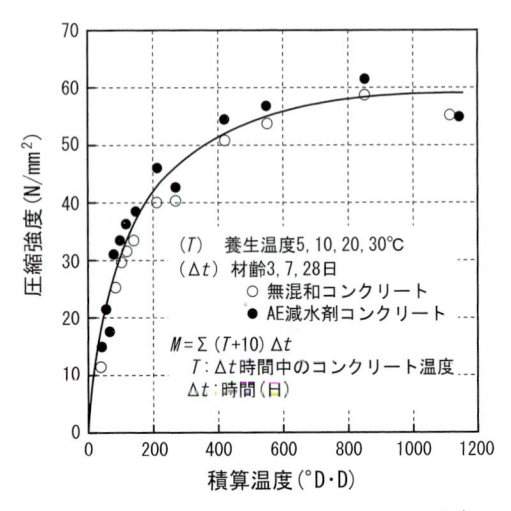

図 3.2.10　積算温度とコンクリート強度[3]

（50〜70°C），高強度コンクリート製品にはオートクレーブ養生（高温高圧養生，180°C・1.0 MPa 程度）が行われている．

4) 積算温度：養生温度と時間の積を積算温度（マチュリティー）といい，コンクリートの強度発現と積算温度には相関性がある（図3.2.10）．したがって，養生温度が変化しても積算温度を同一にすれば，そのコンクリートの強度発現は等しくなるので，積算温度がコンクリートの強度推定や寒中コンクリートの水セメント比の補正に用いられる．コンクリート打込み後91日までの積算温度 M_{91} が 840°D・D を下回る範囲で，積算温度の計算には次式が多く用いられる．

$$M_{91} = \sum_{i=1}^{91} (T_i + 10) \qquad (3.2.4)$$

M_{91}：積算温度（°D・D），T_i：材齢 i 日における日平均気温（°C）

F. 試験方法

構造体のコンクリートの強度を推定するために圧縮強度試験が行われるが，圧縮強度は試験体の形状，寸法，荷重速度，端面拘束条件などの影響を受ける．JIS の試験方法では，試験体の高さ・直径比は 2，直径は粗骨材最大寸法の 3 倍以上かつ 100 mm 以上とし，φ100×200 mm と φ150×300 mm の円柱が標

準になっている．荷重速度は毎秒 $0.6 \pm 0.4\,\mathrm{N/mm^2}$ としている．

　高さ・直径比が2以下になると，圧縮強度は急激に増加する．これは試験体の端面摩擦による拘束の影響が試験体中央部まで及ぶためである．また，試験体寸法が大きくなると，内部の弱い欠陥の存在確率が高くなり，一般に圧縮強度は低くなる．これを寸法効果と呼んでいる．さらに，荷重速度が高くなると圧縮強度は増大する．

(3) コンクリートの弾性係数

A. 応力-ひずみの関係とヤング係数

　コンクリートの応力-ひずみの関係には，応力上昇域と応力下降域（軟化域）がある（図 3.2.11）．応力上昇域の応力-ひずみの関係を表すヤング係数は，コンクリートの変形のしにくさを表している．また，コンクリートの応力-ひずみの関係は，早い段階から非線形になる．これは，弱い組織が形成されやすいセメント硬化体と骨材の界面に，剛性の違いに基因する引張応力が局所的に作用して微小な付着ひび割れ（ボンドクラック）が発生し，応力の増加に伴い，徐々に成長するからである．したがって，帯筋で拘束されたコンクリートのように三軸圧縮応力を受ける場合の三軸圧縮強度は，一軸圧縮強度に比べて相当に高い値になる．コンクリートにゆっくり加力した場合の静弾性係数には，図 3.2.12 に示す初期弾性係数，割線弾性係数，接線弾性係数の取り方があり，通

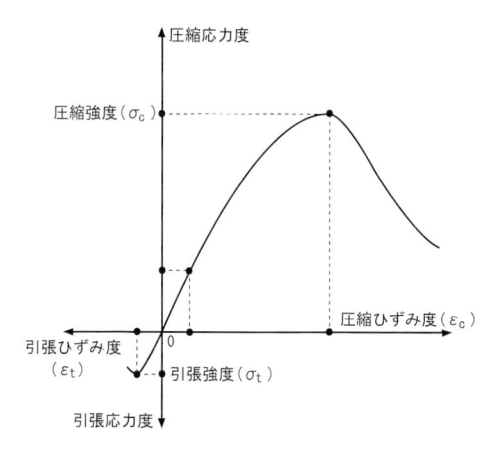

図 3.2.11　コンクリートの応力-ひずみ曲線の概形[4]

常，コンクリートのヤング係数は最大応力の1/3の点の割線弾性係数で表される．また，弾性係数には弾性波の伝播速度から求められる動弾性係数があり，非破壊試験に利用されている．

B. コンクリートの圧縮強度とヤング係数の関係

コンクリートは均質な弾性体ではないので，そのヤング係数はセメント硬化体のほかに骨材や混和材などの影響を受ける．微細組織のち密さが共通して強い影響を及ぼす圧縮強度とヤング係数の間には，大きく見れば図3.2.13に示すような関係があり，様々な関係式が提案されている．

日本建築学会・建築工事標準仕様書・同解説 JASS 5 鉄筋コンクリート工事

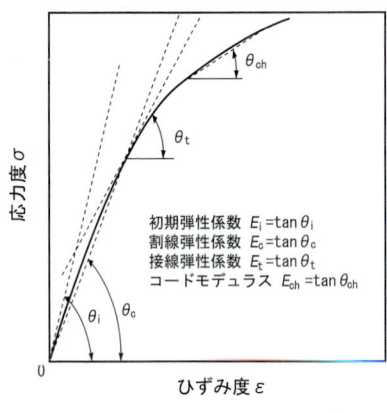

図3.2.12 弾性係数の定義[4]

初期弾性係数 $E_i = \tan\theta_i$
割線弾性係数 $E_c = \tan\theta_c$
接線弾性係数 $E_t = \tan\theta_t$
コードモデュラス $E_{ch} = \tan\theta_{ch}$

RC構造計算基準
$$E = 33.5 \times k_1 \times k_2 \times \left(\frac{\gamma}{2.4}\right)^2 \times \left(\frac{\sigma_B}{60}\right)^{\frac{1}{3}}$$
$[k_1 = k_2 = 1, \gamma = 2.4]$

旧(1988年版)RC構造計算基準
$$E = 21.0 \times \left(\frac{\gamma}{2.3}\right)^{\frac{3}{2}} \times \sqrt{\frac{\sigma_B}{20}} \quad [\gamma = 2.3]$$

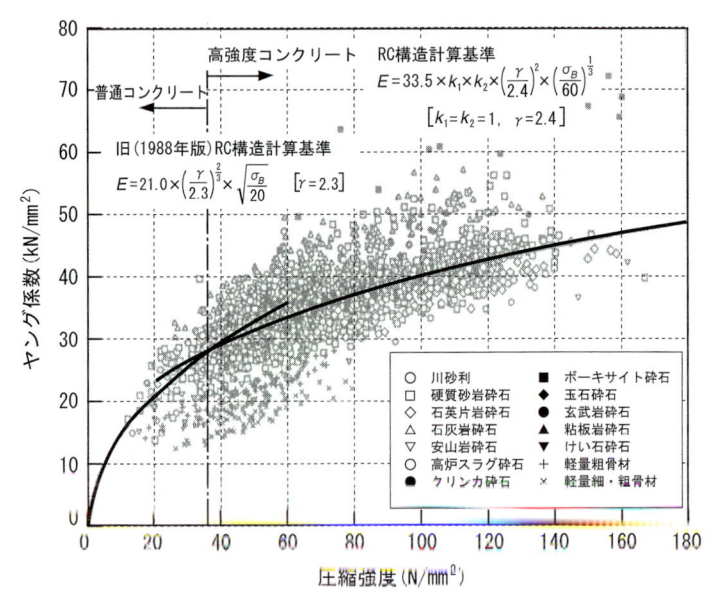

図3.2.13 圧縮強度とヤング係数との関係[5]

2009（以下 JASS 5 と略称）[6]では，コンクリートのヤング係数は大凡式（3.2.5）で計算されるとしている．

$$E = 33.5 \times k_1 \times k_2 \times \left(\frac{\gamma}{2.4}\right)^2 \times \left(\frac{\sigma_B}{60}\right)^{1/3} \quad (3.2.5)$$

E：ヤング係数（kN/mm^2），
σ_B：圧縮強度（N/mm^2），
γ：単位容積質量（t/m^3），
k_1, k_2：粗骨材，混和材による係数．

しかしながら，高強度コンクリートが開発される以前には，式(3.2.6)が用いられていた．この式を3種類のコンクリートの単位容積質量（t/m^3）に対して図示したものが，図3.2.14である．単位容積質量が小さくなると，ヤング係数の値も小さくなることに注意する必要がある．

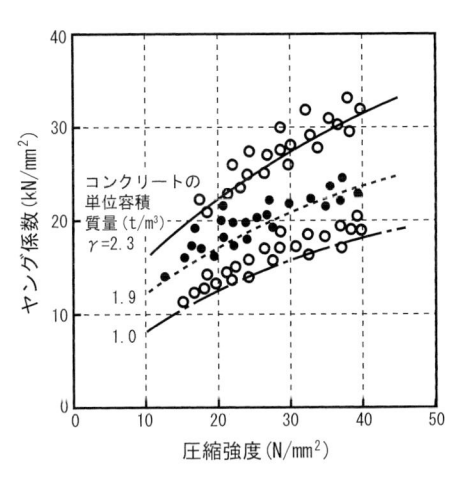

図 3.2.14　コンクリートのヤング係数[4]

$$E = 21.0 \times \left(\frac{\gamma}{2.3}\right)^{1.5} \times \left(\frac{\sigma_B}{20}\right)^{1/2} \quad (3.2.6)$$

なお，通常のコンクリートのヤング係数は $21.0\,kN/mm^2$ として扱われている．

C．ポアソン比

物体に軸方向力を加えると，軸方向の縦ひずみ ε_l と軸に直角方向の横ひずみ ε_t が生じる．この縦ひずみに対する横ひずみの比の絶対値がポアソン比 ν であり，その逆数はポアソン数といわれる．一般に，コンクリートのポアソン比は 0.2 あるいは 1/6 とされている．

$$\nu = |\varepsilon_t / \varepsilon_l| \quad (3.2.7)$$

ν：ポアソン比，ε_t：横ひずみ，ε_l：縦ひずみ

（4）コンクリートのクリープ

クリープとは，一定荷重が持続するときに，時間の経過とともにひずみが増加する現象であり，強度に対する応力の比（応力-強度比）が小さい場合には，

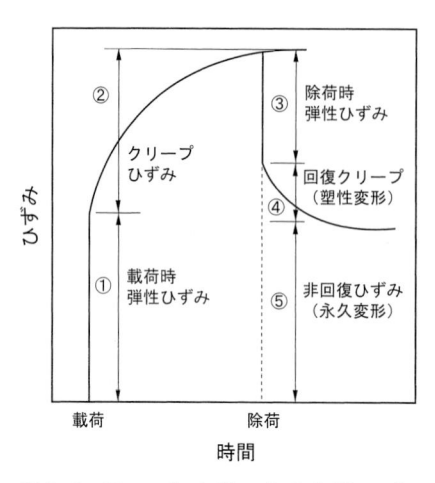

図3.2.15 コンクリートのクリープ-時間曲線[4]

図中ラベル: ②クリープひずみ、①載荷時弾性ひずみ、③除荷時弾性ひずみ、④回復クリープ（塑性変形）、⑤非回復ひずみ（永久変形）、横軸:時間（載荷・除荷）、縦軸:ひずみ

図3.2.15のように初期のクリープひずみの増加は多いが，1～3年でほぼ安定する．弾性ひずみに対するクリープひずみの比をクリープ係数（$\psi = \varepsilon_c / \varepsilon_e$）という．また，応力-強度比が大きい場合には，クリープひずみが増加し続け，ついには破壊する．これをクリープ破壊といい，クリープ破壊が起きる下限の応力をクリープ限度という．コンクリートのクリープ限度は圧縮強度の70～80%である．

コンクリートのクリープは乾燥収縮などによる内部応力を緩和して，ひび割れを減少する効果がある．一方，プレストレストコンクリートにおいてはプレストレスを減少させることになる．コンクリートのクリープはセメント硬化体の細孔構造に関係しており，単位セメント量，単位水量，水セメント比が小さく，かつ，よく養生されたコンクリートのクリープは小さい．

（5）コンクリートの体積変化

コンクリートの体積変化は，コンクリート組織あるいは鉄筋コンクリート構造体に様々な応力を発生させ，引張強度の低いコンクリートにひび割れを発生させる原因になっている．ひび割れはコンクリートの重大な劣化要因となり，構造耐力，耐久性，仕上げの性能などの低下をもたらす．鉄筋コンクリート構造のひび割れ対策として，コンクリートの品質改善，ひび割れ補強筋，ひび割れ誘発目地，エクスパンションジョイントの使用などが行われている．

A. 乾燥収縮

乾燥収縮はコンクリートのひび割れの主要な原因になっている．一般的なコンクリートの乾燥収縮率は$500 \times 10^{-6} \sim 1,000 \times 10^{-6}$であり，この収縮はおもにセメント硬化体の乾燥，すなわち毛管空げきおよびゲル空げきの吸着水が離脱する際の凝集力によって生じる．また，骨材の品質も影響し，吸水率の高い

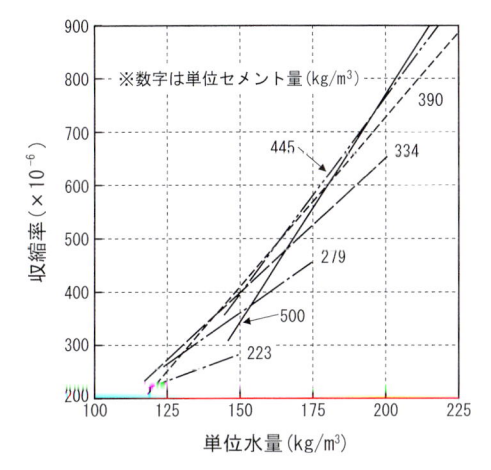

図 3.2.16　コンクリートの単位水量と乾燥収縮との関係[3]

骨材は乾燥収縮を大きくする．乾燥収縮を低減するためには単位セメント量および単位水量を減らすことが肝要である．図 3.2.16 にコンクリートの単位水量と乾燥収縮の関係を示す．

B. 自己収縮

セメントペーストは水和反応によって体積が減少するが，このようなコンクリートの硬化過程で生じる体積減少を自己収縮と呼んでいる．この自己収縮は乾燥収縮に比べて小さいが，高強度コンクリートや高流動コンクリートが使われるようになり，コンクリート中のセメントペースト量が増加したために，自己収縮を無視できなくなっている．この自己収縮ひずみは図 3.2.17 のように単位ペースト量が増すにしたがって増加し，400×10^{-6} に達する．また，水セメント比が低いほど，シリカフュームなど微粉分が多いほど，自己収縮は増える傾向にある．

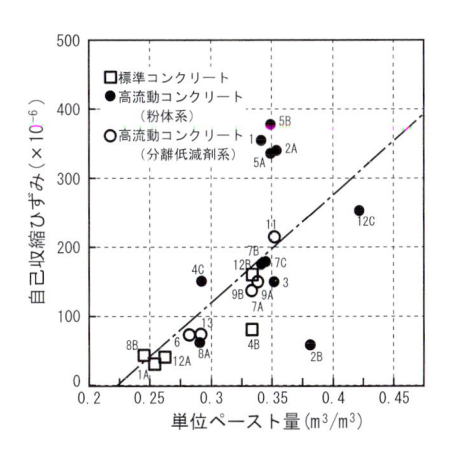

図 3.2.17　単位ペースト量と自己収縮ひずみの関係[4]

C. 温度による体積変化

温度変化による膨張・収縮の結果,マスコンクリートの表面と内部の温度差,あるいは上下階の温度差などによってコンクリートにひび割れが発生する.一般のコンクリートの熱膨張係数は $10 \times 10^{-6}/°C$ 程度であり,これには骨材の種類,単位セメント量,水セメント比などが影響する.マスコンクリートの温度上昇を緩和するために,低熱ポルトランドセメントや中庸熱ポルトランドセメントなどが用いられる.

(6) コンクリートの耐久性

コンクリートは耐久性に優れた材料であるが,中性化,凍害,塩害,アルカリ骨材反応によって劣化,損傷を受ける.このほかにコンクリートの耐久性を損なう要因には,摩耗,乾・湿あるいは低温・高温の繰り返し,汚染空気・土壌・水・海水などの中の化学物質の作用などがある.さらに,コンクリートの宿命である各種のひび割れ,その他の欠陥はコンクリートの劣化を促進する.これら多数の要因が複合して長年月にわたり作用するので,コンクリートの耐久性は評価がたいへんむずかしい問題である.

A. 中性化

セメントの水和反応によって水酸化カルシウム $[Ca(OH)_2]$ が生成され,初期のコンクリートのアルカリ性は pH 12〜13 になっている.鋼材は pH 11 以

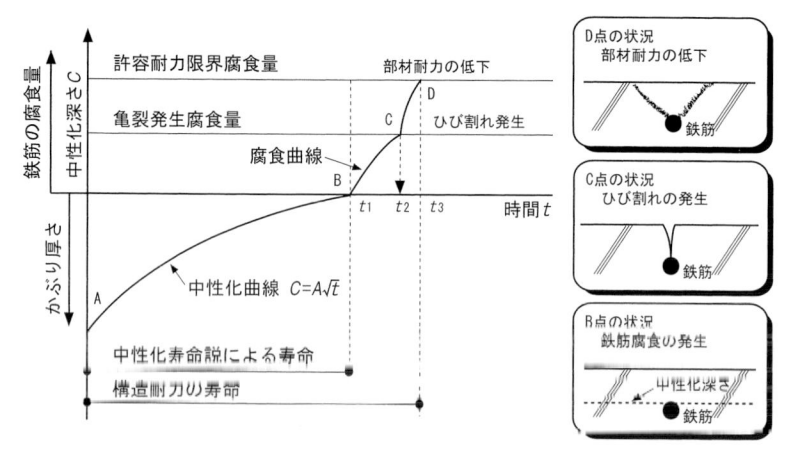

図 3.2.18 RC 造建築物の中性化と鉄筋腐食による耐用年数の概念[3]

上の環境では，表面に不動態被膜を形成して，腐食から守られている．このコンクリートのアルカリ性は時間の経過とともに低下する．すなわち，$Ca(OH)_2$ が空気中の二酸化炭素（CO_2）により炭酸化して炭酸カルシウムに変化し，中性化が進行する．図3.2.18に示すように，中性化深さが鉄筋位置まで達すると，鉄筋の腐食が起こりやすくなり，腐食が進むとその体積膨張によってかぶりコンクリートが破壊され，鉄筋の腐食がいっそう進行して耐力上有効な断面が減少し，ついには鉄筋コンクリートの構造耐力が失われる．

中性化はコンクリートへの二酸化炭素の拡散によることから，中性化深さ C は経過時間 t の平方根に比例するとして次式で表される．

$$C = A\sqrt{t} \qquad (3.2.8)$$

中性化速度係数 A は環境条件やコンクリートの状態が複雑に影響し，様々な中性化速度式が提案されている．中性化速度は水セメント比が大きいほど高く，二酸化炭素濃度が高いほど高く，相対湿度は50〜60％で最も高くなるので，室内の方が早く進行する．また，コンクリート表面の仕上げの有無と種類によって中性化速度は大きく異なる．鉄筋コンクリートのかぶり厚さは，構造耐力や耐火性への影響を加味して，この中性化速度から決められている．

B. 凍害

コンクリート中の水分が凍結融解を繰り返すと，凍結に伴う膨張圧や水分の

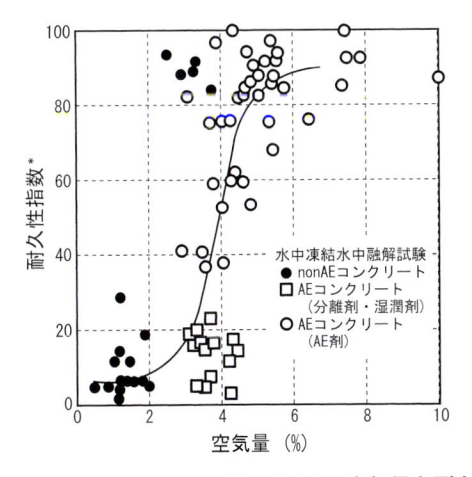

図3.2.19 空気量と耐久性指数との関係[1]

移動圧によって，コンクリートには表層部にひび割れやはく離が発生して，徐々に劣化する．この凍害のおもな形態はひび割れ（さざなみ状，地図状），スケーリング（薄片はく落），ポップアウト（円すい状はく離），崩壊などである．

図3.2.19は凍結融解試験によるコンクリートの空気量と耐久性指数との関係である．この結果が示すように，AEコンクリートの空気量を4%以上とすることが凍害に対して非常に有効である．また，水セメント比を小さくし，吸水率の少ない骨材を用いれば凍害に強くなる．雨や雪による水分の供給と温度変化の激しい庇，ベランダ，パラペット，外部階段などの突出部分は凍害を受けやすいので，防水などの保護が必要である．

C. 塩害

多少の塩化物（NaCl，$CaCl_2$）はコンクリートにとって有害ではないが，塩化物イオン（Cl^-）の存在によって鉄筋はアルカリ中でも腐食して塩害をもたらす．コンクリートへの塩分の供給原因には海砂，セメントや混和剤に含まれるものと，海水および海水飛まつ（海塩粒子），道路の凍結防止剤の飛散などがあり，内陸部でも塩害が発生する．鉄筋コンクリートでは細骨材の塩化物量（NaCl換算）は0.04%以下，コンクリートに含まれる塩化物イオンの総量（Cl^-換算）は0.30 kg/m^3以下に規制されている．コンクリートの外からの塩分供給に対しては，水セメント比が小さく水密性の高いコンクリート，十分なかぶり厚さ，防水仕上げなどが有効である．

D. アルカリ骨材反応

ある種の骨材はアルカリ反応性シリカを含有し，コンクリート中の水酸化アルカリのNa^+やK^+と反応してアルカリシリカゲルを生成する．この生成物が吸水して膨張し，内部からコンクリートを破壊する．この被害が起きると図3.2.20のようにコンクリートの表面に網目状のひび割れが発生し，アルカリシリカゲルが浸出するのが特徴である．アルカリ骨材反応を防止するために，コンクリート中のアルカリ量（Na_2O換算）の総量を3.0 kg/m^3以下にすること，骨材検査により反応性骨材を使用しないこと，抑制効果のある高炉スラグ微粉末などの混和材を使用すること，コンクリートの防水を徹底することなどの指針が出されている．

(a) コンクリートのひび割れ　　(b) コンクリートの切断面

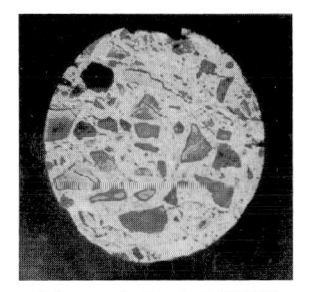

図 3.2.20　アルカリ骨材反応による劣化
［文献 3) より許可を得て転載］

E. エフロレセンス

コンクリート中の可溶性水酸化物や塩類が溶出して，コンクリート表面に炭酸カルシウムなどの白色の結晶を析出する．一次エフロレセンスは，コンクリートの乾燥に伴って析出して白華となる．二次エフロレセンスは，経年数の多いコンクリートのひび割れなどから内部に浸入した水が再び流出して，ひび割れから流下する汚れが付着したり，つらら状に成長したりする．この現象は特に凍害，アルカリ骨材反応の場合に顕著である．二次エフロレセンスの多くはひび割れから発生するので，コンクリートの耐久性低下の重要な目安になる．

(7) コンクリートの耐火性

コンクリートが加熱されて，100°C を超えると自由水を失い，次に 180°C 程度から結晶水の脱水とともに強度が低下する．さらに，500°C あたりで水酸化カルシウムが分解して，コンクリートの表層にはひび割れや爆裂が発生する．なお，ヤング係数の低下は強度の低下より大きい．鉄筋コンクリートの耐火性は，鉄筋の温度が 500°C 以上に達しないように，コンクリートのかぶり厚さを十分にとって鉄筋を保護することによって成立している．

3.2.4　鉄筋コンクリートの現場施工

(1) 鉄筋コンクリート構造に要求される性能

鉄筋コンクリート構造では建築設計図書において，構造安全性能をはじめ各種の性能が設定される．これらの性能を実現するように仕様書に基づいて鉄筋

コンクリート工事が施工される．鉄筋コンクリート工事については「建築工事標準仕様書JASS 5　鉄筋コンクリート工事」（日本建築学会編）が規範仕様になっており，要求される性能として，下記の事項が取りあげられている．鉄筋コンクリート構造がこれらの性能を満足するように，コンクリートの品質を確保しなければならない．また，これらの性能はコンクリート製品にも通用する事項である．

1) 構造安全性：コンクリートは構造設計に用いる圧縮強度（設計基準強度）と弾性係数を有し，過大なひび割れ，有害な打込み欠陥部がないように施工する．鉄筋には所定の品質のものを用い，正確に加工，組立てをする．
2) 使用性：構造設計に用いる常時荷重下において，部材の変形制限と振動制限を満足するようにする．外壁，屋根スラブ，水回り部には漏水が生じるようなひび割れ，打継ぎ欠陥および打込み欠陥がないようにする．
3) 耐久性：総合的耐久性として，計画供用期間の級を定めている．

　　　　短期（計画供用期間として大凡　　30年）
　　　　標準（　　　　同上　　　　　　　65年）
　　　　長期（　　　　同上　　　　　　　100年）
　　　　超長期（　　　同上　　　　　　　200年）

4) 耐火性：耐火性能は最小かぶり厚さによって決まり，建築基準法施行令で必要な耐火時間が定められている．
5) 寸法精度：コンクリート部材は，構造設計図書に示された位置にあり，所定の断面寸法をもっていなければならない．
6) 仕上がり状態：コンクリートの仕上がり状態に見られる欠陥の例には表面の凹凸，色むら，ジャンカ（豆板），コールドジョイントなどがある．これらの欠陥は次の仕上工程に影響し，打放しコンクリートなどの素地仕上げでは特に問題である．
7) かぶり厚さ：かぶり厚さは鉄筋コンクリートの耐久性，耐火性，構造耐力が得られるように，各種の要件を考慮して定める．設計かぶり厚さおよび最小かぶり厚さを表3.2.3に示す．

表3.2.3 設計かぶり厚さと最小かぶり厚さ

(単位:mm)

部材の種類		短期	標準・長期		超長期	
		屋内・屋外	屋内	屋外[(2)]	屋内	屋外[(2)]
構造部材	柱・梁・耐力壁	40/30	40/30	50/40	40/30	50/40
	床スラブ・屋根スラブ	30/20	30/20	40/30	40/30	50/40
非構造部材	構造部材と同等の耐久性を要求する部材	30/20	30/20	40/30	40/30	50/40
	計画供用期間中に維持保全を行う部材[(1)]	30/20	30/20	40/30	(30)/(20)	(40)/(30)
直接土に接する柱・梁・壁・床および布基礎の立上り部		50/40				
基礎		70/60				

[注] (1) 計画供用期間の級が超長期で計画供用期間中に維持保全を行う部材では,維持保全の周期に応じて定める.
(2) 計画供用期間の級が標準,長期および超長期で,耐久性上有効な仕上げを施す場合は,屋外側では,設計かぶり厚さを10mm減じることができる.
(3) 表中.／の左:設計かぶり厚さ,／の右:最小かぶり厚さを示す.

(2) 鉄筋コンクリート工事

A. 鉄筋工事

鉄筋工事には,鉄筋コンクリート用棒鋼(3.3.2参照)が用いられ,加工および組立ては配筋図のとおり正確に行う.鉄筋の継手には,重ね継手,溶接継手,圧接継手,その他の特殊継手があり,圧接継手が多く用いられている.また,鉄筋の末端はコンクリート中に確実に定着されなければならない.コンクリートのかぶり厚さは鉄筋表面と型枠表面との間隔で決まり,この間隔を確保するためにスペーサーが用いられる.

B. 型枠工事

型枠は鉄筋コンクリート構造の鋳型であり,その寸法精度と仕上がり状態を左右する.したがって,型枠は正確で十分な強度と水密性が必要であり,型枠に作用する荷重にはコンクリートの質量および作業荷重による鉛直荷重と側圧とがある.側圧にはコンクリートの流動性や凝結時間も影響する.型枠は図3.2.2のようにせき板と支保工と締付け金物とで組み立てられている.せき板にはコンクリート型枠用合板,製材の板材,鋼製型枠パネル,合成樹脂型枠パ

表3.2.4 基礎・梁側・柱および壁のせき板の存置期間を定めるためのコンクリートの材齢[6]

セメントの種類 平均温度	早強ポルトランドセメント	普通ポルトランドセメント 高炉セメントA種 シリカセメントA種 フライアッシュセメントA種	高炉セメントB種 シリカセメントB種 フライアッシュセメントB種
	コンクリートの材齢（日）		
20℃以上	2	4	5
20℃未満 10℃以上	3	6	8

ネルなどがある．建築のコンクリートには型枠用合板が多く用いられるが，樹種によってはコンクリート表面の硬化不良を起こすので注意が必要である．また，脱型やコンクリートの表面仕上がりを改善するために，せき板表面にはく離剤が塗布される．コンクリートの強度発現を待って型枠の脱型が行われるが，スラブ下と梁下はコンクリートの設計基準強度以上，その他の側面は5 N/mm^2 以上に達してから脱型することを基本としている．ただし，平均気温が10℃以上の場合には，側面のせき板の存置期間を表3.2.4 に示す材齢とすることができる．

C．コンクリート工事

　コンクリート工事ではフレッシュコンクリートが型枠内で成形されて硬化する．フレッシュコンクリートにはレディーミクストコンクリートと工事現場練りコンクリートがあり，通常の建築工事にはレディーミクストコンクリートが用いられる．コンクリート工事において必要なコンクリートの性質がワーカビリティーである．良いコンクリートを作る要点は，できるだけスランプの小さなコンクリートをていねいに締固めて，十分に養生することである．

1) 運搬：コンクリートの運搬では分離および品質（スランプ，空気量）の変化をできるだけ少なく抑える．また，運搬および打込みの際に水を加えてはならない．コンクリートの練混ぜから打込み終了までの時間の限度は，外気温が25℃未満で120分，25℃以上で90分である．建築現場内の運搬はほとんどコンクリートポンプで行われ，その他の運搬機器としてバケッ

表3.2.5 湿潤養生の期間[6]

セメントの種類	計画供用期間の級 短期および標準	長期および超長期
早強ポルトランドセメント	3日以上	5日以上
普通ポルトランドセメント	5日以上	7日以上
その他のセメント	7日以上	10日以上

ト，カート，ベルトコンベア，シュートなどが用いられる．

2) 打込みおよび締固め：コンクリートの打込みおよび締固めは，コンクリートが均質かつ密実に充填され，所要の強度・耐久性を有し，有害な打込欠陥部のない構造体コンクリートが得られるように行う．フレッシュコンクリートのスランプはできるだけ小さくし，ていねいに締固めることが，均質密実なコンクリートを作る要点である．コンクリートは所定の位置にできるだけ近づけて打込み，コンクリートの自由落下高さは，コンクリートが分離しない範囲とする．1回の打込み区画では，コンクリートが一体になるように連続して打込む．打込継続中における打継時間間隔は，コールドジョイントが生じない範囲とする．打込速度は良好な締固めができる範囲とし，締固めには棒形振動機，型枠振動機または突き棒が用いられる．また，コンクリートの打継面はレイタンスなど脆弱な部分を取り除き，新たに打込むコンクリートと前に打込んだコンクリートが一体になるようにする．

3) 養生：コンクリートは打込み終了直後からセメントの水和およびコンクリートの硬化が十分に進行するまでの間，急激な乾燥，過度の高温または低温，急激な温度変化，振動および外力の悪影響を受けないように養生する．初期養生は特に大切であって，湿潤養生の期間は表3.2.5のとおりである．なお，寒冷期における寒中コンクリートでは，初期凍害を防ぐために保温養生が必要である．

(3) レディーミクストコンクリート (JIS A 5308)

A. レディーミクストコンクリートの種類

レディーミクストコンクリートとは，コンクリート工場で練混ぜられて工事現場に運搬され，型枠に打込まれるまでの，まだ固まらないコンクリートのことである．このレディーミクストコンクリートの種類は表3.2.6のように定

表3.2.6　レディーミクストコンクリートの種類（JIS A 5308-2009）[7]

コンクリートの種類	粗骨材の最大寸法[a] (mm)	スランプまたはスランプフロー[a] (cm)	18	21	24	27	30	33	36	40	42	45	50	55	60	曲げ 4.5
普通コンクリート	20, 25	8, 10, 12, 15, 18	○	○	○	○	○	○	○	○	○	○	—	—	—	—
普通コンクリート	20, 25	21	—	○	○	○	○	○	○	○	○	○	—	—	—	—
普通コンクリート	40	5, 8, 10, 12, 15	○	○	○	○	—	—	—	—	—	—	—	—	—	—
軽量コンクリート	15	8, 10, 12, 15, 18, 21	○	○	○	○	○	—	○	○	○	○	—	—	—	—
舗装コンクリート	20, 25, 40	2.5, 6.5	—	—	—	—	—	—	—	—	—	—	—	—	—	○
高強度コンクリート	20, 25	10, 15, 18	—	—	—	—	—	—	—	—	—	○	○	—	—	—
高強度コンクリート	20, 25	50, 60	—	—	—	—	—	—	—	—	—	—	○	○	○	—

a) 荷卸し地点の値であり，50 cm 及び 60 cm がスランプフローの値である

表3.2.7　指定事項（JIS A 5308-2009）[6]

a) セメントの種類
b) 骨材の種類
c) 粗骨材の最大寸法
d) アルカリシリカ反応性による区分
e) 骨材のアルカリシリカ反応性による区分
f) 水の区分
g) 混和材料の種類および使用量
h) 品質の項で定める塩化物含有量の上限値と異なる場合は，その上限値
i) 呼び強度を補償する材齢
j) 品質の項で定める空気量と異なる場合は，コンクリートの単位容積質量
k) 軽量コンクリートの場合は，コンクリートの単位容積質量
l) コンクリートの最高または最低温度
m) 水セメント比の上限値
n) 単位水量の上限値
o) 単位セメント量の下限または上限値
p) 流動化コンクリートの場合は，流動化する前のレディーミクストコンクリートからのスランプの増加量
　　注）購入者が d) でアルカリ総量の規制による抑制対策の方法を指定する場合，購入者は，流動化剤によって混入されるアルカリ量（kg/m^3）を生産者に通知する
q) その他の必要な事項

められている．

B．レディーミクストコンクリートの指定

　レディーミクストコンクリートの発注に際しては，仕様書の品質および施工

図中:
- F：調合強度
- F_m：調合管理強度
- F_q：品質基準強度
- σ：標準偏差
- $_{28}S_{91}$：構造体強度補正値

材齢91日における構造体コンクリート強度の分布

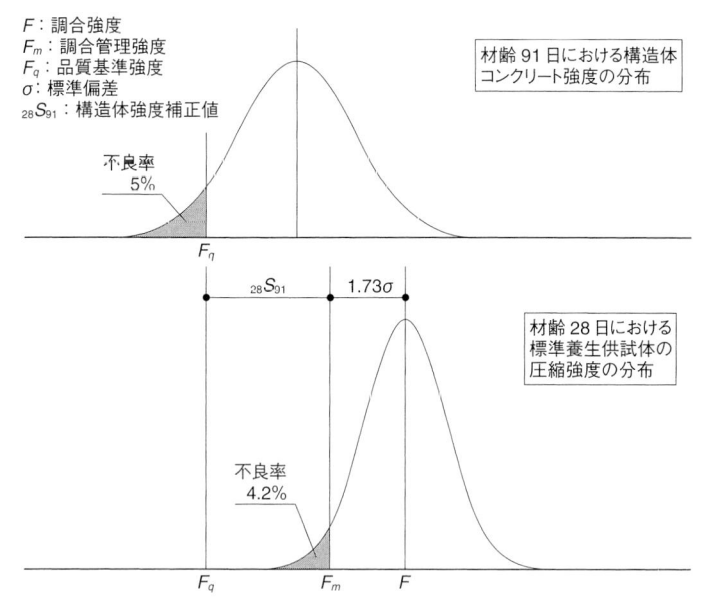

不良率 5%

$_{28}S_{91}$　1.73σ

材齢28日における標準養生供試体の圧縮強度の分布

不良率 4.2%

F_q　F_m　F

図 3.2.21　調合管理強度の考え方

上必要な品質を満足するように，表3.2.6の種類からコンクリートの呼び強度とスランプの組合せを指定し，さらに表3.2.7の指定事項のうち必要な事項を指定する．

1) 呼び強度：レディーミクストコンクリートの強度区分を示す呼称である．

呼び強度は，構造体コンクリートの材齢91日の圧縮強度が品質基準強度以上となるように，品質基準強度に構造体強度補正値を加えた調合管理強度：F_m を勘案して指定されなければならない（図3.2.21）．

$$F_m = F_q + {_m}S_n \tag{3.2.9}$$

ここに F_q は品質基準強度で，構造体コンクリートが満足すべき強度であり，設計基準強度 F_c および耐久設計基準強度 F_d の大きい方の値である．${_m}S_n$ は構造体強度補正値で，荷卸し地点で試料を採取して標準養生（20℃水中養生）した供試体の材齢 m 日の強度と構造体コンクリートの材齢 n 日の強度の差として求められる．JASS 5[6]では，調合強度を定める材齢 m は原則として28日とし，構造体コンクリートの強度が品質基準強度 F_q

表3.2.8 構造体強度補正値 $_{28}S_{91}$ の標準値[6]

セメントの種類	コンクリートの打込みから28日までの期間の予想平均気温の範囲（℃）	
早強ポルトランドセメント	5以上	0以上5未満
普通ポルトランドセメント	8以上	0以上8未満
中庸熱ポルトランドセメント	11以上	0以上11未満
低熱ポルトランドセメント	14以上	0以上14未満
フライアッシュセメントB種	9以上	0以上9未満
高炉セメントB種	13以上	0以上13未満
構造体強度補正値 $_{28}S_{91}$ (N/mm^2)	3	6

を満足しなければならない材齢は91日としている．また，構造体強度補正値 $_{28}S_{91}$ の標準値は，セメントの種類およびコンクリート打込みから28日までの期間の予想平均気温の範囲に応じて，表3.2.8のように与えられている．

設計基準強度とは，構造計算において基準とするコンクリートの強度であり，18，21，24，27，30，33，36 N/mm^2 の中から選定される．ただし，高強度コンクリートおよびプレストレストコンクリートは別に定める．

耐久設計基準強度とは，建築物などの供用期間に応ずる耐久性能を確保するために必要とされる圧縮強度である．その値を表3.2.9に示す．鉄筋コンクリートの耐久性は，水セメント比を低くすると良くなるが，受入れ

表3.2.9 コンクリートの耐久設計基準強度[6]

計画供用期間の級	耐久設計基準強度（N/mm^2）
短　　期	18
標　　準	24
長　　期	30
超長期	36[注]

[注] かぶり厚さを10 mm増やした場合は，30 N/mm^2 とすることができる．

表 3.2.10 フレッシュコンクリートのワーカビリティーに関連する用語（JIS A 0203）[3]

用　語	説　明
ワーカビリティー workability	コンシステンシーによる作業性の難易の程度と，均等質のコンクリートができるために必要な材料の分離に抵抗する程度で示されるフレッシュコンクリートの性質
コンシステンシー consistency	変形または流動に対する抵抗性の程度で表されるフレッシュコンクリートの性質
フィニッシャビリティー finishability	コンクリートの打ち上がり面を要求された平滑さに仕上げようとする場合，その作業性の難易度を示すフレッシュコンクリートの性質

時点での水セメント比の検査がむずかしく，これを圧縮強度に置き換え，耐久設計基準強度とする．

2) スランプ：スランプ値はコンクリートのコンシステンシーを表し，数値が大きいほどやわらかいコンクリートである．JASS 5 では，普通コンクリートの品質基準強度が 33 N/mm^2 以上の場合 21 cm 以下，33 N/mm^2 未満の場合 18 cm 以下としているが，打込部位の施工条件によってできるだけスランプ値の小さいコンクリートを使うことが，良いコンクリートを作る要点である．

C．レディーミクストコンクリートの受入れ

コンクリート工場で練混ぜられたレディーミクストコンクリートは，工事現場までトラックアジテータで運搬される．この運搬距離または運搬時間は，練混ぜから打込みまでの時間によって制約される．また，レディーミクストコンクリートの荷卸し地点ではスランプや空気量などの品質検査をして受け入れられる．

3.2.5 フレッシュコンクリートの性質

（1）ワーカビリティー

コンクリートの現場施工あるいは工場生産において，フレッシュコンクリー

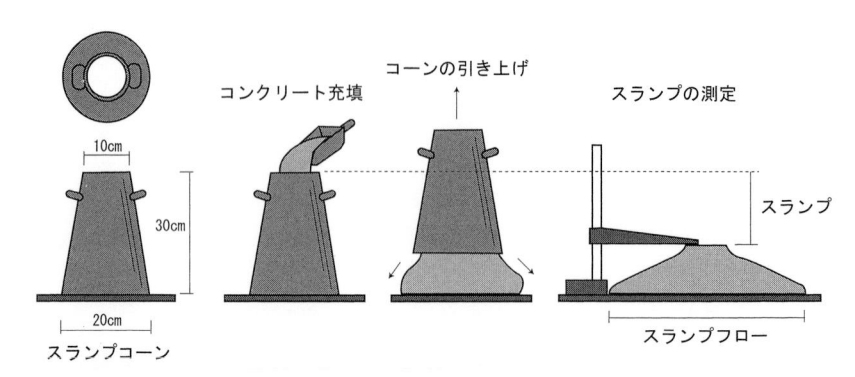

図 3.2.22 スランプ試験

トのワーカビリティーとは，おもに流動性と分離抵抗性によって表される．それぞれの施工条件に適合したフレッシュコンクリートの性質が求められており，表 3.2.10 はワーカビリティーに関連する用語である．ワーカビリティーは流動性の高いコンクリートが一概に良いとはいえず，部材の形状，鉄筋間隔，打込方法，締固方法などから評価される総合的な性質である．

（2） 流動性（コンシステンシー）とスランプ値

コンクリートの流動性は単位水量と空気量の影響を強く受け，そのほかに骨材の粒度や粒形，セメント量などの影響を受ける．一般に流体（水，空気）の量や固体（骨材，セメント）の粗粒分が大きくなると流動性が増加する．また，混和剤による界面活性作用や微粒子分散作用は流動性の改善に顕著な効果がある．フレッシュコンクリートは粒度の異なる固体と液体の幅広い混和物であるために，複雑な流動性を有しており，ひとつの試験方法ですべてのコンクリートの流動性を測定することは困難である．多数の試験方法の中でコンシステンシーを評価するスランプ試験が最も広く用いられており，図 3.2.21 に示すように，スランプ試験ではスランプ値あるいはスランプフロー値を測定する．スランプはフレッシュコンクリートの軟らかさを表し，スランプが大きければ打込みやすいが，スランプを大きくする目的で単位水量を多くすると分離が起きやすい．フレッシュコンクリートは時間の経過とともに凝集作用により流動性が低下して，スランプロスが起きる．スランプロスは，練返しによってある程度回復する．また，気温が高いあるいは運搬時間が長い場合には，スランプロ

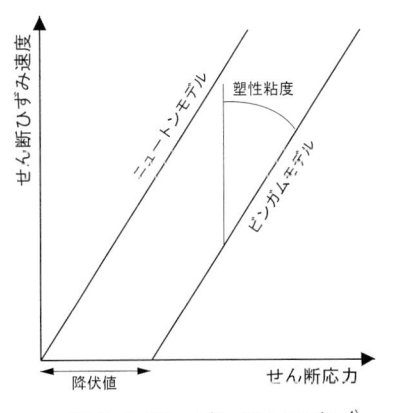

図 3.2.23 ビンガムモデル[4]

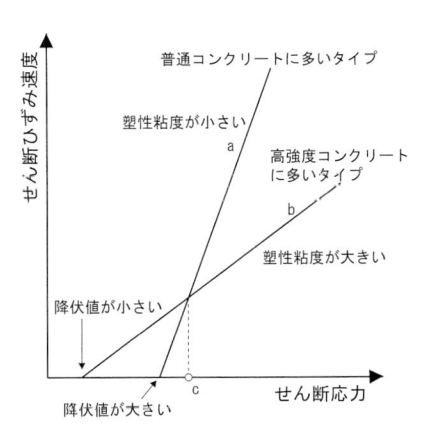

図 3.2.24 レオロジー的に比較したコンクリートのコンシステンシー[4]

スを防ぐために、凝結遅延剤や後添加流動化剤が用いられる．

(3) レオロジー的性質

フレッシュコンクリートのレオロジーモデルは、その流動性を物理量として統一的に表し、それを用いて流動解析を行ってワーカビリティーを判定することができる．フレッシュコンクリートは、作用する力がある値以上になると変形が始まり、その後は力に応じて変形が進行するので、図3.2.23[4]のビンガム流体モデルの挙動に類似している．ビンガムモデルのレオロジー定数は次の式で表せる．

$$\tau = \eta \cdot \gamma + \tau_y \tag{3.2.10}$$

τ：せん断応力，η：塑性粘度，γ：せん断ひずみ速度，τ_y：降伏値

レオロジー定数の降伏値は流動体が変形を始める応力であり、スランプ値に対応する．塑性粘度は粘性として、変形の速度に関係し、スランプがおさまる時間に対応している．フレッシュコンクリートの流動性をレオロジー的に表せば、図3.2.24[4]のようになる．

(4) 空気量

空気量はコンクリートの容積に対する空気の容積の割合で表される．コンク

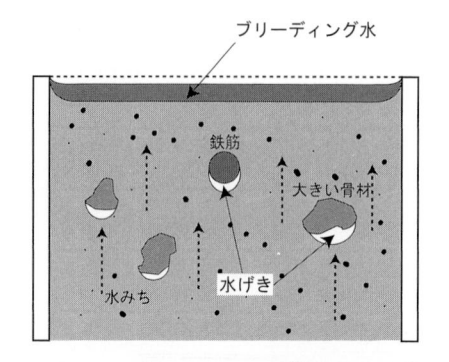

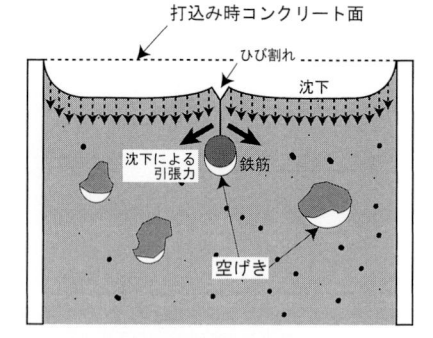

図3.2.25　材料の沈下に伴うブリーディングと沈みひび割れ

リート中に含まれる空気には，練混ぜに伴って自然に混入するエントラップトエアと，AE剤やAE減水剤を用いて意図的に混入させるエントレインドエアがある．エントラップトエアは0.1 mm程度以上の大きな気泡や空げきとなり，普通コンクリートには1〜2%含まれ，この空気はコンクリートの品質を低下させる．一方，エントレインドエアは0.1 mm以下の微小な独立気泡であり，AEコンクリートの空気量は4〜6%にするのが好ましい．このエントレインドエアはワーカビリティーを改善し，均質なコンクリートにすると同時に，特に凍結融解作用に対する耐久性を顕著に向上させる（図3.2.19参照）．

(5)　材料分離，ブリーディング

フレッシュコンクリートの運搬，打込み，締固めの過程でモルタルと粗骨材が分離して，コンクリートの組成が不均一になることを材料分離という．その結果，コンクリート内部に大きな空洞ができたり，表面にジャンカ（豆板）と呼ばれる欠陥が生じる．

また，打込み後のコンクリートでは組成材料の密度の差によって，セメントペーストより重い大きな骨材が下に沈み，密度が一番小さい水が表面に浮き出してくる．このことをブリーディングという．このとき，図3.2.25左のようにコンクリート中には水みちができ，鉄筋や骨材の下端には水げきができて，鉄筋の付着強度やコンクリートの品質の低下の原因となる．

コンクリート表面にはブリーディング水とともに石灰分や泥分が浮き出し，水が引くとレイタンスとなり，コールドジョイントや打継面の欠陥の原因にな

る．さらに，図 3.2.25 右のようにコンクリートが沈下して，このとき，表面に近い鉄筋の直上や部材断面の異なる梁・スラブの境などに沈みひび割れが発生する．

材料分離とブリーディングは，単位水量が多く，スランプの大きな，粘性が不足しているコンクリートに起きやすい．したがって，フレッシュコンクリートはできるだけ単位水量が少なく，スランプの小さい，単位細骨材量や単位セメント量の多いことが望ましい．ただし，単位細骨材量や単位セメント量が多過ぎるとほかの弊害が起きるのでバランスが大切である．

表 3.2.11　各種セメントの特性とおもな用途[6]

種類		特性	用途
ポルトランドセメント	普通ポルトランドセメント	一般的なセメント	一般のコンクリート工事
	早強ポルトランドセメント	a. 普通セメントより強度発現が早い b. 低温でも強度を発揮する	緊急工事・冬期工事・コンクリート製品
	超早強ポルトランドセメント	a. 早強セメントより強度発現が早い b. 低温でも強さを発揮する	緊急工事・冬期工事
	中庸熱ポルトランドセメント	a. 水和熱が小さい b. 乾燥収縮が小さい	マスコンクリート・遮蔽用コンクリート
	低熱ポルトランドセメント	a. 初期強度は低いが長期強度が高い b. 水和熱が小さい c. 乾燥収縮が小さい	マスコンクリート 高流動コンクリート 高強度コンクリート
	耐硫酸塩ポルトランドセメント	硫酸塩を含む海水・土壌・地下水・下水などに対する抵抗性が大きい	硫酸塩の侵食作用を受けるコンクリート
高炉セメント	A 種	普通セメントと同様の性質	普通セメントと同様に用いられる
	B 種	a. 初期強度はやや低いが長期強度は高い b. 水和熱が小さい c. 化学抵抗性が大きい	普通セメントと同様な工事 マスコンクリート・海水・硫酸塩・熱の作用を受けるコンクリート，土中・地下構造物コンクリート
	C 種	a. 初期強度は低いが長期強度は高い b. 水和熱速度はかなり遅い c. 耐海水性が大きい	マスコンクリート・海水・土中・地下構造物コンクリート
フライアッシュセメント	A 種 B 種	a. ワーカビリティーがよい b. 長期強度が高い c. 乾燥収縮が小さい d. 水和熱が小さい	普通セメントと同様な工事 マスコンクリート・水中コンクリート
白色ポルトランドセメント		a. 白色 b. 顔料を用い着色ができる	着色コンクリート工事 コンクリート製品

（6） 凝結，硬化

　打込まれたコンクリートはセメントの水和反応に伴って，徐々に流動性を失って凝結，硬化する．この凝結はセメントの凝結と密接にかかわっているものの，混和剤などの影響があるので同一には扱えない．コンクリートの凝結・硬化過程ではブリーディング，沈下，初期収縮が起こり，沈みひび割れや，乾燥を伴ってプラスチック収縮ひび割れといった初期ひび割れが発生する．これらの初期ひび割れやブリーディングの水みちをつぶすために行う，タンピングの時期は硬化の度合いを見て決める．また，コールドジョイントを防ぐためには，コンクリートの打込間隔を，凝結の度合いが再振動締固め可能な時間内にする必要がある．コンクリートの凝結・硬化時間の調節には遅延型または促進型の混和剤が用いられる．

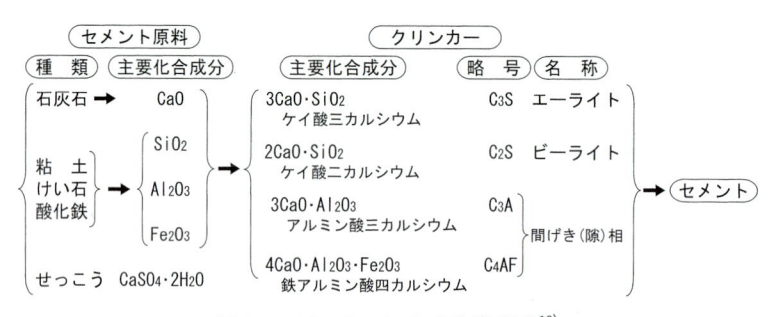

図 3.2.26　セメントの化学組成[10]

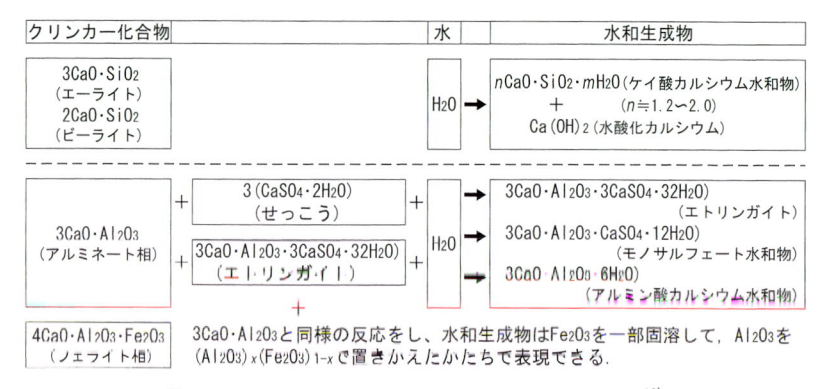

図 3.2.27　ポルトランドセメントの水和の説明[10]

3.2.6 コンクリートの組成材料と調合
（1） セメント
A． セメントの種類

セメントの種類と用途は表 3.2.11 のとおりである．

B． セメントの化学組成と水和反応

セメントは図 3.2.26[3] に示すように，石灰岩と粘土を主体とした原料を焼成し，そのクリンカーにせっこうを添加して微粉砕したものである．このセメントに水を加えると水和反応が起こり，図 3.2.27[3] のように複雑な水和物を生成して硬化する．

セメントの水和過程における組織の成長モデルを図 3.2.28[8] に示す．この過程で水和物の結晶がち密化して硬化するとともに，水和発熱，自

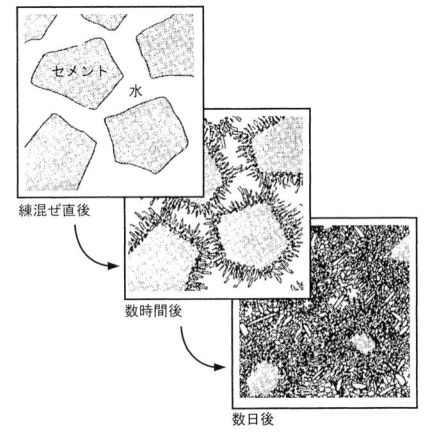

図 3.2.28　セメントの水和の過程
[参考文献[11] に基づいて作成]

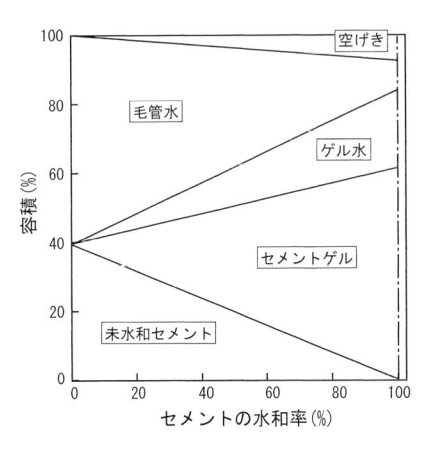

図 3.2.29　W/C 50％のセメントペーストの種々の水和段階における各成分の容積比

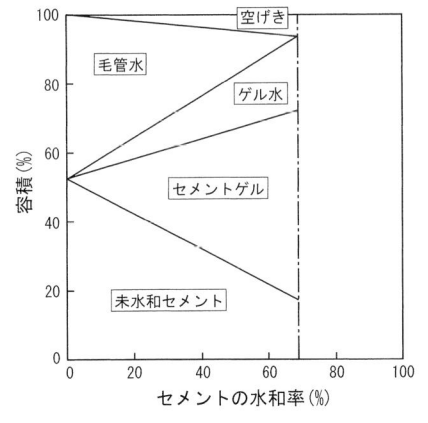

図 3.2.30　W/C 30％のセメントペーストの種々の水和段階における各成分の容積比

表3.2.12 骨材の分類 [参考文献[4)]に基づいて作成]

分類方法	骨材の種類
粒　　大	粗骨材, 細骨材
密　　度	重量骨材, 普通骨材, 超軽量骨材
生産方法	天然骨材, 砕石, 人工骨材, 副産骨材, 再生骨材
採取場所	川砂利（川砂）, 陸砂利（陸砂）, 山砂利（山砂）, 海砂利（海砂）, 火山れき（礫）, 砕石（砕砂）
用　　途	構造用骨材, 非構造用骨材 あるいは使用目的別（コンクリート用骨材, 道路用骨材など）

己収縮が起きる．セメントが完全に水和するためには，水和過程で水分が不足しても補給可能な水中養生の場合であっても，水セメント比として38％が必要とされる[9)]．セメントの水和は毛管溶液中で行われ，図3.2.29のように水が十分な場合は，未水和セメントがなくなるまで，水和が長期間継続する．また，図3.2.30のように水セメント比が小さい場合は，毛管水がなくなると水和が停止して，未水和セメントが残る．

C. セメントの品質
1) 密度：セメントの密度はセメントの種類によって異なり，普通ポルトランドセメントは$3.16 \sim 3.17 \, \text{g/cm}^3$である．セメントが風化すると密度が減少するので，品質の目安になる．
2) 比表面積：セメントの粉末度は比表面積で表され，普通ポルトランドセメントは$3,000 \, \text{cm}^2/\text{g}$程度，早強ポルトランドセメントは$4,000 \, \text{cm}^2/\text{g}$程度である．比表面積が大きいほど水和反応が促進される一方，発熱速度も大きくなるので，あまり比表面積を大きくすることは好ましくない．
3) 凝結時間：普通ポルトランドセメントの凝結時間は始発2時間30分程度，終結3時間30分程度である．凝結の始発はコンクリートの練混ぜから打込みまでの時間に影響し，終結はこて仕上げやタンピングなどの時間に影響する．
4) 圧縮強度：セメントの強度はJIS R 5201の試験方法による強度で示される．28日圧縮強度は普通ポルトランドセメントで$42.5 \, \text{N/mm}^2$以上，早強ポル

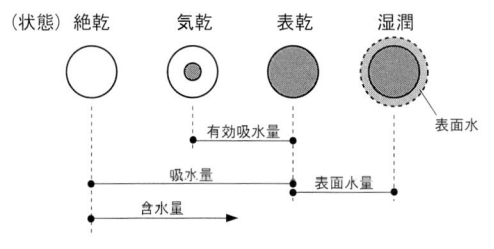

図 3.2.31　骨材の含水状態[3]

トランドセメントで 47.5 N/mm² 以上である．

（2）骨材

A. 骨材の種類

骨材の分類を表 3.2.12 に示す．骨材は粗骨材（砂利，砕石）と細骨材（砂，砕砂）に分けられる．粗骨材は 5 mm 網ふるいに質量で 85% 以上残留し，細骨材は 5 mm 網ふるいを質量で 85% 以上通過する骨材である．コンクリートの骨材としては川砂利，川砂が良いとされているが，現在は入手が困難になっているので，砕石，砕砂，山砂，陸砂，海砂など多様な骨材が使用されている．また，軽量コンクリートには主に人工軽量骨材が用いられる．

B. 骨材の品質

1) 密度と吸水率：堅硬な骨材は密度が高く，吸水率が小さい．骨材の強度はおもに密度に関係し，耐久性は吸水率に関係している．また，骨材には図 3.2.31 のような含水状態があり，絶乾状態は完全に乾燥して水分を含まない状態，気乾状態は空気中で内部に含水している状態，表乾状態は内部が完全に飽水し表面だけが乾燥している状態，湿潤状態は内部が完全に飽水し表面も濡れている状態である．コンクリートの調合設計においては表乾密度（表乾単位容積質量）が用いられ，また通常の骨材の管理は湿潤状態を保ち，調合の計量時には表面水率を用いて練混ぜ水量および骨材量の補正を行っている．

2) 粒度と実積率：骨材は細粒から粗粒まで連続的に適当に混合していることが必要であり，この混合した骨材の大きさの程度を粒度という．適当な粒度の骨材はワーカビリティーを向上させ，また実積率が大きくなり，単位セメント量および単位水量が減少するので，品質が良く経済的なコンク

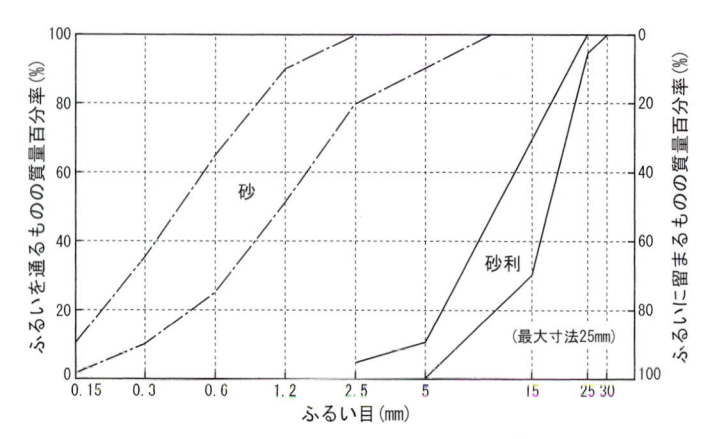

図 3.2.32　普通骨材の粒度範囲[3]

リートになる．

＜最大寸法＞ 一般に粗骨材の最大寸法が大きいほど，単位セメント量および単位水量を少なくできる．しかし，最大寸法が大きすぎると，コンクリートが分離しやすくなり，また鉄筋の間を通過できなくなる．建築の鉄筋コンクリートでは砕石の最大寸法は 20 mm が標準で，部材断面の大きな基礎には 25，40 mm も使われる．

＜標準粒度＞ 骨材をふるい分けて粒径の分布で粒度を表す．図 3.2.32 は JASS 5 の標準粒度を図にした粒度曲線であり，この粒度曲線の範囲内の粒度の骨材がコンクリートに適している．

　粗粒率（FM）：粗粒率は粒度のおよその目安になる数値で，40，20，10，5，2.5，1.2，0.6，0.3，0.15 mm のふるいに留まる骨材の質量比の和で表される．通常の粗骨材は 6〜7 程度，細骨材は 2〜3 程度である．

＜実積率＞ 実積率は骨材を容器に詰めたとき，骨材が占める体積の割合をパーセントで表したものである．実積率は骨材の単位容積質量と密度から求められ，骨材の密度が同じであれば，単位容積質量が大きいほど実積率が大きくなり，骨材の粒度および粒形がよいことを表している．

3）不純物：骨材中の不純物はコンクリートの硬化や耐久性に有害である．この不純物には反応性鉱物（反応性シリカ，雲母，ドロマイトなど），可溶性物質（有機質，塩類など），微粉末（砕石粉末，泥分），異物（ごみ，木片，

表 3.2.13 混和材料の種類

混和材料の種類		説　明
混和剤	AE 剤	界面活性作用により，エントレインドエアを発生する．ワーカビリティー，耐久性を向上させる．減水率は 6 % 以上である．
	減水剤	セメント粒子の分散作用により，ワーカビリティーを向上させる．標準形，遅延形，促進形がある．減水率は 4 % 以上である．
	AE 減水剤	AE 剤と減水剤の両方の効果があり，標準形，遅延形，促進形がある．最も多く使用されている混和剤で，減水率は 10 % 以上である．
	高性能減水剤 高性能 AE 減水剤	普通の減水剤，AE 減水剤によりさらに高性能で，ワーカビリティーの向上が顕著である．コンクリートの高強度化，高耐久性化，高流動化を可能にしている．減水率は 18 % 以上である．
	その他	ポリマー混和剤，防水剤，発泡剤，急結剤，収縮低減剤などがある．
混和材	フライアッシュ	ワーカビリティーの改善，水和熱の低減，アルカリ骨材反応の抑制などの効果がある．ポゾラン反応を有する．
	高炉スラグ微粉末	水和熱の低減，アルカリ骨材反応や塩害の抑制などの効果がある．水硬性を有し，コンクリート組織をち密化する．
	シリカフューム	SiO_2 の超微粒子である．コンクリート組織をち密化し，高強度化する．
	その他	炭酸カルシウム粉末，膨張剤などがある．

貝殻，石炭など）がある．特に，反応性鉱物はアルカリ骨材反応やポップアウトを生じるので使用してはならない．また，海砂など細骨材の塩化物量（NaCl として）は 0.04 % 以下になるように十分に水洗いする必要がある．

(3) 水

コンクリート用練り混ぜ水には油，酸，塩類，有機物，その他，コンクリートおよび鋼材に有害な物質を含んではならない．一般に水道水，河川・湖沼水，地下水，工業用水が用いられており，コンクリート工場の回収水も利用されている．

(4) 混和材料

コンクリートの性質を改善したり，新たな性質を付加するために，セメント，骨材，水以外に添加する材料をコンクリート混和材料という．この混和材料はごく少量（セメントの数 % 以下）使われる混和剤と，多量（セメントの数 % 以上）に使われる混和材とに分けられ，一般に混和剤は溶液，混和材は粉体であることが多い．現在のコンクリートの品質は混和材料に支えられており，レディーミクストコンクリートには何らかの混和材料が添加されていると考えてよい．表 3.2.13 に混和材料の種類を示す．

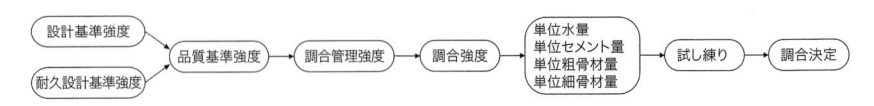

設計基準強度 ─┐
　　　　　　├→ 品質基準強度 → 調合管理強度 → 調合強度 → 単位水量／単位セメント量／単位粗骨材量／単位細骨材量 → 試し練り → 調合決定
耐久設計基準強度 ─┘

図 3.2.33　調合決定の作業手順

（5）　コンクリートの調合

コンクリート $1\,\mathrm{m}^3$ の組成材料（セメント，骨材，水，混和材料，空気）の混合量を定めることを調合（土木分野では，配合）という．また，コンクリートの所要の品質（ワーカビリティー，強度，弾性係数，耐久性など）が確保できるように計画した調合を計画調合という．この計画調合は図 3.2.33 の流れにより決定される．以下，JASS 5 にしたがって計画調合の方法を述べる．

A.　調合強度

調合強度は，標準養生（20°C，水中）した供試体の材齢 28 日における圧縮強度で表すものとし，次の 2 つの式を満足するように定めるものとする．

$$F = F_m + 1.73\sigma \ (\mathrm{N/mm^2}) \tag{3.2.11}$$

$$F = 0.85 F_m + 3\sigma \ (\mathrm{N/mm^2}) \tag{3.2.12}$$

F：調合強度（$\mathrm{N/mm^2}$），F_m：調合管理強度（$\mathrm{N/mm^2}$），σ：使用するコンクリートの圧縮強度の標準偏差（$\mathrm{N/mm^2}$）

使用するコンクリートの強度の標準偏差 σ は，レディーミクストコンクリート工場の実績をもとに定める．実績がない場合は，$2.5\,\mathrm{N/mm^2}$ または $0.1 F_m$ の大きい方の値とする．

コンクリートの強度のばらつきは図 3.2.34 に示したようになり，調合強度は，調合管理強度を下回る確率が 4.2% 以下，かつ調合管理強度の 0.85 倍を下回る確率が 0.13% 以下に抑えられるように算定している．また，製造管理技術が悪いコンクリートはばらつき（標準偏差）が大きくなり，強度の割増しが大きくなるので，不経済な上に品質も低下することになる．

B.　スランプ

コンクリートの施工条件として指定された値とする．（3.2.4 の「レディーミクストコンクリート」の項参照）

C.　水セメント比

水セメント比は所要の強度，耐久性，ワーカビリティーが得られるように定

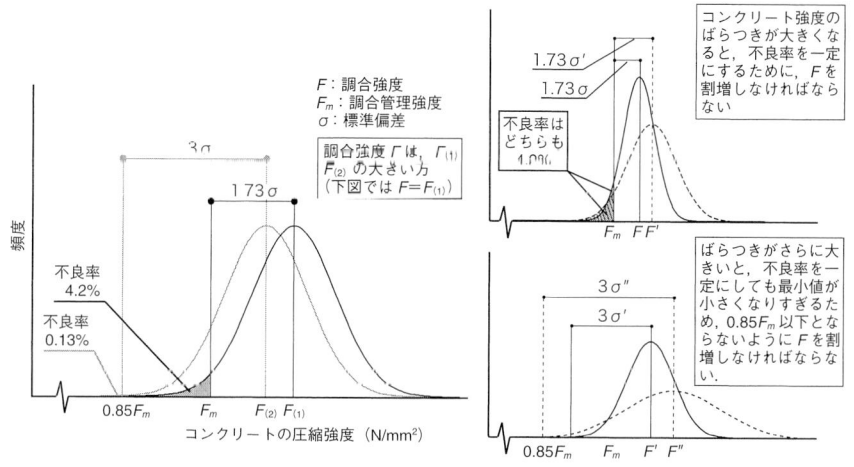

図3.2.34 コンクリートの調合強度とばらつきの関係

めなければならない．水セメント比があまり大きくなると，耐久性やワーカビリティーに支障があるので，その最大値が定められている．調合強度を得ることができる水セメント比は，実際に使用するコンクリートと同じ条件で，水セメント比だけを変化させた試し練りを行い，水セメント比と圧縮強度の相関関係から求める．JASS 5 の解説には参考として，水セメント比の算定式が記されている．

D. 単位水量

単位水量が大きくなると乾燥収縮，ブリーディング，打込み後の沈降などが大きくなり，コンクリートの品質が低下する．したがって単位水量は $185\,\mathrm{kg/m^3}$ 以下と JASS 5 で規定されており，できるだけ少なくする必要がある．単位水量の調節は混和剤によってかなり自由にできるようになっている．単位水量を決定するためには試し練りを行う．その試し練りの単位水量の参考表が JASS 5 の解説に示されている．

E. 単位セメント量

単位セメント量は水セメント比および単位水量から算出できる．この単位セメント量は水和熱や乾燥収縮を減少するために，できるだけ少なくすることが望ましい．しかし，単位セメント量が過少であると，ワーカビリティーが悪くなり，打込欠陥が発生しやすくなるので，普通コンクリートの単位セメント量

の最小値は 270 kg/m³ としている．また，コンクリートの種類や高性能 AE 減水剤の使用の有無によって，単位セメント量の最小値はそれぞれ異なる値が定められている．

F. 細骨材率，単位細骨材量，単位粗骨材量

細骨材率は（細骨材の絶対容積/全骨材の絶対容積）の割合をパーセントで表したものであり，良好なワーカビリティーのコンクリートを得るための重要な要因である．一般に，細骨材率が大きすぎると，コンクリートの流動性が減少するために，単位セメント量および単位水量を多く必要とし，一方，細骨材率が小さすぎると，ぱさぱさのコンクリートあるいは粗骨材とモルタル分が分離しやすくなる．

コンクリート 1 m³ 中の水，セメント，空気の容積を定めると，残りは骨材の絶対容積となる．これから細骨材率によって細骨材と粗骨材の絶対容積を求め，それぞれ表乾密度で除せば，単位細骨材量および単位粗骨材量が算定される．

G. 空気量

AE 剤，AE 減水剤，高性能 AE 減水剤を用いて，コンクリート中にエントレインドエアを混入すれば，単位水量の低減，ワーカビリティーおよび耐久性の改善がなされる．この空気量は 4～5% が良いとされている．

H. 混和材料の使用量

コンクリートの品質を改善するために，各種の混和材料が使用され，その使用量はコンクリートの種類と目的に応じて決められる．一般に，液体の混和材料は水量と置換し，粉体の混和材料はセメントと置換する場合と細骨材と置換する場合がある．

参考文献

1) 日本建築学会：構造用教材，日本建築学会（発売：丸善），1994 年
2) 日本建築学会：構造用教材，日本建築学会（発売：丸善），2006 年
3) 日本建築学会：建築材料用教材，日本建築学会（発売：丸善），2000 年，2006 年
4) 日本コンクリート工学協会編：コンクリート工学便覧(第二版)，技報堂，1996 年
5) 日本建築学会：コンクリートの調合設計指針・同解説，p. 36，日本建築学会（発

売：丸善），1999 年
6) 日本建築学会：建築工事標準仕様書・同解説　JASS 5　鉄筋コンクリート工事，日本建築学会（発売：丸善），2009 年
7) 新日本規格：建築関係 JIS 要覧，材料（上），(3)
8) 日本建築学会：建築材料用教材，日本建築学会（発売：丸善），1996 年
9) ネビル，A. M.，後藤幸正・尾坂芳夫監訳：コンクリートの特性，技報堂，1979 年
10) セメント協会編：セメントの常識，1997 年
11) H. W. Taylor：The Chemistry of Cement, Vol. 1, p. 21, 1964

3.3　鉄 鋼 材 料

3.3.1　鋼の概要
（1）　構造部材における鋼の位置づけ

　鋼は，現代の建築構造材料の主役の一つである．鉄骨造，鉄骨鉄筋コンクリート造，鉄筋コンクリート造は言うに及ばず，補強コンクリートブロック造にも鋼材や鉄筋は必要である．木造の場合も仕口部分などに鋼材が使用されるほか，最近では溶融亜鉛メッキされた厚さ 1 mm 程度の形鋼を木材の代わりに使用した住宅（スチールハウス）が開発されるなど，建築構造における鋼の役割はますます大きくなっている．

　鉄は本来的に純鉄を指し，鋼は鉄に少量の炭素（通常の構造用の鋼で 0.08 ～0.3％）やほかの合金元素を加えたものを指すが，通常使用されるものはすべて炭素を含んだ鋼である．また，現在ではほとんど両者を区別することなく，鉄鋼と記す場合もある．

（2）　最も多くの鋼が建築で使用されている

　鉄鋼は最も多く利用される金属であり，全世界で約 7 億 t 生産されている．国内での鉄鋼生産量は，粗鋼ベースで 1973 年度に 1.2 億 t のピークを迎えた後は，1 億 t 弱で推移している．そのうち特殊鋼を除いた普通鋼の生産量は 7,600 万 t 程度であるが，内需の鉄鋼の用途先として最大のものは建築向けであり，

土木向けと合わせた量は内需のちょうど半分を占めている．主なる建築向けの鋼材の品種は，棒鋼と形鋼である．

（3） 一般的特徴

鉄鋼が構造用に普及してきた理由としては，第一に豊富な原料の存在と大量生産プロセスの開発によって経済的に良質の鉄鋼が入手できるようになったことがあげられる．第二の理由としては，鉄鋼のもつ材料的な特徴があげられる．つまり，構造材料としてバランスのとれた強度とヤング係数，優れた靱性を有している点，圧延，引抜，鍛造，切削，曲げ加工，溶接，圧接など様々な成形，加工，接合が可能である点，熱処理や合金元素によって様々な特性をもった鉄鋼が生み出される点があげられよう．第三に，コンクリートとの複合化が理想的条件で可能であったことは大きい．最後に，スクラップが製鉄原料の一部であるように，リサイクルの体制がすでに整っている点は，これからの材料としても意義が大きい．

反面，鉄鋼にとって錆が最も大きな問題であるため，めっき，化学処理，塗装などの表面処理，合金化，電気防食などの様々な防食方法が開発され，実用に供されてきた．最近では，耐候性鋼など，使用環境に対応した合金鋼が開発されるなど，今後とも防食性に優れた鋼の開発が期待される．

（4） 鋼は建築の主要素材の一つ

国内で本格的な鉄鋼生産が始まったのは官営八幡製鉄所（1901年）からであるが，それ以降，時代の要求に応じて，続々と建築向けの鉄鋼材料の開発が続けられている．たとえば，超高層建築の幕開けを可能にした極厚H形鋼，ボックスコラム，大きなエネルギー吸収を目的にした低降伏点鋼，塑性変形能力を保証するために生まれたSN鋼，性能規定化の先駆けとなっ

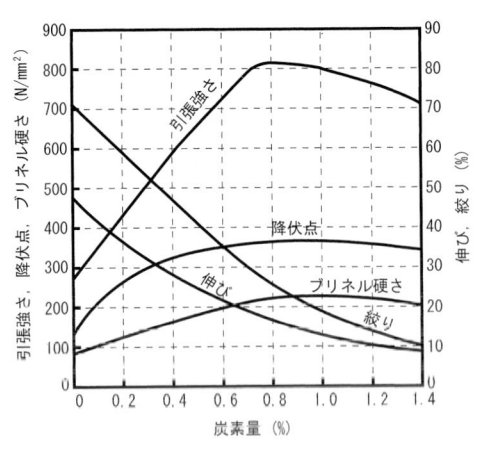

図 3.3.1　鋼の特性に及ぼす炭素量の影響[3]

たFR鋼（耐火鋼．注：耐熱鋼ではない）などがあげられる．

（5） 鉄鋼の材質選択

鋼材を用いる建築構造物では，必ずといってよいほど，鋼材に溶接や曲げ加工が施される．そのため，鋼材を用いる場合には鋼材の強度，形状，大きさを選択するのと同様に，材質についても注意を払う必要がある．たとえば，室温での（冷間という）曲げ加工によって大きな塑性変形を受けた部分は加工硬化し，割れやすくなる．これを防ぐためには柔らかい材料が必要である．一般的に，建築構造物に使用される鋼材は軟鋼が中心で，炭素含有量が低く，強度を抑えた材料になっている．しかし，鋼材によってはその保証のない材料があり，問題を起こす場合がある．図3.3.1は炭素量と材料の性質の関係を示しているが，炭素量が高くなると強度が高くなる反面，伸びが小さくなってもろくなる．このため，建築では軟鋼（炭素量0.12～0.30％）と極軟鋼（炭素量0.12％以下）の範囲の鋼が使用される．

溶接は急熱，急冷のプロセスであるから，特に板厚の厚いものを溶接するような場合はその度合いが大きく，溶接に近い熱影響部は硬化し，割れやすくなる．したがって材質的に硬化しにくい材料が求められるし，万一ひび割れしたときに，その伝搬が急激に生じないようにしたい．このような目的に応じた鋼材の性質を表す指標として，溶接性を保証するために用いられる炭素当量（炭素と合金成分の溶接への影響を加味した指標）という指標 C_{eq}（JIS G 3301による）や，破壊時の靭性を保証するために用いられる吸収エネルギー（シャルピー衝撃試験値）という指標がある．これらの指標の値を手がかりとして，適切な鋼材を選べばよい．

$$炭素当量：C_{eq}(\%) = C + \frac{Mn}{6} + \frac{Si}{24} + \frac{Ni}{40} + \frac{Cr}{5} + \frac{Mo}{4} + \frac{V}{14} \qquad (3.3.1)$$

また，終局耐力時に塑性変形によってエネルギーを吸収する部材は，ばらつきの少ない塑性変形能力を保証する必要がある．そのため，降伏応力や引張強度の下限値とともに上限値を定めた鋼材などがある．これらは，設計上の重要な考慮事項である．

表 3.3.1　鉄筋コンクリート用棒鋼規格一覧[*1]

種類	種類の記号	降伏点または耐力 (N/mm²)	引張強さ (N/mm²)	伸び[*2] (%)
熱間圧延丸鋼	SR235	235 以上	380～520	20 以上
				22 以上
	SR295	295 以上	440～600	18 以上
				19 以上
熱間圧延異形棒鋼	SD295A	295 以上	440～600	16 以上
				17 以上
	SD295B	295～390	440 以上	16 以上
				17 以上
	SD345	345～440	490 以上	18 以上
				19 以上
	SD390	390～510	560 以上	16 以上
				17 以上
	SD490	490～625	620 以上	12 以上
				13 以上

*1　JIS では，異形鉄筋のことを異形棒鋼と呼ぶ
*2　上段：2 号試験片，下段：14A 号試験片の規格値を示す（JIS G 3112-2004 参照）

3.3.2　鉄鋼製品の種類と用途
（1）　建築における鉄鋼製品
　建築工事において鉄鋼製品は実に様々な場所で使用されている．代表的なものとしては，鉄筋コンクリート構造における主筋，帯筋，あばら筋などの鉄筋（棒鋼），鉄骨造における H 形鋼や I 形鋼などの形鋼類，鉄骨鉄筋コンクリート造における鋼管類などがあげられるが，近年では住宅に軽量形鋼を使う例も一般化しつつあり，その用途は広がり続けている．本項ではこれら鉄鋼製品について，その使われ方を解説する．
（2）　鉄筋
　鉄筋コンクリート構造において鉄筋は，コンクリートにかかる種々の応力を分担し，同時にコンクリートを拘束する役目を担っている．このとき分担する役割により，図 3.3.2 に示すように主筋，帯筋，あばら筋などと呼び分けられる．
　鉄筋の規格は「鉄筋コンクリート用棒鋼（JIS G 3112）」および「鉄筋コンク

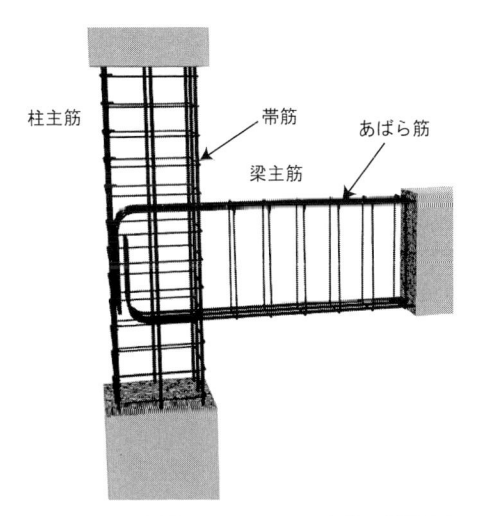

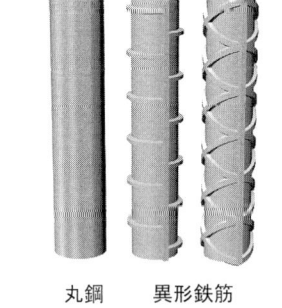

図 3.3.2　鉄筋コンクリート建物の配筋例　　図 3.3.3　鉄筋形状

リート用再生棒鋼（JIS G 3117）」として規格化されており（表 3.3.1），形状の違いから丸鋼（Steel Round；SR）と異形鉄筋（Steel Deformed；SD）とに分けられ（図 3.3.3），この記号に降伏応力を表す数値を付記して，SR235 や SD345 などのように表記される．なお，再生棒鋼に付記される 3 番目の R は rerolled（再生）を意味している．異形鉄筋の形状は，基本的には丸鋼の表面に軸線方向の突起（リブ）とこれに直角あるいは斜めに交差する突起（節）を取り付けた形状であり，断面が円形にならない．したがって異形鉄筋の径を表す場合は，直径ではなく D16 などの呼び径で表される．呼び径は D6 から D51 まで JIS において規定されているが，建築分野で一般に使用されるのは D41 までである．

　近年では，コンクリートとの付着特性の良さから異形鉄筋を使用する場合がほとんどである．再生棒鋼は通常の棒鋼と比較して品質にばらつきがあり，棒鋼と混在させる場合に注意が必要になること，また JIS において規格化されている再生棒鋼が D13 までということもあって，一般の建築工事においてはあまり使用されないのが現状である．

　次に，鉄筋を配筋する際に重要なのは，鉄筋をつないで使用しなければならない場合である．このときのつなぎ目を継手という．鉄筋の継手はつなぎ方が

不十分な場合構造上の欠陥となりうるために重要視されており，JASS 5においても継手の方法について詳細な規定がある．継手の方法は，大きく2つに分けられる．1つはコンクリートの付着によって相互の鉄筋に応力を伝達する重ね継手で，もう1つは鉄筋相互を直接接合して応力を伝達する継手方法であり，現在では後者が広く用いられている（図3.3.4）．後者の手法ではガス圧接継手が一般的であるが，このほかにも様々な手法が開発されており，異形鉄筋の節がねじのように配置されているねじ節鉄筋を利用し，カップラーと呼ばれる接合金物でボルト締めと同じ要領で締め付ける工法などが代表的である．

(3) PC鋼材

PC鋼材は普通鋼材に比べて2～4倍の引張強さをもち，おもにプレストレストコンクリート工法における緊張材として使用される．PC鋼材は一般には棒鋼状の円形断面をもち，その径に応じてPC鋼線（JIS G 3536）とPC鋼棒（JIS

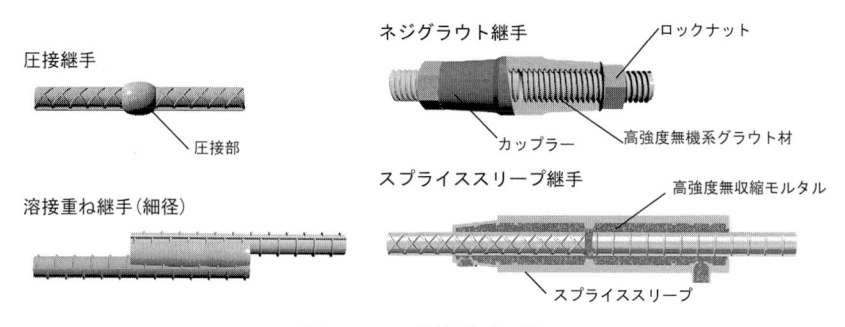

図3.3.4　鉄筋継手一覧

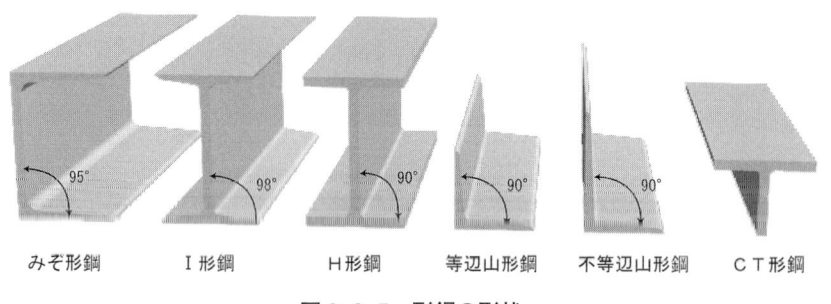

図3.3.5　形鋼の形状

3.3 鉄鋼材料

表3.3.2 鋼材規格表

	種類の記号	化学成分（上限）(%)[*1]						引張試験値[*2]			
		C_{eq}	C	Si	Mn	P	S	降伏点または耐力 (N/mm²)	引張強さ (N/mm²)	降伏比 (%)	伸び (%)
一般構造用圧延鋼材	SS400	—	—	—	—	0.05	0.05	235〜	400〜510	—	21〜
	SS490	—	—	—	—	0.05	0.05	275〜	490〜610	—	19〜
	SS540	—	0.3	—	1.6	0.04	0.04	390〜	540〜	—	17〜
溶接構造用圧延鋼材	SM400A	—	0.23	—	2.5×C	0.035	0.035	235〜	400〜510	—	22〜
	SM400B	—	0.2	0.35	0.6〜1.4	0.035	0.035	235〜	400〜510	—	22〜
	SM400C	—	0.18	0.35	1.4	0.035	0.035	235〜	400〜510	—	22〜
	SM490A	—	0.2	0.55	1.6	0.035	0.035	315〜	490〜610	—	21〜
	SM490B	—	0.18	0.55	1.6	0.035	0.035	315〜	490〜610	—	21〜
	SM490C	—	0.18	0.55	1.6	0.035	0.035	315〜	490〜610	—	21〜
	SM520B	—	0.2	0.55	1.6	0.035	0.035	355〜	520〜640	—	19〜
	SM520C	—	0.2	0.55	1.6	0.035	0.035	355〜	520〜640	—	19〜
	SM570	—	0.18	0.55	1.6	0.035	0.035	450〜	570〜720	—	26〜
建築構造用圧延鋼材	SN400A	—	0.24	—	—	0.05	0.05	235〜	400〜510	〜80	21〜
	SN400B	0.36	0.2	0.35	0.6〜1.4	0.03	0.015	235〜355	400〜510	〜80	22〜
	SN400C	0.36	0.2	0.35	0.6〜1.4	0.02	0.008	235〜355	400〜510	〜80	22〜
	SN490B	0.44	0.18	0.55	1.6	0.03	0.015	325〜445	490〜610	〜80	21〜
	SN490C	0.44	0.18	0.55	1.6	0.02	0.008	325〜445	490〜610	〜80	21〜

[*1] 厚さ40mm以下の場合
[*2] 厚さ16mmを超え，20mm以下の場合

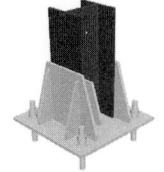

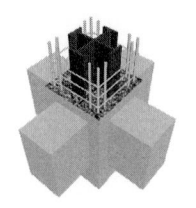

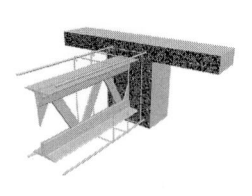

(a) 鉄骨造　　　　　　　　　(b) 鉄骨鉄筋コンクリート造

図3.3.6　形鋼の施工例

G 3109）に呼び分けられる．なお，PC 鋼線，PC 鋼棒ともに丸鋼タイプと異形タイプがある．また，PC 鋼線をより合わせた PC 鋼より線などもよく用いられる．

（4）鉄骨構造用形鋼

　形鋼は鉄骨構造や鉄骨鉄筋コンクリート構造に用いられ，特に H 形鋼，I 形鋼などは建築現場でよく見られる鋼材である．これらの鋼材は JIS によって表3.3.2のように化学的組成や機械的性質が規定されている．建築構造用として一般的なものは，SS（Steel Structure）材，SM（Steel Medium Carbon）材，SN（Steel New Structure）材である．この中で SN 材は，おもに溶接性と塑性変形性能および耐力を確保することで建築構造用に特化した特性をもつ鋼材である．また形鋼はその形状も JIS によって規定されており，その断面形状は図3.3.5に示すとおりである．この中で最もよく使用される H 形鋼の上下端断面部はフランジと呼ばれ，曲げモーメントを受け持つ働きをする．これらフランジをつなぐ断面はウェブと呼ばれ，せん断力に対して抵抗する．この形状は鉄骨の最も基本的な形状であり，山形鋼や T 形鋼も実際に部材として使用される際は，平鋼やほかの形鋼と組み合わせ，H 型の形状に加工して用いられる場合が多い．形鋼を用いた施工例を図3.3.6に示す．

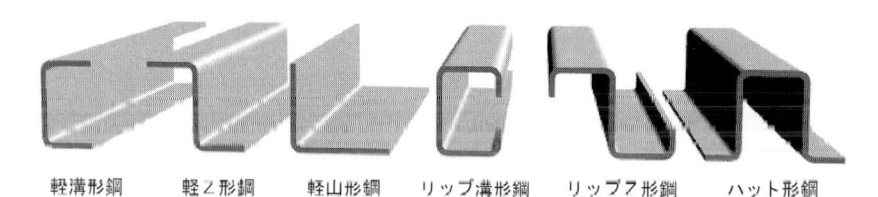

軽溝形鋼　　軽Z形鋼　　軽山形鋼　　リップ溝形鋼　　リップZ形鋼　　ハット形鋼

図3.3.7　軽量形鋼の形状

（5） 軽量形鋼

軽量形鋼は薄鋼板を折り曲げて作製されたもので，その名のとおり軽量で機械的性質に優れることから，軽量鉄骨造建築に使用される．成形性などの問題から一般的に使用される肉厚は 6 mm 以下となるため，

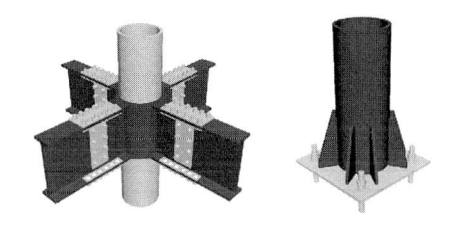

図 3.3.8　鋼管の施工例

耐食性や耐火・耐熱性に乏しく，構造体への使用には注意が必要である．軽量形鋼の断面形状を図 3.3.7 に示す．

（6） 鋼管

鋼管は文字どおり筒状に成形された鋼材であり，円形，角形の 2 種類の形状がある．建築構造部材としては，H 形鋼のような方向性がなく，座屈に強いことから 2 方向ラーメンの柱材などに適している．鋼管の規格は，成分・形状・製造方法によって様々な規格が存在するが，建築工事用としては JIS に規定される一般構造用炭素鋼管 STK（JIS G 3444），一般構造用角鋼管 STKR（JIS G 3466），建築構造用炭素鋼管 STKN（JIS G 3475）が一般的である．この中で STKR 材以外は円形鋼管の規格であり，STKN 材は SN 材を使用した建築用の円形鋼管である．

円形鋼管は，製造方法によって溶接鋼管と引抜鋼管に大別できる．溶接鋼管は鋼板を曲げて成形し，継ぎ目を溶接するので生産性に優れているのが特徴で，鋼板を O 形にプレスして溶接する UO 鋼管や，鋼板をらせん状に巻いて溶接するスパイラル鋼管などの種類がある．引抜鋼管の場合，軟鋼を常温で型に沿って引き延ばすため縦方向の溶接継ぎ目をなくすことができる．近年では継ぎ目のない鋼管を作製する方法として，鋳型に流し込んで遠心力により成形する溶接構造用遠心力鋳鋼管（SCW-CF）なども開発されている．鋼管を用いた施工例を図 3.3.8 に示す．

（7） 新しい鋼材

A． TMCP 鋼

圧延時に温度制御と圧力の調整を行うことを熱加工制御といい，これにより製造された製品のことを総称して TMCP 鋼（Thermo-Mechanical Control

Process）と呼ぶ．熱加工制御は溶接性に優れた高強度鋼を製造する場合に有効であり，建築構造用高強度鋼の590 N 鋼および780 N 鋼はこの手法を用いて製造されたもので，すでに多くの建築物で使用されている．

B. 耐火鋼（FR 鋼）

高温時の降伏耐力を向上させるため，クロム（Cr），モリブデン（Mo），ニオブ（Nb），バナジウム（V）などの合金元素を添加することにより，600°C において常温強度の 2/3 を保証した鋼材のことを耐火鋼（FR 鋼）と呼ぶ．耐火鋼を用いることにより，耐火被覆の省略や鋼材断面の縮小が可能になるなどのメリットがある．現状では耐火被覆の省略をねらって立体駐車場に多く採用されている．

C. 極低降伏点鋼（極軟鋼）

降伏点を 100 N/mm^2 から 225 N/mm^2 に下げ，伸びを 40〜50％ 保証した鋼材を極低降伏点鋼という．塑性変形能力が高いため，おもに免震・制震構造のダンパー（地震のエネルギーを吸収する機構）として使用される．化学的な組成は純鉄に近いため耐食・耐火性に乏しく，主体構造に用いられることは少ない．

表 3.3.3　鋼の性質

密度 (kg/m^3)	融点 (°C)	熱伝導率 (W/mK)	線膨張率 (x10^{-6}/°C)	ヤング係数 (GPa)
7,850	1500	50	10.5	206

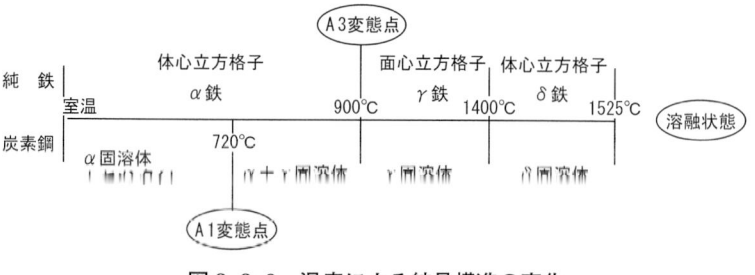

図 3.3.9　温度による結晶構造の変化

表 3.3.4 鋼の熱処理

種類	焼なまし annealing	焼ならし normalizing	焼入れ quenching	焼もどし tempering
熱処理 温度域	A3 変態点より 50℃程度高い温度	A3 変態点より 50℃程度高い温度	A3 変態点より 50℃程度高い温度	A1 変態点以下 の温度
冷却方法	きわめて徐々に冷却	きわめて徐々に冷却（放冷）	急冷	適当な冷却
目的（効果）	鋼の軟化 延性の増加 内部応力の除去 結晶粒の均整化	組織の改善 結晶粒の微細化 内部応力の除去	硬化	硬さの減少 内部応力の除去 延性，靭性の増加

3.3.3 基本物性

（1） 物理的性質

室温における炭素量が 0.2% 程度の普通鋼の物理的性質を表 3.3.3 に示す．なお，強度は炭素量によって大きく変わるのに反し，ヤング係数はほとんど変化しない．また熱膨張率がコンクリートとほぼ同程度であり，鉄筋コンクリートという複合材を可能にしていることはよく知られている．密度は，合金元素の量が増えると当然変化するが，通常の構造用鋼としては $7,850\,\mathrm{kg/m^3}$ と覚えてよい．またポアソン比は 1/3 で，これも覚えておきたい．

結晶学的にみると普通鋼は，室温において炭素がわずかに固溶している α 固溶体（フェライト）と炭化鉄（セメンタイト, Fe_3C）の層から成っている．フェライトは柔らかい組織であるがセメンタイトは硬い組織であり，縞状にフェライト層に分布する．このフェライトとセメンタイトが縞状に互層になっている部分はパーライトという．炭素量が増えるにつれてパーライトの部分が増加して，炭素量 0.85% ですべてパーライトになる．フェライトの温度を上げると約 900℃（炭素量の増加によって徐々に低下する）で γ 固溶体（オーステナイト）と呼ばれる面心立方格子に変態し，体積は若干増加する（図 3.3.9）．この温度を A3 変態点という．鋼の熱処理のうち焼き入れ，焼きなまし，焼きならしは通常この A3 変態点以上に加熱し，冷却するときの速度を急冷，炉の中での徐冷，大気中での放冷と変えることで行われることになる（表 3.3.4）．

（2） 室温における応力-ひずみ関係

鋼材は座屈しなければ，圧縮，引張りともおおよそ同様の履歴を取り，降伏強度に達する．しかしながら一般には，圧縮では鋼材のヤング係数，断面形状，

(a) 低炭素鋼の応力-ひずみ線図

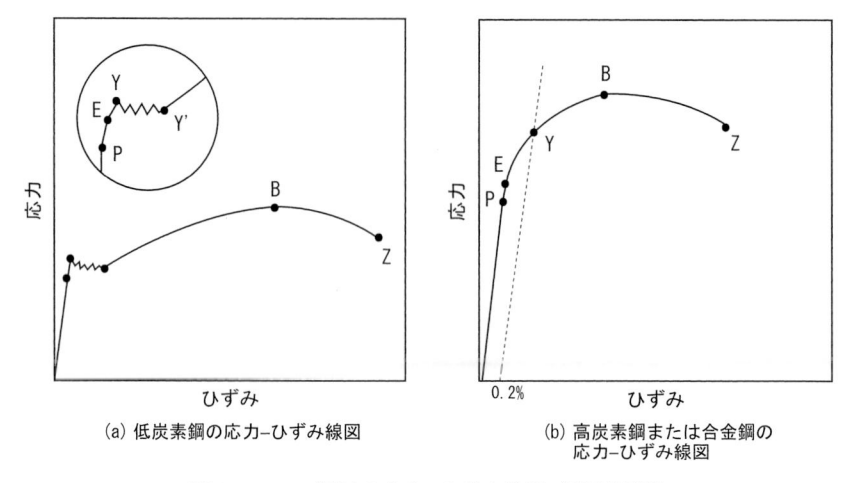

(b) 高炭素鋼または合金鋼の応力-ひずみ線図

図 3.3.10 鋼材の応力-ひずみ曲線（引張試験）

長さ，支持条件によって決まる座屈強度によって耐力が決まり，材料自身の強度が問題になるのは引張りの場合である．

鋼材の引張試験の方法は JIS Z 2241 で規定されており，試験片の大きさや標点距離などは JIS Z 2201 に規定されている．鋼材の引張試験を行って，標点距離間のひずみともともとの断面積に対する応力の関係を描くと図 3.3.10 のとおりになる．ここで工学上重要なのは Y 点と B 点であり，Y 点は降伏点を示し，B 点は引張強さを表す．すなわち，降伏点とは応力の増加がほとんどないまま，急にひずみが増して永久ひずみとなるときの応力の値を意味する．本書では，この降伏点のことを降伏応力と呼ぶこととする．その他，P 点はフックの法則が成立する限界（比例限界），E 点は除荷後に残留ひずみが生じない限界（弾性限界）を示す．SS 400 クラスの低炭素鋼の引張挙動では図 3.3.10 (a) に示すように，Y 点〜Y'点の間で，荷重は増加しないでわずかに波打ちながらひずみのみが増大する．この部分を降伏の踊り場（降伏棚）といい，試験片の試験区間の一部で鋼の結晶に塑性すべりが生じ，その範囲が拡大していく現象と対応している．降伏の棚の領域は一般に降伏応力の低いものが大きく，降伏応力が高くなるにつれて減少し，高炭素鋼や強度の高い合金鋼では，図 3.3.10 (b) に示すようにまったくなくなってしまう．この場合でも降伏応力と同様な値を

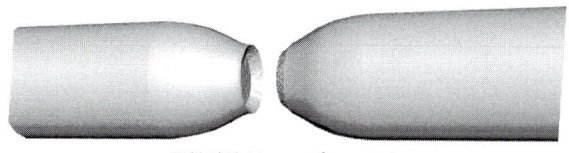

延性破壊（キャップ-コーン）

図 3.3.11　鋼棒の引張破断面

定義することが工学上有用であるので，除荷した場合の残留ひずみが 0.2% になる応力を便宜上，降伏応力と考える．これを 0.2% オフセット耐力，または簡単に 0.2% 耐力という．なお，この値を求めるには，単調増加載荷試験で得られた応力-ひずみ関係をもとに，X 軸上でひずみが 0.2% の点から初期剛性に平行に直線を引き，応力-ひずみ曲線と交わる点を Y 点と定義することによる．このことは，除荷したときに降伏後であっても一般に初期の剛性に平行に除荷する事実によっている．

　図 3.3.10（a）の Y 点以降，荷重は再び増大を始め，最大荷重（B 点）に到達する．この領域はひずみ硬化域と呼ばれ，弾性状態と同様に全長にわたってひずみが進展する．B 点を超えると試験片のどこか一箇所で断面が縮小し始め，やがてその部分がくびれて Z 点で破断する．この領域はひずみ軟化域と呼ばれ，鋼の結晶がへき開破壊をしたり，内部にボイドを生じたりして破断する現象と対応している．破断後の試験片形状は，図 3.3.11 に示すように，キャップコーンを形成し，延性破壊であることと対応する．最終的に破断した試験片をつき合わせて標点間距離を測定し，その伸びた割合を伸びという．またくびれに着目して，もともとの断面積からの減少の割合を絞りという．伸びまたは絞りは，柔らかく延性を示す材料で大きな数値を取り，鋼材がもつ靱性の指標になる．

　ここで，力学的性質に重要な材料物性値をまとめると下記のとおりである．

$$\text{降伏応力} \quad \sigma_y = \frac{\text{降伏点荷重}}{\text{原断面積}} \tag{3.3.2}$$

$$\text{引張強さ} \quad \sigma_B = \frac{\text{最大荷重}}{\text{原断面積}} \tag{3.3.3}$$

伸び　$\delta = \dfrac{\text{破断後の突き合せ標点間伸び}}{\text{原標点距離}}$

(3.3.4)

絞り　$\phi = \dfrac{\text{原断面積} - \text{破断面の断面積}}{\text{原断面積}}$

(3.3.5)

引張強さと降伏応力との比を降伏比という．低炭素鋼では通常，降伏比は0.6〜0.7の範囲にあるが，強度が高くなると降伏比は1.0に近づく．降伏比が小さいということは，降伏後の余力が大きいことを意味する．この値が1.0になると，0.2％耐力到達後ほとんどただちに破断することを意味し，0.2％耐力後の余力も変形能力もほとんどないことを意味する．このため，鋼材の規格によっては降伏比の上限が規定される場合がある．

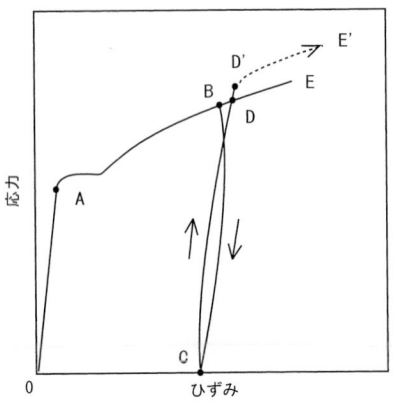

図3.3.12 軟鋼の加工硬化

$$\text{降伏比} = \dfrac{\text{降伏応力}}{\text{引張強さ}} \quad (3.3.6)$$

（3） 鋼材の塑性加工処理と熱処理

鋼材の炭素量や合金成分を変えないで強度や靭性を改善する方法がある．

A. 塑性加工処理

図3.3.12に冷間での塑性加工の効果を示す．ここで，$0 \to A \to E$は普通，鋼材を室温で単調載荷したときの応力-ひずみ曲線を表している．もしひずみ硬化域（B点）まで引張り，そして除荷したとき，次に載荷するときの履歴は図3.3.12の$B \to C \to D$となり，あたかも降伏応力（あるいは0.2％耐力）が上昇したような効果が現れる．その後は単調載荷と同様にE点を経過して，同様の引張強さに到達する．したがって，このような塑性加工は，伸びの減少と降伏比の上昇を犠牲に0.2％耐力を向上させることになる．そのような効果は冷間圧延，冷間でのねじりによっても得られ，軽量形鋼，ねじり鉄筋などの商品に見られる．なお，特別な鋼材ではC点で保持される時間に依存してD点の応力と引張強さが上昇する場合があり，時効硬化という（$D' \sim E'$）．

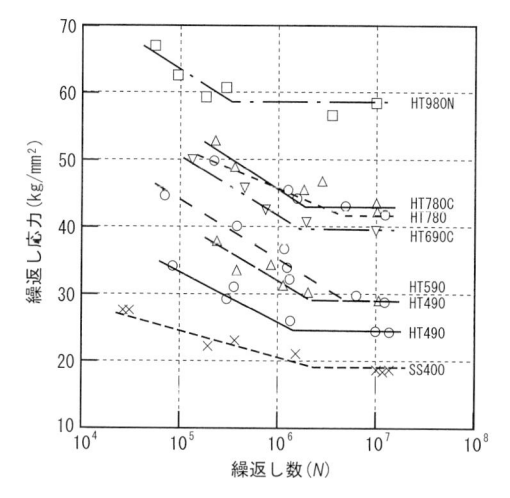

図 3.3.13　鋼材の S-N 線図の例（引張強さ 400〜980 N/mm² 級）
荷重形式：片持梁回転曲げ，試験機："Rapid" シェンク，繰返し速度：6,000 rpm

B. 熱処理

　A3 変態点以上に加熱した鋼材を水または油の中で急冷することで強度，耐摩耗性が向上し，伸びが減少する．この処理を焼入れといい，焼入れされた鋼を調質鋼という．これは一般に高張力鋼である．調質鋼は炭素当量が小さいので溶接性は良いが，溶接による入熱を制限しないと，焼入れ効果が消失するので注意を要する．また，焼入れ後に A3 変態点以上または以下に加熱して，様々の条件で徐冷することで，結晶の微細化，均質化，残留ひずみの解放などを行って靭性を向上させることもある（表 3.3.4）．

（4）繰返し荷重

A. 疲労破壊

　鋼材には疲労破壊がある．疲労破壊とは，降伏応力以下の応力で多数回の繰返しを受けた材料が脆性的に破断することをいう．繰返しの荷重の状況により，片振り（引張領域）および両振り（圧縮と引張りの繰返し）の疲労強度が存在し，値は異なる．しかし，いずれの場合も繰返し荷重の上限が大きくなるに従い，破断にいたるまでの回数は低下する．疲労試験の結果は図 3.3.13 に示すように，繰返し応力の上限値（S）を縦軸に，破断までの繰返し回数（N）の

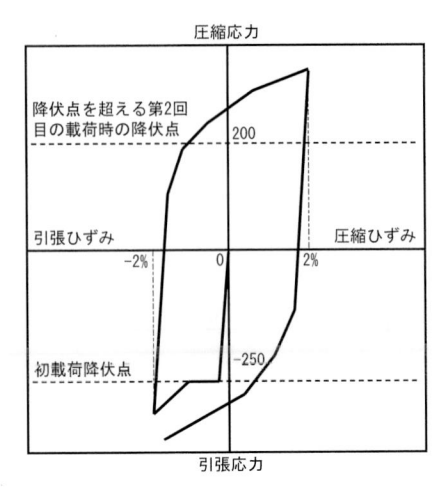

図 3.3.14　バウシンガー効果

対数を取ったものを横軸に表し，S-N 曲線と呼ばれる．鋼材は図 3.3.13 に示すように S-N 曲線上で右下がりの曲線になるが，繰返し回数を増加させても破断しない応力が存在し，疲労限度（あるいは疲労強度）と呼ばれる．工学的には，200 万回の繰返し回数で破断しない応力を疲労限度と定義することが多い．疲労限度は，特に断面欠損や突起などによる応力集中，材質の不均一などによって著しく低下することが知られており，突起物を付けないものより突起物の付いた部材が，研磨仕上げした材料よりも圧延したままで黒皮付きの材料が，丸棒よりも異形棒鋼やボルトの方が疲労限度が低い．

B. バウシンガー効果

耐震部材が降伏応力以上の圧縮，引張りの繰返し応力を受けたとき，そのエネルギー吸収能力に関連して考慮すべき事項に，バウシンガー効果がある．これは図 3.3.14 に示すように，繰返しによって履歴が紡錘形になる現象である．たとえば図で，最初 2% の引張ひずみで加工硬化を始めた材料が圧縮応力を受けると，最初の引張降伏応力以下の圧縮応力で弾性変形から逸脱してなだらかに降伏現象を生じる．圧縮ひずみが 2% の領域から引張領域に戻った場合も同様で，結局，図に示すような紡錘形の履歴を描く．引張領域または圧縮領域のみにおける単調載荷と除荷から得られる履歴とは大きく違うので，注意すべきである．

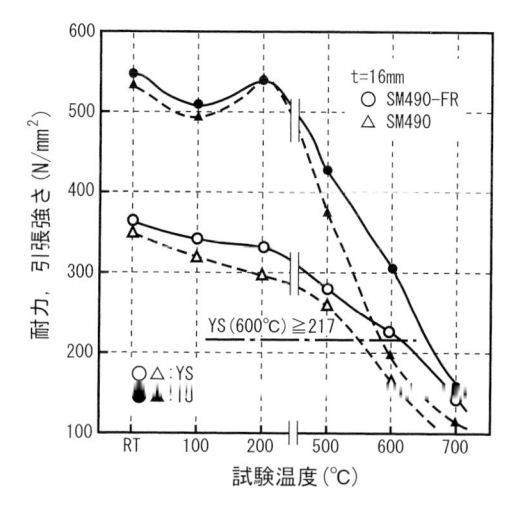

図 3.3.15 耐火鋼と一般鋼の高温強度特性の例[6]

（5） 低温・高温下での性質

A. 低温下での性質

　国内の一般建築構造物ではほとんど問題にならないが，鋼材は極低温下で伸び能力が低下し，破壊時の吸収エネルギーが著しく低下する．

B. 高温下での性質

　ワールドトレードセンタービルの航空機燃料火災による倒壊でよく知られるようになったが，鋼材は火災などによる高温下で引張応力を受けるとヤング係数，降伏応力，引張強さが低下する．たとえば図3.3.15に示すように，降伏応力（△）と引張強さ（▲）は600°Cで3割程度になり，降伏比も上昇してしまう．以上のような理由から，鉄骨造は耐火被覆を設けないと耐火構造にはならない．

　なお一般的に耐火被覆は，鋼材の降伏点応力が2/3を保持できる温度である350°C以下になるように設定されている．駐車場ビルのような吹きさらしの建物では，火災時でも構造部材の温度が600°C以下になることは予想できる．もし，600°Cでも鋼材の降伏点応力が2/3を保持でき，火災時の部材温度が600°C以下であることを確かめることができれば，耐火被覆は不要になる．この考えに基づいて耐火鋼が開発され，日本建築学会によって鋼構造耐火設計指

針が制定された．図 3.3.15 に，SM-490 クラスの耐火鋼の降伏応力（○）と引張強さ（●）を示すが，600°C で（室温での規格値 325 N/mm^2）217 N/mm^2 を保持している．ただし，耐火鋼は溶接性を確保するために添加できる合金の量には限りがあるため，

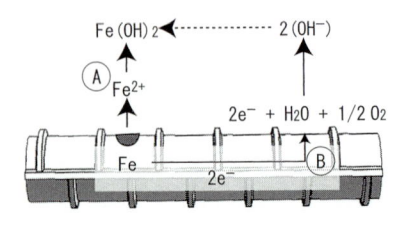

図 3.3.16　鋼材の腐食反応機構

耐熱鋼ではなく，700°C 以上になると通常の鋼と同程度の耐力に低下することは知っておきたい．また熱変形や高力ボルトの耐火性についても十分な検討が必要である．

（6） 耐久性

鋼材の最大の欠点はさびることであり，これに対処するために様々な防せい処理方法，防食方法が実用化されている．最初にさびとは何かを見てみよう．

普通鋼材は，酸性から中性の環境下で酸素と水が供給されるとさび始める．さびは水酸化鉄 [$Fe(OH)_2$, $Fe(OH)_3$] や酸化鉄（Fe_2O_3）であるが，緩い組織を形成するため水を含み，また水，酸素を容易に透過させるため，さびることによってさびの進行は加速される．しかもさびは元の鉄よりも体積を増加させるため，塗膜ではふくれとして，鉄筋コンクリート中の鉄筋ではかぶりのはく落として表面に現れることになる．

A．腐食電池

さびは電気化学的な反応で，図 3.3.16 に示すような腐食電池として表現される．さびるのは図にⒶで示すアノードである．アノードは通常，陽極と表現されるが必ずしも電位の（＋）ではない．酸化反応を生じ，電子を供給する側がアノードである．また，図にⒷで示す点がカソードである．ここでは電子を受け取り還元反応が生じている．カソードは通常，陰極と表現されるが，必ずしも電位の（－）ではない．図では中性雰囲気中の反応を示し，カソード反応で水酸化物イオンが生じるとしているが，酸性雰囲気中では水素イオンが還元され，水素ガスを出す．なお，鉄筋には微視的な組成の偏在やさび具合の違う部分，周囲のコンクリートには含水量の違う部分などがあり，これらが影響して同一鉄筋の中でもアノードとカソードに分極するのである．

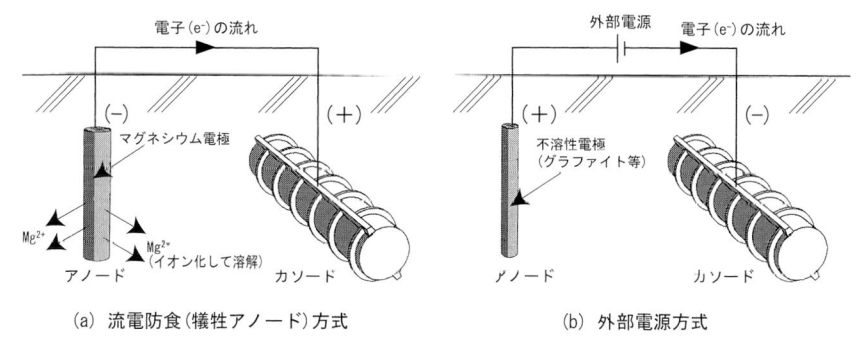

図3.3.17 電気防食の2つの方式

(a) 流電防食(犠牲アノード)方式
(b) 外部電源方式

B. 防せい，防食

　さびの発生を防止するには回路を遮断するか，この腐食電池の反応を抑制すればよいが，それらの方法は実構造物への適用が困難である．そこで電気防食，塗膜形成による酸素・水の透過性低減，その他の方法が用いられる．

　電気防食はカソード防食とも呼ばれ，要は保護される鋼材側を電子の受け取り側（還元側）にするように電池を構成するのである．この方式には図3.3.17に示すように流電防食方式と外部電源方式があるが，どちらを採用するかは被防食体の形状や塗装の有無，使用環境条件，防食期間などを考慮して決める．ここで前述のようにカソードが必ずしも電位の（－）ではないことに注意したい．流電防食は鉄よりもイオン化傾向の大きな金属を腐食させることで電子を供給させるもので，通常，亜鉛，マグネシウムなどが犠牲アノードとなる．亜鉛めっきによる防食もこの方法と原理的に同じである．それに対して外部電源法は，直流電源装置を用いて，水中あるいは地中に設置した電極体のケーブルを直流電源の（＋）極に接続し，被防食体を（－）極に接続して，電極体から被防食体に水中あるいは地中を通じて防食電流を供給する方法である．この方法は，大規模で無塗装の構造物に恒久的防食が必要とされる場合などに有効である．

　鋼材の表面に塗膜を形成するためには密着性が重要で，仕様の高い前処理として，鋼材の表面にリン酸塩の被膜を作ることが行われることがある．これにはボンデパウダーを用いるボンデライト処理，パルコパウダーを用いるパーカ

ライジング処理が知られているが，本質的にはリン酸塩の被膜を作ることであり，差異はない．建築に用いられる部材，部品の亜鉛めっきは「ドブ漬け」と称され，溶融した亜鉛槽の中に鋼材を浸漬することで行われ，最近ではかなり大型の部材も亜鉛めっきが可能になってきた．

その他の方法として，耐候性鋼を用いる方法がある．耐候性鋼は銅を含有した鋼材で，特定の雰囲気中では表面に美しい安定さびを生成して内部の鉄を保護するが，さびの安定までに時間がかかり，その間のさび汁が汚いこと，また環境によってはさびの安定が困難であることなどから，最近では耐候性鋼を用いても塗装をすることが一般的になってきた．なお，耐候性鋼は普通鋼よりも塗膜との密着性が良いことが知られている．

C. 鉄筋のさび

鉄のイオン化のしやすさは，環境のpHや共存イオンによって大きく変わることが知られている．中性化していないコンクリートは高アルカリ（pH 12～13）であるため，鉄筋は表面に不動態の酸化被膜（Fe_2O_3）ができ，自然に防食がなされている．しかし，塩化物イオンが共存すると高アルカリ中であっても不動態被膜が不完全になり，特に孔食を起こしやすくなる．このため，

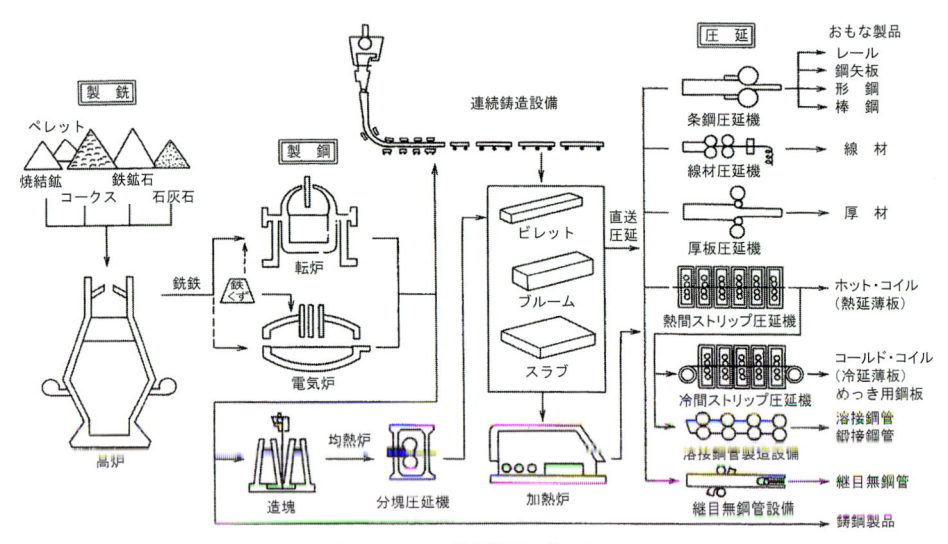

図3.3.18 鉄鋼製造プロセス

JASS 5ではコンクリート中の塩分濃度を，塩化物イオン量として 0.30 kg/m³ 以下になるように規定している．また，この塩化物による鉄筋腐食の抑制を目的に，亜硝酸カルシウムを主成分とする防せい剤（JIS A 6205）がコンクリート混和剤として使用される場合がある．なお，コンクリートが中性化するとおおむね pH 9 未満になった時点で鉄は活性になり，腐食を始める．

3.3.4 鉄鋼の製造と素材
（1） 原料と製造方法
日本では輸入鉄鉱石，輸入石炭を乾留したコークス，おもに国産の石灰石を原料に製鉄が行われている．通常の鉄鋼の製造工程を図 3.3.18 に示す．このうち，高炉の中で，鉄鉱石の主成分である酸化鉄をコークスにより還元し，多量の炭素（4% 程度）と不純物を含んだ状態で溶けた鉄（銑鉄）を取り出すところまでを製銑という．なお，このときに副産物として石灰石が溶けた状態で産出する（スラグまたは鉱滓）が，大気中で徐冷されると高炉スラグになりコンクリートの粗骨材などの原料になる．また，水によって急冷された場合はガラス化し，高炉水砕スラグとなって高炉セメントの原料になる．

ついで，転炉によって炭素量を調整し，不純物を減らし，必要な合金成分を添加して鋼（はがね）とする工程を製鋼という．溶けた鋼は連続的に鋳造されて，一定の大きさの鋼塊（大きさによってビレット，ブルーム，スラブという）になり，傷を取り，さらに加熱されたのち，所定の形状に圧延される．圧延された鋼材はさらに熱処理されて（調質ともいう）高張力鋼などを製造したり，室温とあまり変わらない温度で加工して（冷間加工という）所定の形状や性質を付与することが行われる．また圧延された板材を溶接して鋼管を製造したり，鋼管を四角に変形させて角形鋼管を製造することも行われる．

以上述べたのは，おもに高級鋼材，大型鋼材を製造する一貫製鉄所における製造の場合であり，総称して高炉鋼と称される．これに対し，鉄筋，小型形鋼の生産は，回収したスクラップを原料に電気炉によって製鋼を行う生産が一般的である．これらの鉄鋼は電炉鋼と呼ばれるが，特に含有成分である炭素量のばらつく可能性があり，溶接，曲げ加工などにおいて注意を要する．

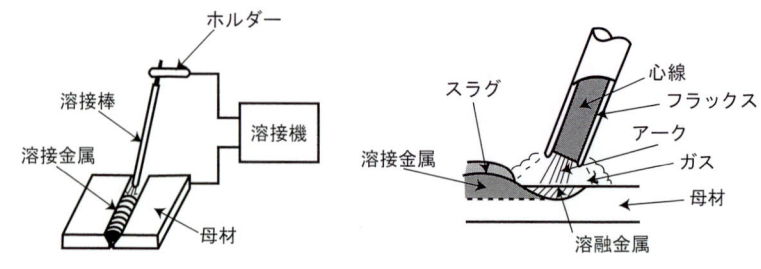

図 3.3.19　アーク溶接

（2）鋼の不純物

鋼にとって悪影響を及ぼす不純物はリンと硫黄であり，鉄鉱石やスクラップ中から持ち込まれる．構造用の鋼ではこれらが少ないほど良質の鋼である．特に，局部的に硫黄が偏析して多くなった部分をサルファバンドといい，材質的な欠陥である．その他，溶鋼の中にスラグ，炉材などが入り，そのまま硬化した非金属介在物が鋼中に存在する場合もある．それらは，応力集中の基点になるため良くない．また，これらは圧延によって薄く伸ばされる結果，特に，厚板などが板厚方向に引張られた場合，それらの欠陥を基点に肌別れしてくる場合がある．その破壊形式を，ラメラテアという．

3.3.5　鋼材の接合

（1）概要

鋼材が建築用途に対して一般的に使用されるようになった理由の一つに，接合の発達があげられる．アーク溶接と高力ボルトがその双璧で，現在でも常に改良が加えられている．

（2）アーク溶接

接合される側の材料を熱で溶かして接合するものが溶接であり，接合される側が溶けることなく別の溶かした材料（ハンダなど）で接合するものをろう付けという．通常の溶接は図3.3.19に示すように，溶接棒と接合される鋼材（母材）との間に電気によるアークをとばし，その熱で溶接棒と母材とを溶かして接合する．最近では自動的に供給されるコイル状の溶接ワイヤを溶接工が溶かしながら溶接することで，溶接棒を取り替える必要のない半自動溶接機が多用

(a) スポット溶接　　(b) シーム溶接（縫合せ溶接）

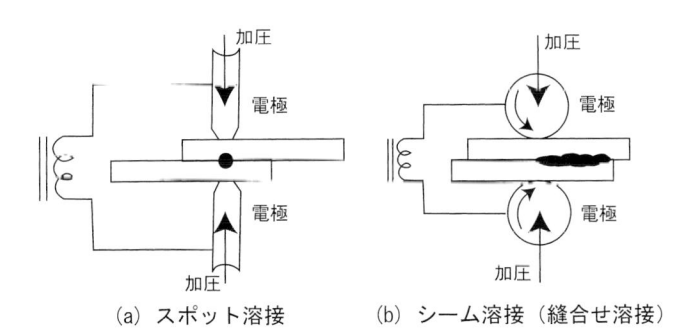

図3.3.20　その他の溶接

されるようになってきた．そのほか自走台車の上に溶接ワイヤ供給装置を取り付け，まったく人手がいらない自動溶接も条件が許せば採用されている．

アーク溶接の場合，溶接部では鋼の冶金が行われており，溶接部に悪影響を及ぼす空気中の窒素ガスや水分などを遮断する必要がある．そのために溶接棒，溶接ワイヤにはフラックスが付けてあり，アーク熱によって気化して発生するガスが溶接部の雰囲気を良い条件に保つ．あるいは二酸化炭素，アルゴンガスなどで溶接部を局部的にシールしながら半自動溶接したり，顆粒状のフラックスの中でアークをとばしながら自動溶接する（サブマージドアーク溶接）こともある．またフラックスが溶けて固化したスラグは溶接部を保温し，急冷を避けることができる．溶接は技能に左右され，手抜きもされやすいので，溶接の

(a) 突合せ溶接

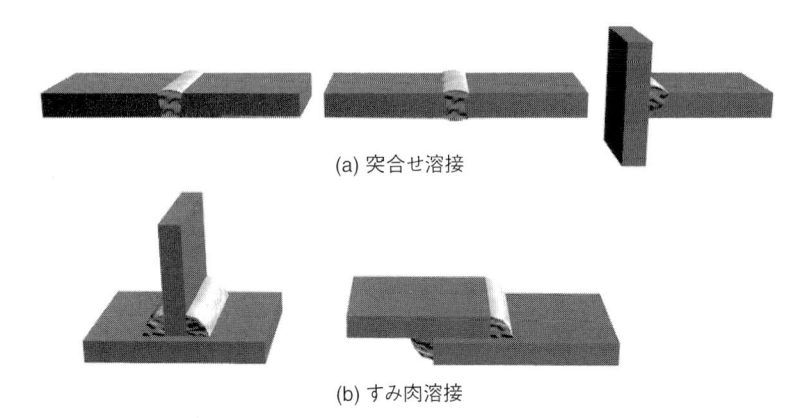

(b) すみ肉溶接

図3.3.21　突合せ溶接とすみ肉溶接

種類と溶接姿勢に対応した資格をもった溶接工に溶接させるほか，十分な管理をすることが必要である．そのため，溶接は基本的に設備も管理も行き届いた工場で行うのが基本で，現場で溶接することは極力避ける方が賢明である．

（3） その他の溶接

鉄筋は通常，アーク溶接をすることはまれで，ガス圧接がなされる．鉄筋を周囲から加熱し，必要な温度になったら圧着することで鉄筋どうしが接合されるのである．これも資格をもったガス圧接工に施工させなければならない．

アークをとばさないで，電気のジュール熱を利用した溶接法にスポット溶接やそれを連続的に行うシーム溶接（縫合せ溶接）がある（図3.3.20）．この方法は薄板の工場溶接に多かったが，最近では屋根のステンレス薄板防水の縫い目に使用されるなど，現場でも見られるようになってきた．

（4） 溶接部の形状

鋼構造物の溶接の方法には図3.3.21に示すように，（a）突合せ溶接と（b）

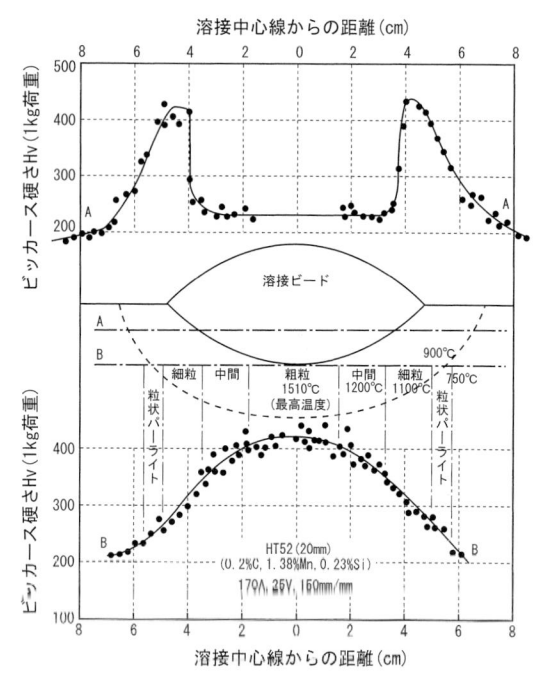

図3.3.22 ビード溶接部の硬さ分布[6]

すみ肉溶接がある．突合せ溶接部とすみ肉溶接部とでは力の伝達形態が異なる．引張力は突合せ溶接部ではそのまま引張力で伝達されるのに対して，すみ肉溶接部ではせん断力として伝達される．また，突合せ溶接では接合される鋼材にはとけ込んでいない部分がないのに対し，すみ肉溶接では板を合わせた部分に隙間が残りノッチのような効果を及ぼす．したがって，すみ肉溶接部の許容応力度は材料のせん断強度であり引張強さよりも低くなり，ノッチ効果が悪影響を及ぼす繰返し力が作用する部分，低温での使用がなされる部分，塑性変形が起きる部分では使用してはならない．

(5) 溶接における注意点

溶接部は非常に割れやすくなる．その第一の理由は，通常，大きな部材の一部分にアーク熱が加わる結果，溶接部のすぐ近くが急熱，急冷による焼入れ作用を受けて，硬くなるためである（図3.3.22）．この「硬くなりやすさ」の材料側指標としては，Ceq（3.3.1式参照）が用いられる．また施工的には母材を予熱したり，溶接の1層あたりの大きさを大きくして入熱量を増大させるなどの工夫をする．また第二の理由は，熱による伸び縮みの拘束がなされる結果，局部的に大きな引張残留応力が発生するためである．また拘束が小さければ，残留応力が出ないで，大きな変形を起こす場合もある．これを防止するためには，溶接部の溝（グルーブ）の形状を考慮したり溶接順序を考慮するなどして，悪影響を極力避けることが行われる．

(6) 高力ボルト摩擦接合

高力ボルト摩擦接合は，普通ボルト接合と根本的に異なっている．普通ボルト接合はボルトがせん断力を伝達するのに対して，高力ボルト摩擦接合のボルトは基本的にせん断力を伝達しない．高力ボルト摩擦接合ではボルトに高い引張力を導入することで被接合材間の摩擦力を増大させ，摩擦力によってせん断力を伝達するのである．その長所として，接合部の剛性が高いこと，ナットがゆるまないこと，疲労強度が高いことなどがあげられ，鋼構造骨組みの現場接合の主役になった．注意すべき点は，摩擦面の処理と軸力の適正な導入である．摩擦面は黒皮をショットブラストやグラインダーなどで取り除き，塵埃（じんあい），油，塗料をぬぐい去って，多少赤さびを生じさせた状態が良好な摩擦面である．

高力ボルト摩擦接合の荷重–変位関係は，すべり始めてから最大荷重に達するまで若干の余力を残しているが，すべり始めが設計上の基準値になる．ボルトに用いられる材料は，F10Tと称される引張強さが1,000 N/mm^{2}以上の焼入れ鋼が使用される．以前は引張強さがもっと高い高力ボルトもあったが，遅れ破壊が問題になり，現在の主流はF10Tである．

高力ボルトは通常，ナット締付け時の導入トルクによって軸力を管理する方法がとられ，トルクと軸力の関係を保証する必要があるため，ナットや座金とともにセットで販売される．またナットの共回り防止，導入トルクの適正管理，締忘れ防止のために様々な工夫をした製品や，溶融亜鉛メッキを施したものも販売されている．

3.4 木材・木質材料

3.4.1 木材・木質材料の概要

樹木は，水と二酸化炭素が太陽エネルギーと葉緑素の働きによって合成されたセルロース，リグニン，ヘミセルロースなどの有機物質からなっている．しかし，単なる混合物ではなく，それらによって構成された種々の細胞・組織（細胞の集合体）が関連をもって結合された，一種の構造体である．建築に用いられる木材は，このような樹木のうちの幹（樹幹）を利用形態に適合できるように加工を施したもので，人類にとって，木材は最も身近な建築用材料であったであろう．丸太を互いに交差し，草などで表面を覆った原始的な構造物は，世界中いたる所で作られ，現在でも遊牧民のテントなどにその姿を見ることができる．

わが国の建築遺跡だけに限ってみても，青森県三内丸山遺跡の発掘調査では縄文時代前期から中期（約5,500年前〜4,000年前）の大集落跡から多くの竪穴住居跡，掘立柱建物跡が多数発掘されており，それらは丸太をアケビや藤のツルなどで結わえて架構を形成している．またそのうちの6本柱建物の柱は直径1 m以上のクリ材であったことが確認されており，わが国に大木が豊富に存在していたことが想像される．

現存する世界最古の木造建築物は，680年に建設された法隆寺金堂といわれている．また，法隆寺五重塔と薬師寺東塔は少し後のものであるが，いずれも建立後1,300年を経過している．これらの建物は何度かの修復を経て現在にいたっているわけであるが，木材が長い期間の使用に耐えうる素材であることを証明するとともに，木造建築の技術が1,300年も昔に，高いレベルにまで発達していたことを示している．

日本の木造民家では，15世紀に建築された箱木家（兵庫県，農家）が現存する最も古いものといわれている．日本全国には17～18世紀建築のものがいくつも現存しており，農家が大部分であるが，現在も居住しているものもある．

このようにわが国では，古くから木造建築の技術が発達し，江戸時代まではほとんどの建築物が木造であった．しかし，明治維新以降，海外の建築技術の導入，耐震工学の進歩などにより，わが国の伝統的建築技術は大きく揺らぎ，さらに関東大震災，第2次世界大戦により都市の不燃化が重要視されるようになると，木造建築はその存在すら否定されるようにもなった．このような木造排斥の風潮は1970年代まで続き，わが国の木造建築技術を大きく衰退させたといえる．

しかし，1980年代に入ると，木造建築を望む気運の高まりや海外から導入された新しい木造建築技術により，再び木造建築が普及するようになった．海外から導入された新たな木造建築は集成材や合板といった「木質材料」を用い，大規模構造や耐震性の優れた木造建築を可能にした．これらのことにより1987年の建築基準法改正において，木造建築の防火制限・高さ制限が緩和され，大規模木造や木造の公共施設が盛んに建てられるようになった．また，在来木造構法においても，プレカットなどの技術が進み，製材品についての強度や乾燥などの品質区分が明確になされるようになりつつある．

このように，木材は古い歴史をもちつつも，今なお建築の主要な構造材料として盛んに使用されている．しかし，木材は天然の生物材料であるため，鋼材・コンクリートにはない，異方性，粘弾性，経年変化と生物劣化，水分依存性，可燃性といった特異な性質を示す．また，材料的ばらつきとその制御のむずかしさも無視できない．木材のこうした材料的性質はその組織構造ときわめて深い関係がある．

表3.4.1 建築用に用いられる代表的な樹種

科		属	種
針葉樹	マツ	マツ 硬松類	アカマツ，クロマツ，ロッジポールパイン，ポンデローサパイン，サザンパイン類，オウシュウアカマツ（欧州産レッドウッド），ラジアータパイン
		マツ 軟松類	ヒメコマツ，ウェスタンホワイトパイン，シュガーパイン，イースタンホワイトパイン，ベニマツ
		モミ	モミ，トドマツ，ファー類
		トウヒ	トウヒ，エゾマツ，スプルース類（欧州産ホワイトウッド）
		カラマツ	カラマツ，ウェスタンラーチ，ダフリカカラマツ
		トガサワラ	トガサワラ，ダグラスファー（ベイマツ）
		ツガ	ツガ，ウェスタンヘムロック（ベイツガ）
	ヒノキ	ヒノキ	ヒノキ，サワラ，シーダ類，（ベイヒ，ベイヒバ）
		ヒバ	ヒバ（アスナロ，ヒノキアスナロ）
		ネズコ	ネズコ，ウェスタンレッドシーダ（ベイスギ）
	スギ*	スギ	スギ
広葉樹	カエデ	—	イタヤカエデ
	カバノキ	—	カバ
	フタバガキ	—	ラワン類，アピトン，カプール
	ブナ	—	クリ，ブナ，カシ類，ナラ類
	モクセイ	—	タモ類，シオジ
	シナノキ	—	シナ
	ニレ	—	ケヤキ

*Gadek らによる提唱（American Journal of Botany 87(7):1044-1057,2000.）ではヒノキ科に統合

なお，竹材や籐（とう）は木材ではないが，その成分は木質であり，建築材料として取り扱うとき木材と似ている点が多い．

本節では，木材・木質材料の構造用材料としての特徴と設計上の留意点を解説する．

表 3.4.2 おもな建築用木材製品とその規格体系

規格等		名称と種類
軸材料	JAS	素材（針葉樹，広葉樹）
		製材（造作用，目視等級区分構造用，機械等級構造用製材，下地用，広葉樹）
		枠組壁工法構造用製材（甲種枠組材，乙種枠組材）
		枠組壁工法構造用たて継ぎ材
		集成材（造作用，化粧ばり造作用，構造用，化粧ばり構造用）
		単板積層材（造作用，構造用）
	JIS	処理木材（建築用防火材料，土台用加圧式処理木材）
	法 37 条	木質接着成形軸材料（PSL, TJI, LSL）
面材料	JAS	合板（普通，コンクリート型枠用，構造用，天然木化粧，特殊加工化粧）
		フローリング（単層，複合）
		構造用パネル
	JIS	ボード・パネル類（パーティクルボード，ファイバーボード，建築用構造材）

2009 年 12 月現在．
JAS（日本農林規格），JIS（日本工業規格），法 37 条（建築基準法第 37 条第 2 項の規定による大臣認定）．

3.4.2 木材・木質材料の種類

(1) 分類と規格

日本の全木材需要量（製材用，パルプ・チップ用，合板用などの用材を丸太量に換算した値）は 2004〜2008 年の平均では 8,500 万 m^3 程度であり，うち国産材がその約 20% を占めている．住宅建築用木材の供給量は 3,600 万 m^3（製材換算で約 2,000 万 m^3）とみられ，国産材，輸入原木，輸入製材がほぼ同量となっている．最近ではカナダ，欧州からの輸入製材品の増加が著しい．

わが国では輸入材を含めると，非常に多くの種類の木材が使われている．木材を大きく分類すると針葉樹と広葉樹がある．広葉樹は植物学的にはより進化したものであるが，建築構造用材としては針葉樹が多く使われている．そのおもなものの樹種分類を表 3.4.1 に示す．

輸入材では国産の樹種名を擬して名付けられたものが多く出回っている．しかし，このような商業的な通称名は必ずしも木材の樹種を正確に表現している

第3章 構造材料

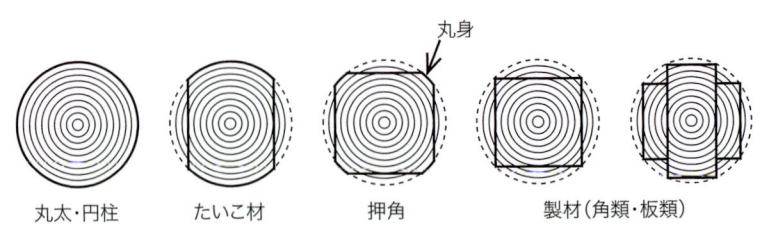

図3.4.1 おもな製材の断面形状

丸太・円柱　　たいこ材　　押角　　製材(角類・板類)

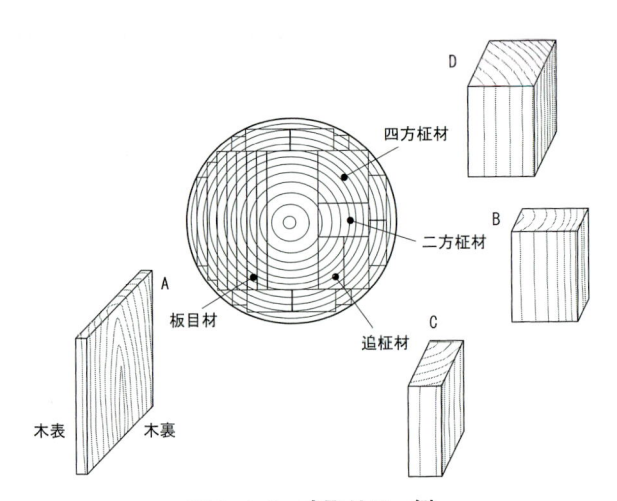

丸身

図3.4.2 木取りの一例

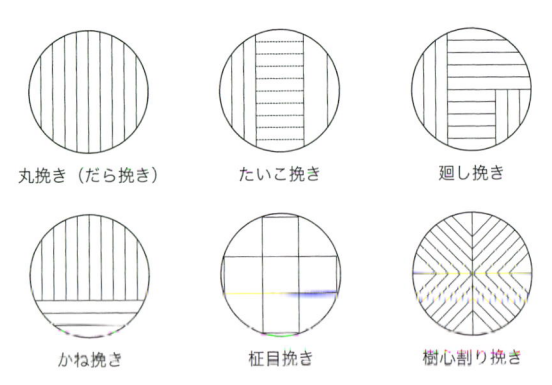

A 板目材　　木表　木裏
B
C 追柾材
D 四方柾材
二方柾材

図3.4.3 おもな木取りの形式

丸挽き(だら挽き)　　たいこ挽き　　廻し挽き
かね挽き　　柾目挽き　　樹心割り挽き

とは限らない．

　木材・木質材料は加工の方法，形状，用途によっていくつかに分類される．わが国では，国内で流通する木材・木質材料の大部分は日本農林規格（JAS），日本工業規格（JIS）などで製品の規格化が行われている．この規格に従った分類の一例を表 3.4.2 に示す．

（2）　素材と製材

　素材・製材を加工の状態から分類すると「丸太・円柱」「たいこ材」「押角（おしかく）」「製材」などがある．その断面形状を図 3.4.1 に示す．なお，丸太から任意の形状の製材を採取することを木取りといい，その一例を図 3.4.2 に示す．また，おもな木取りの形式を図 3.4.3 に示す．

　素材（丸太）の JAS では，丸太は末口径（材の細い方の直径）によって小丸太（14 cm 未満），中丸太（14 cm 以上 30 cm 未満），太丸太（30 cm 以上）に分けられている．この規格は従来，製材用原木としての評価基準を示したものであったが，2007 年の規格改正時に素材のヤング係数区分法が導入されている．

　製材規格のうち，「枠組壁工法構造用製材」と「枠組壁工法構造用たて継ぎ材」の JAS は，用途を枠組壁工法建築物用の構造材に限定した規格である．その他の一般建築物の造作，構造，下地の各用途に対応した「製材」の JAS では，材種を「板類」「角類」「円柱類（構造用に限る）」に分けた品質区分方法が示されており，たいこ材等についてもこの規格を援用して行うことになっている．なお，1996 年に廃止になった旧版の「製材の JAS」では，製材を断面寸法によって板類・ひき割類・ひき角類に区分し，ひき角類の正方形断面のものをとくに「正角（しょうかく）」，そのほかを「平角（ひらかく）」とよんでいた．現行規格ではこのような名称はなくなっているが，慣用的にはよく使われる言葉である．

　素材（丸太）の JAS では，丸太は末口径（材の細い方の直径）によって小丸太（14 cm 未満），中丸太（14 cm 以上 30 cm 未満），太丸太（30 cm 以上）に分けられている．しかし，ここでの等級区分は強度の面から決定されたものではなく，丸太・円柱・たいこ材などについての強度規格は整備されていない．なお，丸太組構法の技術基準でも「構造耐力上主要な部分に使用する木材の品

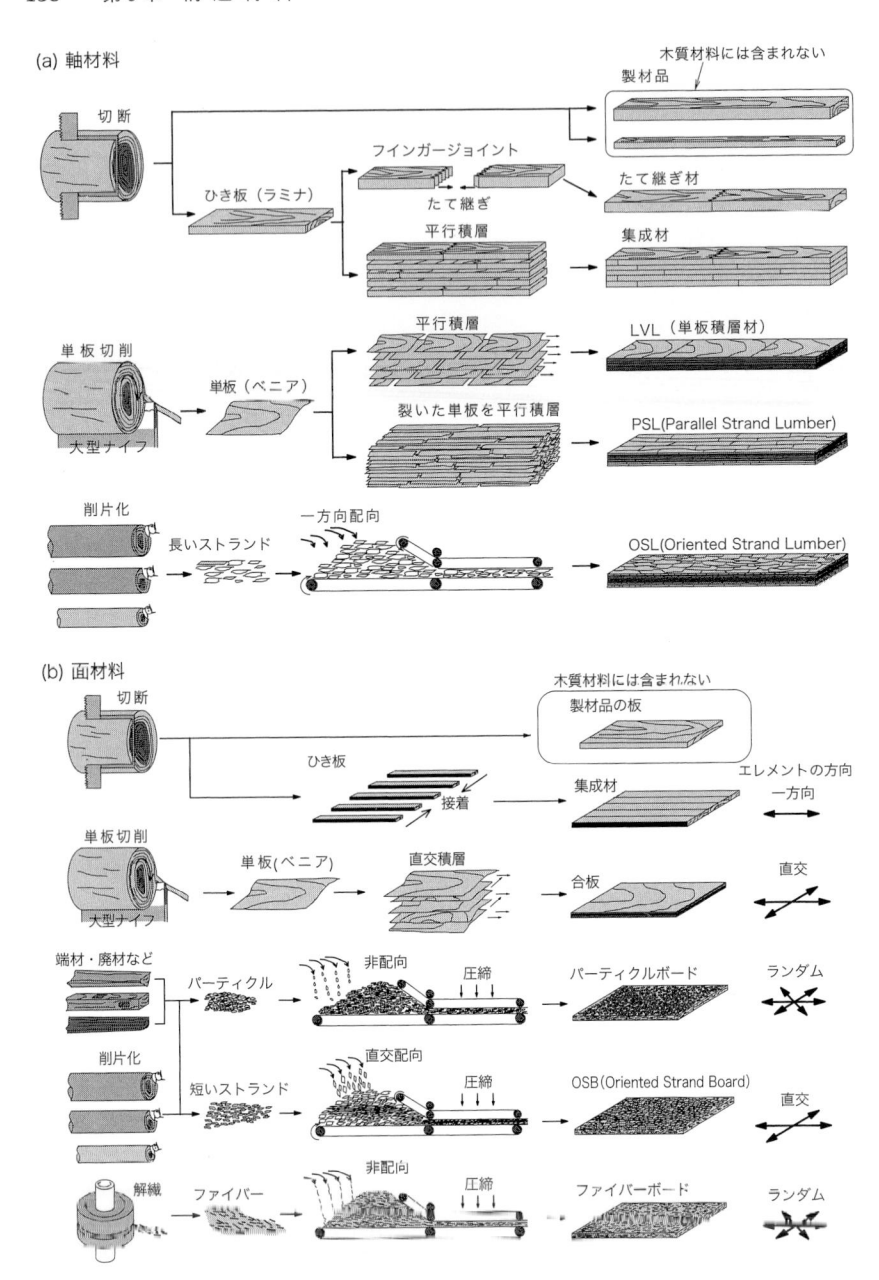

図3.4.4 おもな木質材料の製造工程の概略
[参考文献 3) より]

質は，腐れ，著しい曲がりなどによる耐力上の欠点がないものでなければならない」とされている程度で，具体的数値，等級などについては記載がない．

(3) 木質材料

木質材料には2つの意味がある．狭義には原料を一度細分化し，これを改めて接着剤などで再構成したものを指し，「再構成木材」と呼ぶこともある．広義には，前項で述べた製材などの機械加工された材を含めたものを示す．

木質材料には面材料として合板，パーティクルボード（PB），PBの一種である配向性ボード（OSB），ウェファーボード（WB），ファイバーボード（FB），軸材料としては集成材，単板積層材（LVL），PSL，さらにこれらを複合化した各種梁材（Iビーム，ボックスビーム），工場生産トラス，複合材料（パネルなど）があり，木質構造を構成する上で不可欠のものとなっている．おもな木質材料の製造工程の概略を図3.4.4に示す．これらを構造用材として考えた場合とくに重要なことは，この構成原料（エレメント）の品質や配列（組合せ）を決めることによって，材料の特性を人為的にコントロールでき，製材に比べて高強度でばらつきの少ない材料の生産が可能になることである．

なお，JASまたはJISで規格化されていない材料については，建築基準法第37条第2項の規定に基づいて定められた試験を行い，必要な性能を有していることが確認されれば国土交通大臣認定の取得も可能である．

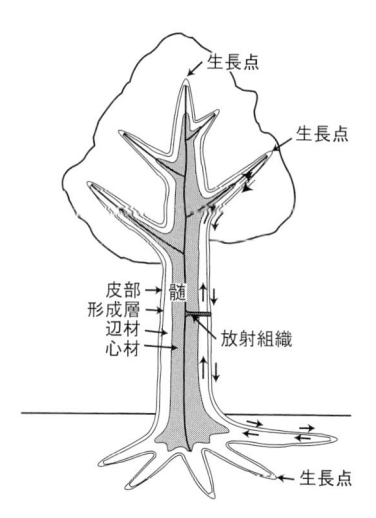

図3.4.5 樹幹の横断面
[渡辺治人：木材理学総論，農林出版に基づいて作成]

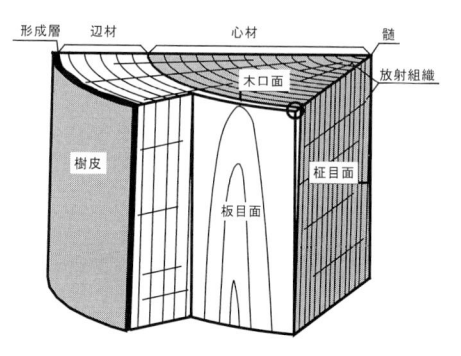

図3.4.6 木材の巨視的構造の模式図

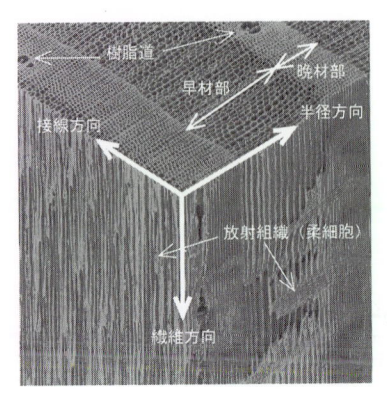

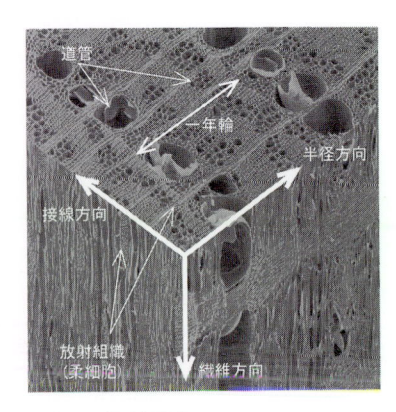

図3.4.7　木材部分の電子顕微鏡写真
左：カラマツ，右：ハリギリ（セン）[大谷諄氏提供の写真に加筆]

3.4.3 木材の組織構造

（1）樹幹と繊維

　樹木は空気中の二酸化炭素（CO_2）と根から吸いあげた水（H_2O）を原料とし，光合成の働きによってブドウ糖（D-グルコース，$C_6H_{12}O_6$）をつくり，酸素（O_2）を空気中に放出する．そして，この糖がさまざまに化学変化（生合成）して木材を構成する主要成分に変化していく．

　樹木は垂直方向と水平方向にそれぞれ細胞分裂によって成長するため，結果として図3.4.5のようなほぼ円すい形の樹幹（じゅかん）ができる．木材樹幹の断面は巨視的にはおおむね図3.4.6のようである．これを拡大すると図3.4.7のようにいくつかの細胞・組織（細胞の集合）から成り立っていることが分かる．しかし，どのような樹種でもすべて同じ構造をしているのではなく，それぞれの特徴をもっており，そのため切断面の外観が樹種ごとに変化する．木材の切断面を肉眼で見た際に確認できる繊維走行の線または年輪の線を木目といい，材面に現れた構成細胞や組織の配列の状態を木理（もくり）という．また，繊維や年輪の走行の不規則性により木材表面に生じた独特の模様を杢（もく）といい，銘木などの市場において様々に命名されている．半径方向の細胞分裂（肥大成長）は，樹皮と木部の間にある形成層とよばれる環状の組織で行われる．ここで新しく作られた細胞のほとんどは数週間で死んでしまい，内容物を失ったその細胞の殻だけが木材として内部に蓄積されていく．ただし，放射組織な

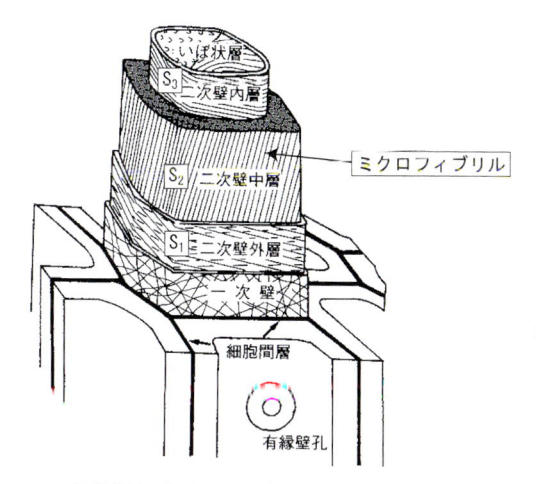

図 3.4.8 針葉樹仮道管の壁層構造とミクロフィブリルの配向
［参考文献[4]に基づいて作成］

どの柔細胞（じゅうさいぼう．養分貯蔵機能を担う細胞）は，形成されてから数年間は生き続ける．

　木材の性質は，図3.4.7に示すような繊維方向（軸方向，L方向），半径方向（R方向），接線方向（T方向）の基本軸を定めて考えていくのが通例である．また，それぞれの2つの軸で決定される面をそれぞれ柾目（まさめ）面，板目面，木口（こぐち）面という．強度など材質を左右するものは，樹幹の長さ方向に配向する繊維（針葉樹では仮道管（かどうかん），広葉樹では木部繊維）である．これは直径数 10μ，長さ数 mm，中空の細長い細胞で，仮道管は針葉樹の約95％，木部繊維は広葉樹の40〜80％を構成している．繊維を模式的に示すと図3.4.8のようになり，この実質部（細胞壁）はさらに数層に区分される．これは木部細胞が形成層で分裂してできたあと，細胞径が拡大し，さらに細胞の内側に向かって細胞壁が厚くなったあとの姿である．このうち最も重要な部分は細胞壁全厚の70％を占める二次壁中層（S_2）であり，ここではセルロース分子の集合体（ミクロフィブリル）が10〜30°程度の角度でらせん状に配向し，ヘミセルロースを介してリグニンで包み込まれた構造になっている．そのため，このセルロースとリグニンおよびヘミセルロースを鉄筋コンクリートにおける鉄筋とコンクリートおよび付着材の関係に見立てて説明されること

が多い．また，繊維相互はおもにリグニンからなる細胞間層（さいぼうかんそう）によって接着されたようになっており，これに半径方向に伸びる放射柔細胞や，広葉樹ではさらに水分通導組織である道管などが組み合わされて，全体の木部が形成されている．

(2) 細胞の半径方向の変動

A．早材・晩材と年輪

温・暖帯地方での肥大成長は，早春に開始，晩夏に停止，という1年のサイクルを繰り返すことによって，いわゆる「年輪」（正確には「成長輪」）ができる．ただし，著しい気候条件の変動，火災・虫害などによって1年輪内に複数の成長輪を形成することがある．形成される細胞は成長の時期によって形状がやや異なり，針葉樹では初期には大径薄壁の「早材（そうざい）」，後期には小径厚壁の「晩材（ばんざい）」が形成される（図3.4.7左）．その密度の比は1：2～4程度であり，力学的性質は晩材の比率に影響を受けている．また，針葉樹の晩材部は比較的一定の幅となるため，年輪が広くなると密度，強度が低下する傾向がある．

B．成熟材と未成熟材

樹心に近い方の繊維は，比較的短く，またS2層のミクロフィブリルの巻き付く角度（ミクロフィブリル傾角）が細胞軸に対して大きい．これが樹齢が進むにしたがって，形成層では繊維長は長く，傾角が小さい細胞がつくり出されるようになり，やがて安定した状態に達する．これ以降に形成された材を成熟材，これより幼齢な材を未成熟材とよぶ（図3.4.9）．未成熟材の期間は，樹心から10～20年間程度といわれており，樹幹中では髄を中心とするほぼ円筒形の部分がこれに相当する．一般に針葉樹の未成熟材では，広年輪幅，低晩材率で，あて材（p. 150参照）を形成しやすく，軸方

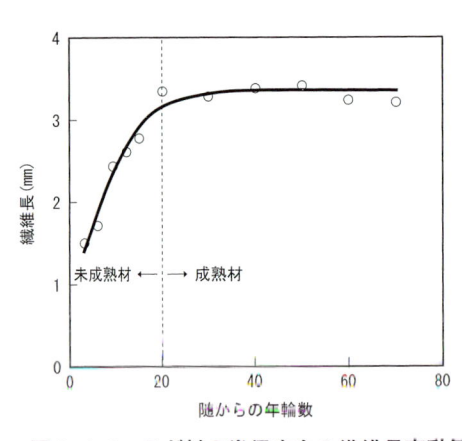

図3.4.9 スギ材の半径方向の繊維長変動例[5]

向の収縮率が大きいため，力学的性質に劣り，狂いやすい傾向がある．

C. 辺材と心材

　木材中の多くの細胞は形成後数週間で死細胞となるが，こののち数年間は水分を通導する働きをもつ細胞（針葉樹では仮道管，広葉樹では道管）が機能している．このような部分を「辺材（へんざい）」といい，この範囲の放射組織などの柔細胞は生命活動を続けている．やがてある時期に柔細胞も死滅し，水分の通導がなくなっていく．このような部分の材を「心材（しんざい）」という（図 3.4.6 参照）．

　したがって，立木では常に樹皮側から数年輪が辺材であり，その内側から順次，心材に変化していくことになる．辺材の幅は樹種によっても異なるが，1本の樹木のなかでは，おおむね一定の幅で分布している．また，心材・辺材の区分と強度の間には関係がない．

　辺材から心材へ変化する現象を「心材化」と呼ぶ．このとき細胞内で化学的な変化が起こり，多くの樹種では耐久成分やにおい成分などの着色物質が形成される．一般に心材が辺材に比べて腐朽に対する抵抗性が高くなるのはそのためである．また，心材は樹種によって特有の色調を示すことが多いため，木口面をみると，多くの木材では樹皮に近い外側の部分に比べて中心（髄）に近い内側で濃い色をしている．

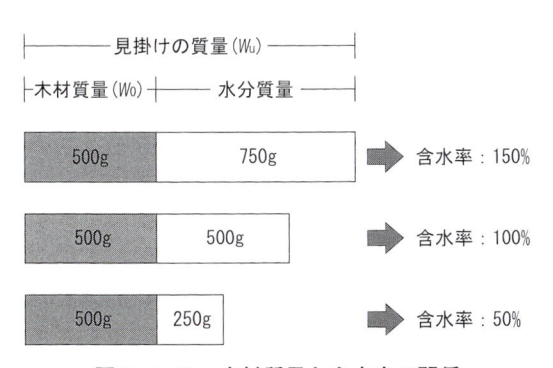

図 3.4.10　木材質量と含水率の関係

表 3.4.3　環境条件と平衡含水率の関係

		温度（℃）		
		0	20	40
相対湿度（%）	20	4.8	4.5	4.0
	60	11.4	10.8	10.1
	90	21.0	20.6	19.4

表 3.4.4　木材中の水分状態と含水率

	製材時	繊維飽和点時	気乾時	全乾時
自由水	ある	なし	なし	なし
結合水	飽和状態	飽和状態	平衡状態	なし
含水率	40%以上	25～35 %	15 %前後	0 %

3.4.4　木材の力学的性質に影響する因子
（1）　含水率
A.　木材中の水分の状態

　木材中には水分が含まれ，水分の多少によって木材の物理的性質は大きく影響される．水分が占める比率は含水率と呼ばれ，次式で示される（図3.4.10）．

$$u = 100(W_u - W_0)/W_0 \qquad (3.4.1)$$

u：含水率（%），W_u：ある水分状態での質量，W_0：全乾（水分なし）状態での質量

　木材中の水分は，細胞内部の空隙にあるもの（自由水）と細胞壁中にあるもの（結合水）に分けられる．立木時の木材含水率は樹種，部位によっても異なるが，おおむね 40～70% 程度で，ときには 200% 近くに達するものもある．これを大気中に放置しておくと自由水が蒸発を始める．自由水が蒸発しきったときを繊維飽和点（含水率：25～35%）とよぶ．この後，結合水の蒸発が始まり，やがてある水分状態になって安定する．この状態を気乾状態といい，このときの含水率を平衡含水率と呼ぶ．平衡含水率は温度と湿度の条件によって異なり，これらの関係を表 3.4.3 に示す．標準値としては日本では 15% がよく用いられ

るが，屋内環境では部位や空調などの状況によっても大きく影響される．さらに木材を強制的に乾燥させると，結合水も外気中に放出され，最終的に含水率0%の状態に到達する．これを全乾（絶乾）状態という．

一般に「含水率が繊維飽和点以上の材」を「生材（なまざい）」，「平衡含水率に達した材」を「気乾材」という，また，「乾燥材」「未乾燥材」は規格で決められた含水率を基準としたものである．生材では材内部の水分が表層に向かって順次移動しながらしだいに乾燥していく．乾燥の速さは材厚の1.5～2乗に反比例するといわれている．

このような木材中の水分状態の変化をまとめると表3.4.4のようになる．

B．寸法変化

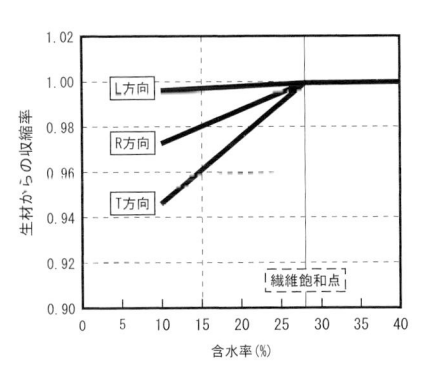

図3.4.11　木材の乾燥による収縮

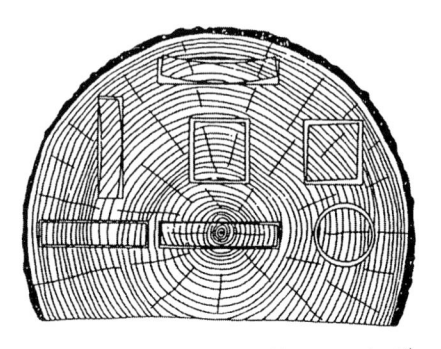

図3.4.12　木材の乾燥収縮による変形[6]

含水率が繊維飽和点以下になると，乾燥に伴って木材は収縮を始める．これは結合水が図3.4.8に示した木材細胞壁中のミクロフィブリルのすき間に存在し，この水分の量の減少に伴ってミクロフィブリル間の距離が小さくなる（膨潤するのはその逆）ためである．正常材のS2層ではミクロフィブリルは細胞軸に対して10°程度の傾斜をもっているため，横方向は縦方向より収縮率が大きくなる．さらにR・T方向では放射組織，早晩材の配置が異なるため，乾燥収縮はおおむね$T:R:L = 10:5:0.1～0.2$の比率となる．

T方向の収縮率は含水率1%あたり0.2～0.4%である．したがって平衡含水率状態に達するまで生材に比べてT方向で3～6%，R方向で1.5～3%，L方向で0.3～1%程度縮む（図3.4.11）．またR，T方向の収縮率の違いのため，収縮変形（製材）や割れ（丸太，髄を含む製材）が発生する．丸太断面内で切り

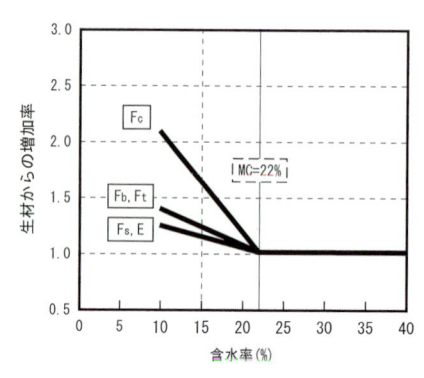

図 3.4.13 木材の乾燥による力学的性質の上昇
F_c：圧縮強さ，F_b：曲げ強さ，F_t：引張強さ，F_s：せん断強さ，E：ヤング係数．ASTM D 2915 による．

出された材の乾燥収縮による変形状態を図 3.4.12 に示す．実大材では乾燥時に材表面と内部の含水率の差から収縮が抑えられた状態になり，収縮率はやや小さくなる傾向がある．

C. 含水率と強度の変動

含水率が繊維飽和点以上のときには，木材の力学的性質は含水率の影響をほとんど受けない．しかし，これ以下では含水率の低下に伴って強度はほぼ直線的に増加する．実大材での強度変化率は ASTM D 2915 などに示されている（図 3.4.13）．ただし，これらの数値は測定時の断面寸法による値に基づく．

シベリア産カラマツ材の含水率と曲げ強度の関係[7]の測定結果では，曲げ強さの平均値は乾燥によって約 1.3 倍の上昇を示しているが，上質材ではさらに大きく，低質材ではほとんど増加しない．断面の寸法は辺長で 5% 程度減少するので，これを加味すると低質材では乾燥によって耐力が未乾燥材より低くなることもある．これは，乾燥によって節周辺に微小な割れが発生するため，と考えられる．またヤング係数は乾燥によって約 1.2 倍程度増加するが，断面二次モーメントの減少分を考慮に入れると，曲げ剛性は生材時とほぼ同等となる．しかし，後述するように未乾燥材ではクリープの進行が大きいため，やはり十分な乾燥を施さないと実用上の大きな問題が生ずる．

大断面材の場合では，たとえば「乾燥材」として出荷されている材でも内部の含水率が高いことがある．これを含水率計によって測定すると，計器には表面から数 cm の範囲での平均含水率が表示されるため，全体の平均含水率より低く見積もってしまう可能性があるので，十分に注意する必要がある．

（2）密度

密度は質量を体積で除した値である．木材では含水率条件によっていくつか

の表現法があるが，建築では通常，平衡含水率状態での「気乾密度」が用いられる．木材の気乾密度は特殊な樹種を除くとおおむね 300〜900 kg/m³ の範囲にある．しかし，全乾状態での木材実質の密度（真密度）は，樹種にかかわりなく 1,500 kg/m³ である．逆にいうと，木材の種類による密度の差は，内部の空隙率と含水率の差によるものである．

無欠点材では，一般に密度と各種強度はほぼ比例関係にある．材の気乾密度を D (kg/m³)，ヤング係数および各強度値の単位を N/mm² とすると，ヤング係数 $E ≒ 20 D/D_0$，縦圧縮強さ $f_c ≒ 0.08 D/D_0$，曲げ強さ $f_b ≒ 2 f_c$，縦引張強さ $f_t ≒ 3 f_c$，横圧縮強さ $f_{c-90} ≒ 0.1 f_c$，せん断強さ $f_s ≒ 0.02 D/D_0$，として概算できる．ただし，$D_0 = 1$ kg/m³ とする．たとえば，スギでは $D/D_0 = 350$ 前後であるから，$E : 7,000$，$f_b : 56$，$f_t : 84$，$f_c : 28$，$f_{c-90} : 2.8$，$f_s : 7$，程度の値となる．

木材の接合部設計においては，接合部における局部的な横圧縮，せん断，割裂などの性質が支配的で，これらは密度と高い相関関係にあるため強度評価指標として重要なものになっている．しかし，実大材単体の曲げ，圧縮，引張りなどの強度に対しては，節などほかの欠点の影響がさらに著しい場合が多い．諸外国の構造用製材に関する規格では，この密度を重要な等級区分因子として取りあげていることが多いが，わが国では採用されていない．

（3） 欠点

木材を利用する上でなんらかの支障がある異常部分を「欠点」とよぶ．これは生物的に形成されたものと外部環境によってつくられたもの，および加工の段階で出現するものの3種類に分けて考えることができる．

A. 節

樹木の生命活動のため，樹心から外部に伸びる枝条（しじょう）が形成される．材料中に節として残るのは枝条部の痕跡である．節があると節周辺の樹幹の繊維走向が乱れるため，とくに曲げ強さや引張強さに大きく影響する．このため，JAS においても，目視による場合は，おもに節径比によっていくつかの等級に区分されている．ここで，節径比とは材幅に対する節径の比である．最も大きな節について測る最大節径比のほか，15 cm の区間に入るすべての節について合計をとる集中節径比の規定がある．

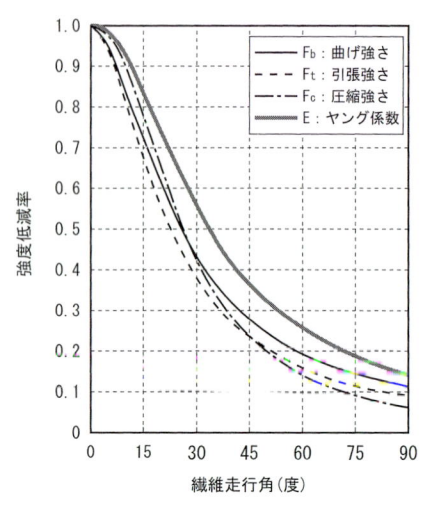

図3.4.14　繊維走行の傾斜による強度低減率

B. 繊維走行の傾斜

　木材への荷重方向が繊維方向に対して平行である場合，強さやヤング係数が最も大きく，荷重方向と繊維方向のなす角度（繊維走行角）が大きくなるにしたがって低減していく．そのためJASでは，繊維走行の傾斜が大きい材については強度等級を下げるように規定している．

　繊維走向の傾斜は，節周辺の繊維の乱れによる局部的なもの，繊維軸が材軸に対して傾斜しているもの（らせん木理，交錯木理）に分けられる．これも力学的性質に大きな影響を及ぼしており，節による強度低減も前述のとおり広い意味では繊維走向の傾斜によるものと考えることができる．

　繊維走行の傾斜による強度低減率は，以下に示すハンキンソン（Hankinson）式で示されることが多い．すなわち，

$$N = \frac{PQ}{P\sin^n\theta + Q\cos^n\theta} \qquad (3.4.2)$$

　N：繊維傾斜角θのときの強度，P：繊維方向の強度，Q：繊維と直交方向の強度，n：外力の種類による定数（引張りで1.5～2.0，圧縮で2.5，曲げ2.0程度）

であり，これを図示すると図3.4.14のようになる．

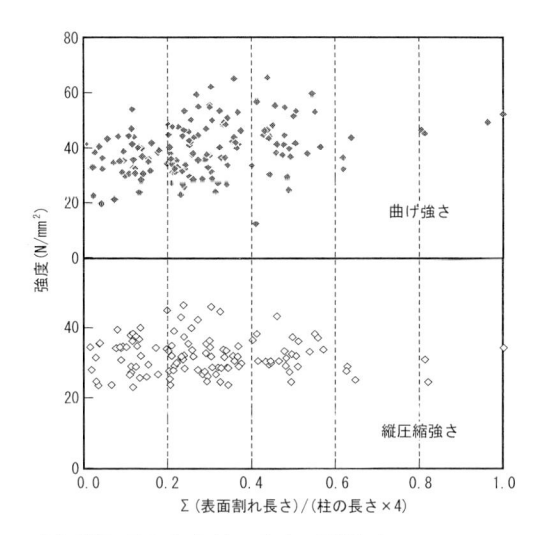

図 3.4.15　表面割れ長さと木材の強度の関係（スギ 105 mm 角心持ち柱材）

C. 割れ

　木材の割れとは，木材細胞間の微小な隙間が，おもに乾燥収縮によって拡大し肉眼的に顕著になったもので，規格上では大きく2種類に分けられる．

　1つは目回り（年輪に沿った割れ）および貫通割れ（材の1側面からほかの側面に抜けている割れ）で，これらはとくに接合部の強度を低減させる要因となるため，JAS の目視等級区分法ではせん断耐力の低減を想定した制限がされている．

　もう1つは乾燥割れである．収縮の異方性および材の乾燥進行時の表面と内部の含水率の差によって発生する．心去り材では乾燥の方法によっては防ぐことはできるものの，心持ち材では特殊な人工乾燥法を用いた場合を除き，乾燥による割れは不可避である．このような表面の割れは，力学的性質に影響しないため規格上の明確な制限はないが，木材流通の現場においては，種々の理由から「割れていない乾燥材」を求められることも多い．乾燥割れと強度の関連に関する実験結果の一例を示す．図 3.4.15 は表面割れ長さと曲げ強さ，縦圧縮強さの関係，また，図 3.4.16 は表面割れ長さと，3種類の建築用接合金物（山形プレート，ホールダウン金物，ボルト）を用いた接合部分の引抜き強度の関

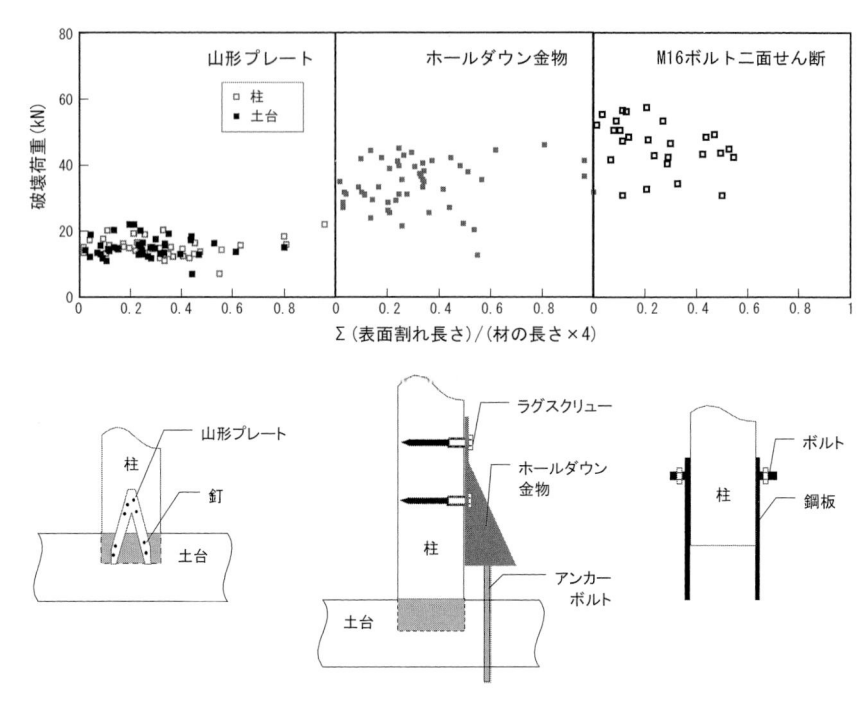

図 3.4.16 表面割れ長さと接合部強度の関係（スギ 105 mm 角心持ち柱材）

係を調べた実験の結果を示したものである．これらをみると，いずれの場合も割れの増加に伴う明瞭な強度低下は認められない．

D. その他

その他の欠点として以下のようなものがある．それらのいずれも強度変動に影響を及ぼしているが，定量的な評価はむずかしいため，規格では肉眼的に明らかなものに限って制限することが多い．

「あて」は樹木内で異常に大きい応力を受ける部位に出現する組織で，年輪幅が異常に広く，特異な繊維が形成される．また，とくに収縮率が大きくなるため，乾燥材では狂いを生ずる原因となる．

「脆弱材」とは，見かけはとくに欠点はないが非常に密度が低いなどの特異な性質のため，非常に脆くなっている材の総称である．「もめ」とは木材中にできた部分的な圧縮破壊であり，風圧，積雪などの物理的荷重によるものである．「やにつぼ」は木部の成長層に沿って存在する袋状の細胞間隙で，通常，

内部に固状または流動状の樹脂を集積している．「入り皮」とは，樹皮が木材中に巻き込まれているものをいう．この部分は繊維の走行が乱れ，またしばしば空げきを伴っていることがあるため，破壊の起因になることがある．

「腐朽」については3.4.6項に述べる．

なお，よく「年輪幅が狭いから強い」といわれるが，針葉樹では一般に「同一樹種では年輪幅が狭い材の方が強いことが多い」とはいえるものの，年輪幅は髄からの距離，密度とも相互に関連するものであり，年輪幅のみを尺度にした明確な等級区分はむずかしい．

このほかに製材・切削・乾燥などの加工の段階で出現する，寸法精度，表面性状などの欠点もある．これらのうち「曲り」は座屈しやすさに，「丸み」は接合しやすさに直接関係するほかは，おもに外観上や施工上の観点から定められたものであって，強度の面からは無視できる程度のものである．

3.4.5　木材の力学的性質の特徴
（1）　一般的特徴

木材の力学的性質のうち，最も特徴的と考えられるものは「異方性」と「粘弾性」であり，これらはいずれも3.4.3項に述べた木材組織と密接に関連している．また，成長の過程で生物的に不可欠な特殊な組織や細胞（節・あて・未成熟材など）を多く形成し，内部は不均質なものとなる．製材はそのような木材を単に機械的に加工したものであるから，様々な不均質性が「材料的欠点」として評価され，その存在状況によって強度が著しく変動する．

JIS の強度試験法ではこれらの材料的欠点を取り除いた試験体（無欠点小試験体）を用いる．この試験によって得られた結果は，木材の無欠点部が本来もっている強度値を意味しており，それぞれの樹種の位置づけなどを調べる上で重要な指標になる．したがって，各種のハンドブックなどに記載されている数値は，同じ樹種でも，生育環境，品種，材内での位置などによってもかなり変動することを念頭におく必要がある．一方，一般に実用材には先に述べたような材料的な欠点が含まれている．構造設計に要求されるのは欠点を含んだ木材に対する数値であるが，これらの値は無欠点小試験体から得られた結果とは必ずしも一致しない．

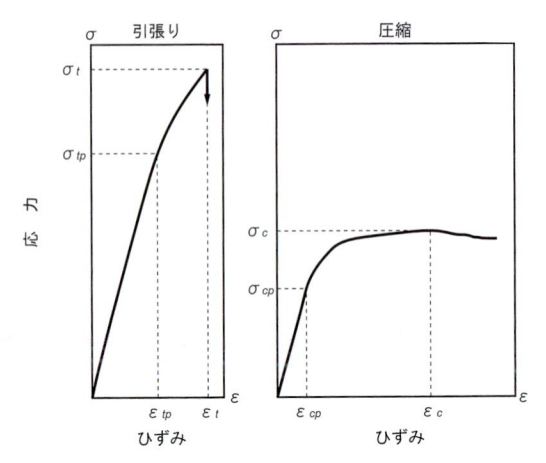

図3.4.17 無欠点小試験体における繊維方向の圧縮と引張りの応力-ひずみ曲線の典型例

（2） 無欠点小試験体の力学的挙動

構造体中の木材に発生する応力の種類は様々であるが，応力とひずみの基本的な関係を知るため，無欠点小試験体における繊維方向の圧縮と引張りの応力-ひずみ曲線の典型例を図3.4.17に示す．これから，以下のことがいえる．

1) 木材はある応力レベルまで弾性変形とみなしても差し支えない挙動を示す．また圧縮，引張りの弾性域でのヤング係数はほぼ等しく，鋼の降伏点に相当するものはない．
2) 圧縮と引張りの最大応力の比は約1：2であるが，比例限度は圧縮では最大応力の約2/3，引張りでは約3/4である．
3) 最大応力を超えると，圧縮では最大応力付近で一定の荷重が保持され，ただちに破壊にいたることはない．しかし，引張りでは脆性的な破壊にいたる．ここで引張最大応力（σ_t）は70〜200 N/mm^2，最大ひずみ（ε_t）は1〜2%（鉄鋼のほぼ1/10），比例限ひずみ（ε_{tp}）は0.8〜1.2%，圧縮時の最大ひずみ（ε_c）は1〜2%，比例限ひずみ（ε_{cp}）は0.3〜0.4%である．曲げ荷重に対しては，以上の圧縮，引張応力のほぼ中間的な挙動を示すが，せん断応力条件では，引張りと同様，最大応力後ただちに破壊にいたり，きわめて脆性的である．

荷重が繊維に対して直交方向に加わるときの強さは，T方向でL方向の5%，R方向で10%程度の値となるが，破壊にいたる過程はL方向でのときとほぼ

3.4 木材・木質材料

縦方向圧縮　　横方向圧縮　　木口面せん断　　割裂

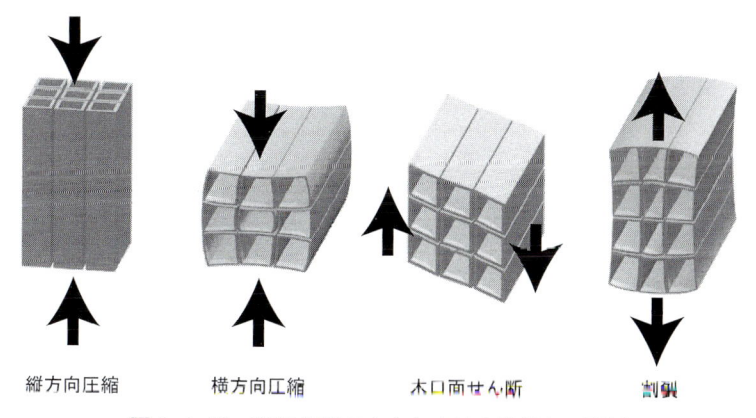

図3.4.18　荷重負荷の方向と木材の繊維との関係

同様の傾向を示す．弾性係数にはヤング係数（E），せん断弾性係数（G），ポアソン比（ν）があり，木材の弾性域内での応力とひずみの関係を知るためには，それぞれ3種類のヤング係数，せん断弾性係数，ポアソン比が必要である．それらの値は樹種，試料ごとにばらつきがあり，また各種資料に掲載されているので割愛し，ここでは澤田[8]の提唱する針葉樹の弾性係数について，E_Lを基準に概算する方法を示す．基準になるE_Lは，実験結果では3〜20（多くは8〜14）$\times 10^3$ N/mm^{2}である．

$$E_R = 0.075\, E_L,\quad E_T = 0.042\, E_L$$
$$G_{LR} = 0.060\, E_L,\quad G_{LT} = 0.050\, E_L,\quad G_{RT} = 0.0029\, E_L$$
$$\nu_{LR} = 0.40,\quad \nu_{LT} = 0.53,\quad \nu_{RT} = 0.62$$

鋼のE，G/E，νはそれぞれ2.1×10^5 N/mm^2，0.39，0.3であるから，木材のE_Lは鋼の1/20程度，GはEに比較してかなり小さいものであり，νは2倍近くあることが分かる．

木材の力学的挙動の特異性は，その組織構造に由来する（図3.4.18）．木材が圧縮応力を受けるときに最大応力付近で一定の応力が保持されるのは，図3.4.18に示すようにパイプ構造になっている細胞壁が断続的に座屈していくためである．また木口面せん断弾性係数G_{RT}の異常な低さは，ちょうど繊維を転がすような荷重条件になるためである．さらに切り欠き，繊維走行の傾斜によって強度が著しく低減することがあるのは，繊維を横方向に引き裂く力（割

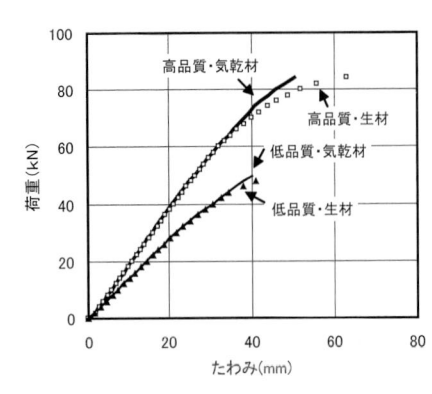

図 3.4.19　実大材の曲げ試験結果の例
ベイマツ材，幅 120 mm，せい 240 mm，スパン 3,750 mm の 3 等分点荷重

（3）　実大材の応力-ひずみ関係と破壊

　応力-ひずみ関係は，材中の欠点の存在によって無欠点小試験体と実大材はかなり異なってくる．とくに，節や割れがあるときには，引張りに対する挙動がさらに脆性的になり，曲げ試験においても明らかな塑性域が認められないまま破断することが多い．実大材の曲げ強度試験の例を図 3.4.19 に示す．ここで，生材は気乾材に比較し，より低荷重で比例限を超えること，また，低品質材では明瞭な比例限界が認められないことなどが分かる．材の破壊は，とくに有節材においては，ほとんどの場合，節部分の破損を契機としている．

　なお実大材では断面が大きく，一般に節，繊維走行の傾斜，割れなどの欠点が含まれている．そのため，とくに心持ち材のような場合には，純粋な三軸直交異方性材料とは見なしにくくなる．そこで，実用的にはL方向を「縦方向」，R，Tの二方向を一括して単に「横方向」ということが多く，たとえばヤング係数では「縦ヤング係数」「横ヤング係数」といった呼び方をする．実大材の弾性係数の実測例は，ヤング係数を除いて多くはない．しかし，基本的には無欠点小試験体の値から誘導できると考えてよい．

（4）　クリープと DOL

　木材に一定の荷重を載せたままにしておくと，変形が徐々に増加していく現象「クリープ」が生じる．木材のクリープは材の含水率や温湿度などの環境条件に影響されるという特徴があり，気乾材での最終的な変形量は初期の弾性変形の 1.6～2.0 倍といわれている．実験結果の一例を図 3.4.20 に示す．この実験において，生材は約 1 年後に気乾含水率に達しており，それまでに生じた見かけのクリープ量には材自身の変形（狂い）も含まれていることがある．

　ある水準を超えた荷重が材に加わると，比較的穏和な雰囲気条件下でも，木

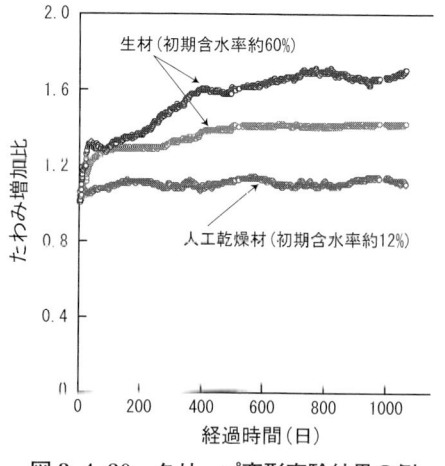

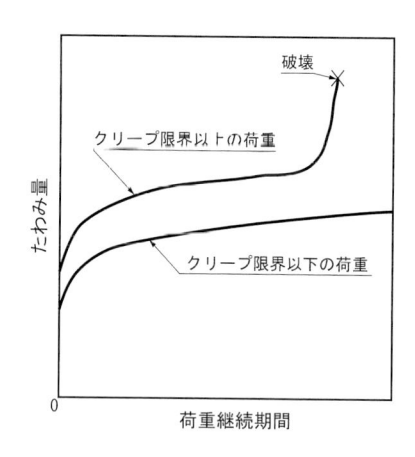

図 3.4.20 クリープ変形実験結果の例
[岡崎泰男氏提供]

図 3.4.21 クリープ現象の模式図

材細胞内には全体の破壊にはいたらない程度の微小な損傷が発生する．そして，この荷重条件が続くと時間の経過に伴って損傷が増え続け，最終的に材は破壊する．それ以下の荷重条件では，クリープたわみは進行するものの最終的な破壊は起こらない．「クリープ限界」とはこの限界となる荷重条件のことで，通

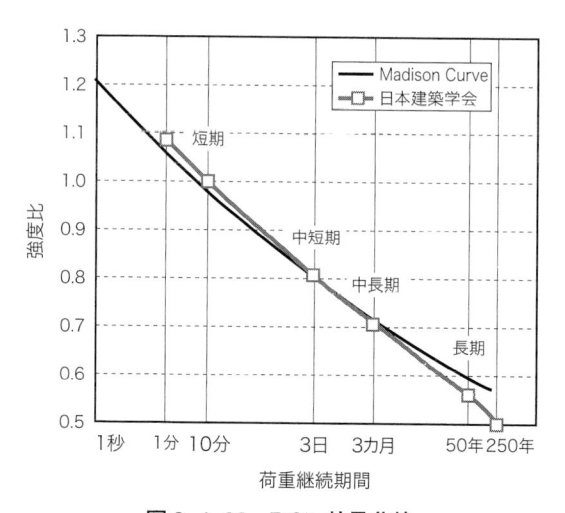

図 3.4.22 DOL 効果曲線

常の実験での破壊荷重の 50〜60% である（図 3.4.21）.

クリープ限界以上の荷重条件では，荷重水準によって破壊までの時間が異なる．図 3.4.22 中の Madison Curve は米国 Forest Products Laboratory における実験から予測した結果を図示したもので，米国規格 ASTM D245 に用いられている．これから，破壊荷重の 55% 負荷時の破壊所要時間は約 50 年，80% 負荷時では約 3 日となることが分かる．荷重の継続時間と破壊荷重水準の関係を DOL（Duration of Load；荷重継続時間）効果といい，現行の許容応力度体系ではこの影響を考慮に入れている．

以上のようなクリープおよび DOL 効果といった力学的条件による材質変化は木材の組織構造に由来するものであるため，構造物には常に何らかの荷重量が負荷されている以上，避けられないものである．クリープと DOL については実験データをもとにして，法規などではいくつかの数値化が行われている．

曲げクリープについては平成 12 年 5 月 31 日に発令された建設省告示第 1459 号「構造物の使用上の支障が起こらないことを確かめる必要がある場合及びその確認方法を定める件」の第 2 で，建築物の梁のたわみ計算法が明記され，この中で，たわみ制限はスパンの 1/250 とし，木造に対する「変形増大係数」を「2」（ただし「載荷実験により求めた場合は，当該数値を用いることができる」としている），すなわち初期たわみをスパンの 1/500 として設計することとしている．しかし，クリープたわみ進行状況の測定結果からは，施工時の材料含水率によって変形増大係数はかなり異なることが分かってきている．また，曲げ以外のクリープ特性については，データがきわめて不足している．

木材の設計用許容応力度は，建築基準法施行令 89 条および 95 条から，表 3.4.5 のようになっている．表中の「短期」「長期」といった区分は，木材の DOL 効果を考慮したもので，荷重時間がきわめて短い場合（数分，短期）を

表 3.4.5 基準強度と設計用許容応力度の関係

基準強度	積雪(限界耐力計算)	短期	積雪(許容応力度計算)		長期
			短期	長期	
F	$4F/5$	$2F/3$	$1.6F/3$	$1.43F/3$	$1.1F/3$

[建築基準法施行令 89 および 95 条から作成]

1とすると，荷重負荷時間が3日（積雪短期），3カ月（積雪長期），50年以上（長期）に対してそれぞれ0.8，0.715，0.55となることから誘導され，これに安全係数として2/3を乗じたものである．ここで，設計用積雪荷重Sは「年最大積雪深」に密度を乗じた値から誘導され，限界耐力計算のときは1.4S，許容応力度計算のときは一般地では1.0S（短期），多雪区域では0.7S（長期）と設定されている．多雪区域で許容応力度計算のときに積雪荷重を低減しているのは，積雪期間中の平均積雪荷重に調整するための措置である．

3.4.6 材料のばらつきと制御
(1) 材料の強さの基準

木材の許容応力度は，建築基準法施行令89条に示されている．先に述べたように，許容応力度は基準強度F（JASで格付けされた各種構造用材料については国土交通省告示に示されている）に荷重負荷時間と安全率を考慮した係数を乗じて算出する．このF値は，対象とする等級の平均値ではなく「下限値」を用い，木材では，通常「5%値（5%下限値と表現されることが多い）」を使う．すなわち，強度値を低い順番に並べ，全体がn個あったとすれば，$0.05n$番目の値を下限値と考える．ただし，nが小さいときにはさらに安全性を加味して，$0.05n$よりさらに小さめの値をとる．たとえば，$n=100$ではほぼ4番目，$n=200$ではほぼ9番目の値となる．この方法をノンパラメトリック法（順序統計法）という．

もし強度の分布がある関数形によって表現できれば，下限値を数学的に求められる．これをパラメトリック法（関数法）といい，もし強度が正規分布に従うと仮定したときには，平均値μ，標準偏差σまたは変動係数V（$=\sigma/\mu$，通常，これを100倍したパーセント値で表示する）から，$F=\mu-K\sigma=\mu(1-KV)$として求められる．この係数Kはnによって変化する．

(2) 材料のばらつきと強度等級区分

木材はばらつきの大きい材料である．曲げ強度を例にその程度をみると，無欠点小試験体の変動係数は樹種ごとに15〜20%と考えられるが，実大材では30%を超えることは珍しくはない（図3.4.23）．したがって，構造材料としての信頼性を確保するためには，利用上不適当とみなされるような材料の除去，

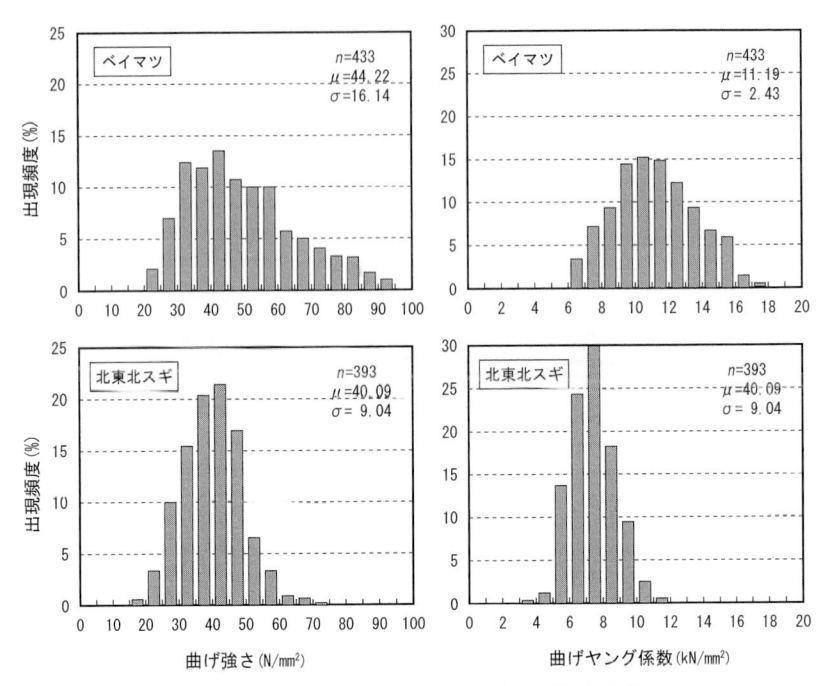

図 3.4.23　非等級区分材の強度出現頻度分布
n：試験体数，μ：平均値，σ：標準偏差

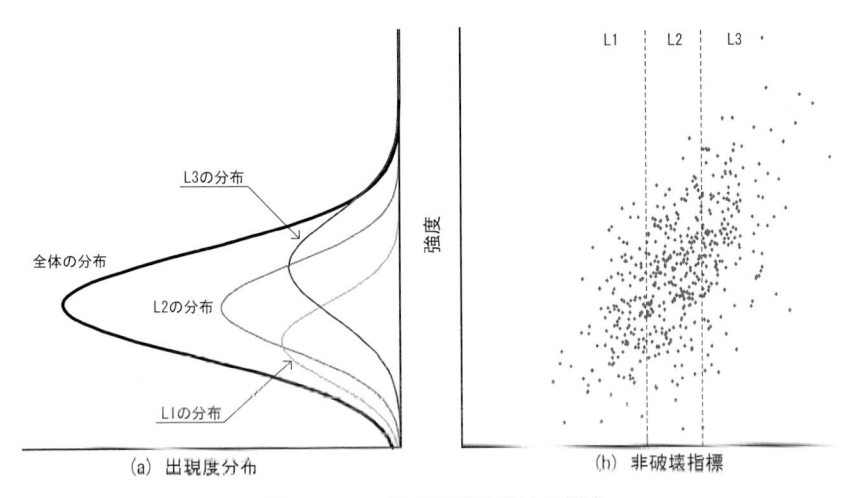

図 3.4.24　強度等級区分法の概念

(a) 出現度分布　　(b) 非破壊指標

あるいは，なんらかの方法によって品質別のグループに仕分けして用いた方が合理的である．この考え方が「等級区分」で，とくに強度の大小に分けるのを「強度等級区分」という．なお，構造材料としての信頼性を確保するもう一つの方法が，図3.4.4に示す集成材のように，木材をいったん細分化し再構成する方法である．

図3.4.24は，強度等級区分法の考え方を模式的に示したものである．まず図(a)のように強さとそれを評価する因子の関係を考える．ついで，評価因子の基準に従って材をグループ（等級）に分け，その出現頻度を描くと図(b)のようになる（図はL1～L3の3等級，全体数を1,000としたシミュレーション結果）．図から各等級の分布が異なっていることがわかる．

等級区分の方法には「目視法」と「機械法」がある．目視法は外観的に確認できるパラメータ（たとえば節，繊維走向の傾斜，腐れなど）によって，機械法は視覚的には検知できない力学的性質と相関の高い因子によって，材を仕分けようとするものである．機械法による実用機種は大部分がヤング係数と強度の相関性を応用した方法で，この測定法によって「静的方法」と「動的方法」に分けられる．静的方法は材に曲げ荷重を加える方法，動的方法（振動法）は材料に衝撃的な荷重（打撃など）を加えたときに発生する共振現象や微小な振動を利用する方法である．後者は大断面材，湾曲材やねじれ材にも容易に適用できることから，通常使われる梁桁材以外に丸太や立木にも適用できる．

機械法は，目視法に比較して，材料の強度推定精度は高いといえるが万能ではなく，材の破壊を支配する局部的な欠点を感知することができないため，目視法を併用することが多い．

3.4.7　経年変化と耐久性
（1）　経年変化の概要

木材は環境条件によっては，時間の経過に伴って材質が変化（「低下」とは限らない）することがある．この変化の度合いは材料に加わる外力の大きさと負荷時間および材料自体の抵抗性によってさまざまであるが，負荷時間との関係を総称して「経年変化」とよぶことが多い．

経年変化には，「老化（Aging）」と「劣化（Deterioration）」がある．老化と

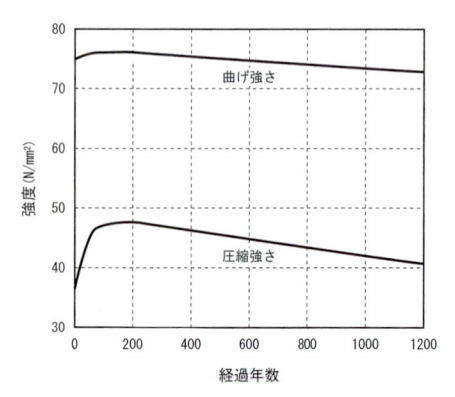

図 3.4.25　木材強度の経年変化
[参考文献 [9] に基づいて作成]

は「常温において徐々に進行する材質の変化」，劣化とは「材料が時間の経過とともに，熱・水分・酸素・オゾン・紫外線・薬品・生物・荷重などの作用によって物理的・化学的変質を起こし，物性が低下する現象」で耐久性に大きく影響を及ぼす．木材では，外部的要因の負荷条件によっては劣化が数年で急激に進行する場合もあるのに対し，老化による材質変化は数百年が単位となる．

木材強度の老化現象については，図 3.4.25 に示した小原のデータ[9]がある．乾燥条件下にある木材（針葉樹）では，伐採後約 200 年にわたって強度が上昇し，その後徐々に低下していく傾向が示されており，通常のタイムスケールではほとんど問題とならないほど緩慢である．

（2）劣化

劣化の様相にはいくつかあるが，ここでは便宜的に直接的な外部要因をもとに「物理的・化学的劣化」，「生物的劣化」および「力学的劣化」の 3 つに分ける．「物理的・化学的劣化」とは酸素，紫外線，熱，水，圧力，薬品などによるもの，「生物的劣化」は木材腐朽菌，シロアリなどによるもの，「力学的劣化」とは直接的な荷重によるものである．しかし「生物的劣化」とは「生物を介在した木材成分の化学的劣化」であるように，この区分は厳密なものではない．

「物理的・化学的劣化」と「生物的劣化」は相互に関連する．たとえば，木材を屋外で使用した場合，木材は太陽光に含まれる紫外線によって，表面のリグニンなどの成分が分解されて繊維状になり，そこにさまざまな塵埃（じんあ

い）が沈着するため変色する．また熱と雨水の影響によって含水率が変動するため，収縮膨潤を繰り返し，部分的に割れを生じる．ただしこの段階では，木材の強度に決定的なダメージを与えない．しかし，雨水が滞留しやすい状態になると，木材腐朽菌が繁殖しやすくなって木材本体の成分が分解を始め，やがて強度的に問題のある状態に陥る．

以上のうち重要な生物的劣化と力学的劣化については後述するが，それ以外では熱の影響が重要である．木材の温度が70°C程度まで上昇すると木材中のリグニンの可塑化によって力学的性質が変化し，変形が大きく，かつ強度が低下する．これは材の含水率の条件によっても異なり，含水率の高い材ほどその影響が大きい．強度変化の度合いは樹種・荷重条件によっても異なるが，縦圧縮強度の例では気乾含水率条件の材で1°Cあたり0.5～1%の変動がある．100°Cを大きく超えるような高温が加わった場合では木材中のヘミセルロースなどの成分が変化し，材がもろくなる傾向がある[10]．また生物的劣化（腐朽）を起こした木材でも衝撃強度が下がる，すなわち粘り強さを失うこともよく知られているところである．

（3） 腐朽と蟻害

A. 腐朽と蟻害のメカニズム

生物的劣化で重要なものには腐朽と蟻害がある．

「腐朽」すなわち「腐る」とは微生物によって，木材の主成分であるセルロース，ヘミセルロースあるいはリグニンが分解され，化学的・物理的性質が大きく変化する劣化現象を指す．微生物の主役はシイタケなどのような担子菌（木材腐朽菌ともいう）で，これが成長するためには，養分である木材以外に，酸素，適当な温度（5～40°C程度），水分（含水率20%以上）の3つの要素が不可欠である．したがって，3要素がすべてそろって，たまたまそこに担子菌などが住み着くと，新しい木材であっても腐朽し始める．

腐朽の様式には以下の3つのタイプがある．

1) 褐色腐朽：材中のセルロースやヘミセルロースを分解するため材が褐色になる腐朽で，建築物で被害を引き起こすワタグサレタケ，ナミダタケ（図3.4.26）などが知られている．この腐朽ではセルロースが急激に低分子化するため，重さの減少度合いに比べて強度低下が著しい．

図 3.4.26 壁体内に進入して成長したナミダタケ
［土居修一氏提供］

2) 白色腐朽：リグニンも含めて分解するので，材が白色に変化する．菌としてはカワラタケやカイガラタケなどがあり，強度低下は褐色腐朽より多少緩やかである．
3) 軟腐朽：担子菌が成長しにくい，水分の多い環境で生ずるカビ類による腐朽で，材表面が黒褐色になりスポンジ状になるのでこの名がついた．広葉樹材で起こる頻度が高い．

以上のように木材の腐朽には3要素が必要であるから，3要素のうちどれか1つを除外できるようにすれば，木材は半永久的に使用できる．しかし，通常の建築物では酸素・温度の遮断はむずかしく，腐朽を防止するには木材そのものを防腐処理などによって栄養源とならないようにするか，あるいは木材中の含水率を20％以下の状態に保つか，というのが最良の方法になる．

なお，シロアリによる被害も広がっている．ほぼ全国に生息するヤマトシロアリは腐朽材，とくに褐色腐朽材を好むことが知られている．したがって，この害を防ぐには，まず，木材が腐朽する条件を与えないことが先決となる．

B. 建築法規などにおける腐朽に対する取扱いとメンテナンス

日本の現行の建築法規では，施行令第36条2項で「耐久性関係規定」が示されている．このうち木質構造に直接関連するものは第41条（木材の品質）

と第49条（防腐措置）のみで，「物理的・化学的劣化」や「生物的劣化」についての特段の規定はなく，一定の水準を超える材料の品質（樹種・防腐処理・寸法など）のものであれば，劣化は無視しているような表現になっている．

また日本建築学会の「木質構造設計規準―許容応力度・許容耐力設計法―」でも，「劣化」という言葉について直接触れられているのは「402.2 基準材料強度」での"劣化影響係数"のみである．しかし，これは「接着して製造する一部の材料においては，接着部分が熱・温湿度繰返し・紫外線などによって劣化する」ことを想定した係数であり，木材そのものの腐朽や熱による劣化を考慮した係数は与えられていない．さらに，関連する項目として「402.3 設計用材料強度」では，「常時湿潤状態におかれる環境」に対する低減係数は「劣化」ではなく「含水率調整係数」として取り扱い，強度では0.7を乗じて低減するものとしている．

以上は，材を劣化しやすい環境に置くこと自体を避けるべきである，あるいは使用材料の耐劣化性を向上させるか，定期的なメンテナンスなどによって劣化しないようにする，ということを前提としていると考えるべきである．つまり，劣化の進行が環境と材料の条件によって実に様々であり，現在の状況では数値化することがむずかしいということでもある．

材が腐朽し，図3.4.26の状態になってしまったときは，いわば手遅れである．したがって，メンテナンス時に何らかの方法で腐朽の進行度合いを，非破壊的に点検することも重要である．点検の手段としては，木材腐朽の進行に伴って密度が低減する傾向があることなどを利用した，いくつかの器械が市販されている．

3.4.8 木材の燃焼
（1） 木材燃焼のメカニズム

木材に熱を徐々に加えていくと，100°Cくらいまでは木材中の水分が蒸発し，150°Cで木材成分の脱水反応によって表面が黒ずんでくる．200°Cになると成分のガス化が始まる．この中には一酸化炭素，メタン，エタンといった可燃性のものが含まれているが，すぐには燃え出すような状態ではない．250°Cを超えると熱分解がいっそう急速になり，何らかのきっかけ（引火）があると木材

の燃焼が始まる．このため，建築基準法および同施行令では260°Cを木造建築物の火災危険温度と定めている．

木材表面での燃焼は内部へも進行する．これを炭化あるいは火災の貫通といい，その進行速度を炭化速度という．炭化速度は方向や材の厚さによっても異なり，空気気流下では繊維方向の速さは半径方向の約2倍である．また，25 mmの厚さの板では0.83 mm/分，50 mmでは0.63 mm/分，というように，厚さの増加に伴って炭化速度は低下する．

（2）　木材の防耐火性と設計上の配慮

木材は可燃性材料であるため，建築物に使用するときには，用途や使用部位に応じた防耐火上の制限に対して特別の配慮が必要となる．

建築材料においては，5.7.3に後述されるように，不燃材料，準不燃材料，難燃材料が規定されており，木材に薬剤処理などを施しこれらの性能を付与したものがある．木材の難燃処理材としては，薬剤によって脱水炭化を促す（リン酸系），あるいは不燃性ガスを発生させる（アンモニウム系）原理による薬剤を加圧注入処理したものが流通している．また，防火塗料には塗膜自身が燃焼しにくく，かつ内部への熱伝導を抑えるものと，加熱により発泡して炎，熱，酸素の供給を抑えるものがある．また木材の炭化速度は遅く，安定しており，とくに断面の大きい材では材表面からの火炎は出るが，断面減少速度はかなり遅く，建築物の倒壊に要する時間はきわめて長いため，大断面木造では，出火はしても構造体の倒壊を遅らせる設計が可能である．これらは木材固有の物理的性質，すなわち，1) 比熱が高い，2) 熱伝導率が低い，3) 熱膨張が小さいので加熱による内部応力の発生が少なく，割れや変形が起こりにくい，4) 表面の炭化層によって酸素の供給と熱の伝達を阻止できる，などによる．

燃え代設計は，火災時に所定の時間が経過しても構造耐力が確保できるようにあらかじめその時間で燃焼する寸法を上乗せしておく防火措置であり，準耐火構造に適用することができる．耐火構造においても，定められた試験法により必要な耐火性能を有していることを確認したうえで認定を取得すれば，木材を使用することも可能である．

参考文献

1) 斎藤文春・長谷見雄二・菅原信一：図説 木造建築事典 基礎編，pp. 208-227，学芸出版社，1995 年
2) 石原茂久：木材活用事典，pp. 87-91，産業調査会，1994 年
3) 林知行：ここまで変わった木材・木造建築，丸善ライブラリー，2003 年
4) 藤田稔：すばらしい木の世界（日本木材学会編），海青社，1995 年
5) 朱建軍ら：木材学会誌，**49**(2)，2003 年
6) U. S. Forest Products Laboratory：Wood Handbook, 314，1955 年
7) 飯島泰男ら：富山県木材試験場報告，63 号，1985 年
8) 澤田稔：材料，**32**，p. 838，1983 年
9) 小原二郎：木材工学（満久崇麿編），養賢堂，p. 314，1961 年
10) 飯島泰男ほか：スギ材の材質変化に及ぼす乾燥条件の影響（Ⅱ），木材学会要旨集，PF02，2003 年
11) 高橋旨象：キノコと木材，築地書院，1989 年

3.5 その他の構造材料

3.5.1 概　説

　コンクリート，鉄鋼材料および木材・木質材料は，それ自体が構造体として使用されるが，その他の構造材料には，それ自体が構造体であるものまたは構造体の構成要素として使用されるものと，構造体を形成するための補助材料として使用されるものに分類できる．その分類を表 3.5.1 に示す．

3.5.2 鋼　線

　鋼線は，炭素量 0.5～0.9% の高炭素鋼で製造され，鋼線（素線）の集合体またはより線の形態で，膜構造，張弦構造，プレストレストコンクリート構造などの緊張材として使用される．また，最近では，大型のガラス質面材料を緊張して外壁を形成する構造手法が用いられるようになり，そのような構造形態における緊張材としても多用されている．なお，プレストレストコンクリート

表 3.5.1　その他の構造材料の分類

分類	材料名	用途
それ自体が構造体または構造体の構成要素として使用される材料	鋼線	膜構造，張弦構造，プレストレストコンクリート構造などの緊張材
	アルミニウム	構造部材
	連続繊維	コンクリート用補強材 鉄筋コンクリート構造物の補強材
	連続繊維補強材	コンクリート用補強材 膜構造，張弦構造，プレストレストコンクリート構造などの緊張材
	膜構造材料	膜構造
構造体形成の補助材料として使用される材料	防振・制振・免震材料	構造物の支持
	構造用接着剤	SSG工法における構造接着，RC構造物のひび割れ注入材
	構造用接合材料	鋼構造部材の接合，木質構造部の接合

の緊張材として使用されるものは，特にPC鋼線と称される．鋼線の引張強度は1,520～2,110 MPa程度であり，構造用鋼材の強度に比べて相当に大きな値である．

3.5.3　アルミニウム

非鉄金属材料としてのアルミニウムは，融点が低く（660°C），耐アルカリ性に劣るなどの性質を有するが，密度が2,690 kg/m^{3}と軽量であることから，軽量構造材料として使用されるようになった．日本建築学会では，アルミニウムを使用する構造物の設計施工規準をまとめている[1]．アルミニウムの詳細については，4.3.4項で述べる．

3.5.4　連続繊維

連続繊維とは，「メートル単位で表される程度に連続した非常に長い繊維」と定義されている[2]．上述した鋼線も連続繊維の一種であるが，一般には，炭

素繊維，アラミド繊維，ガラス繊維などの非金属性の繊維の総称である．これらの繊維材料は，鋼線に比べて軽量で耐食性に優れることから，繊維は，フィラメントのままやそれを集束剤で束ねたストランドとして，あるいは，シート状またはメッシュ状に加工して，コンクリートの補強材や鉄筋コンクリート構造物の補強材料として使用される．コンクリートの補強材として使用する場合には，コンクリート部材の製造時に型枠内に長繊維を配置して，コンクリートが打設される．一方，鉄筋コンクリート構造物の補強材としての使用は，特に劣化構造物の補強を目的とするもので，ストランド，シートまたはメッシュをコンクリート部材に巻き付けるか張り付けたのち，エポキシ樹脂やアクリル樹脂で接着して用いられる．そのため，これらの樹脂が硬化したあとは，繊維強化プラスチック（FRP）の形態となる．

建築分野で使用される炭素繊維には，石油または石炭ピッチを原料とする

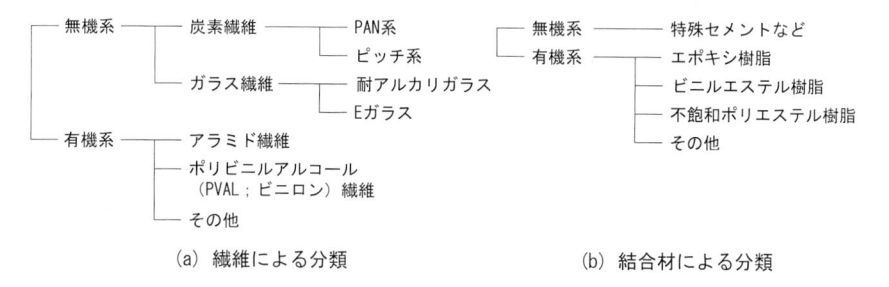

図 3.5.1　連続繊維補強材の繊維および結合材による分類[2]

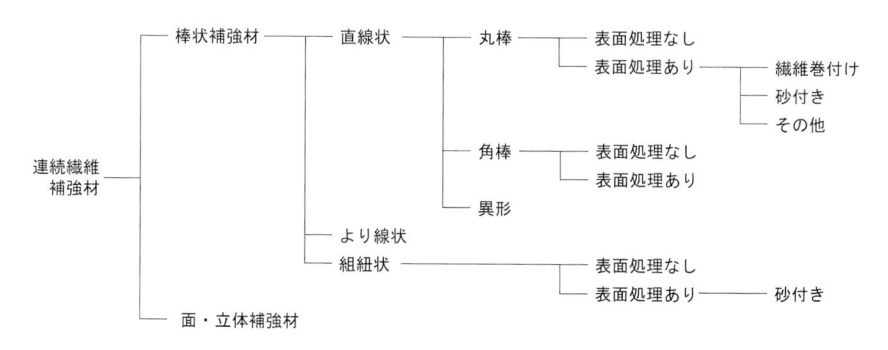

図 3.5.2　連続繊維補強材の形状による分類[2]

ピッチ系とポリアクリロニトリル（PAN）を原料とするPAN系があり，一般には，PAN系炭素繊維が多用されるが，コンクリート補強用としては，低価格なピッチ系炭素繊維が用いられている．ピッチ系炭素繊維の高強度・高弾性のものは，ヤング係数が相当に高いものまで製造できる特徴を有している．

アラミド繊維は，芳香族ポリアミド繊維として，1972年にアメリカで開発されたもので，その後わが国においても，共重合芳香族ポリアミド繊維が開発されている．アラミド繊維は，炭素繊維に比べて伸びが大きく，化学抵抗性に優れた性質を有するが，紫外線による強度低下を生じやすい．

ガラス繊維には，Eガラスと耐アルカリガラスを原料とするものがあり，コンクリートの補強用としては，耐アルカリガラス繊維が用いられる．ガラス繊維の引張強度および伸びはアラミド繊維と同等であるが，低価格である．

3.5.5 連続繊維補強材

連続繊維を結合して，特にコンクリートの補強材として使用する材料を連続繊維補強材という（6.2.3参照）．連続繊維補強材は，繊維，結合材および形状によって，図3.5.1および図3.5.2のように分類される．有機系結合材で結合したものは，繊維補強プラスチック（FRP）である．

連続繊維補強材は，鋼製補強材に比べて軽量で耐食性に優れる特徴があるが，利用にあたっては力学的性質の温度依存性などについて考慮する必要がある．

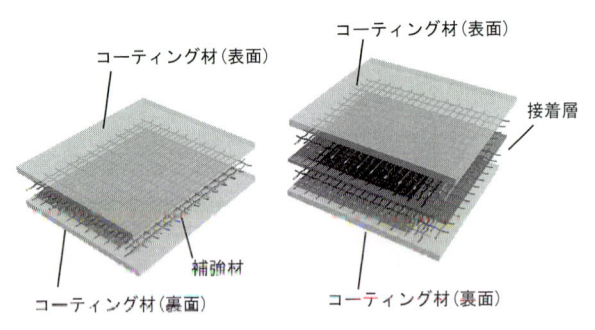

図3.5.3　補強膜材料の構成[3]

3.5 その他の構造材料　**169**

表3.5.2　補強膜材料の種類[4]

補強材料	コーティング材料
綿繊維 ポリアミド系合成繊維（ナイロン） ポリエステル系合成繊維（テトロン） ポリビニルアルコール系合成繊維 （PVAL；ビニロン） ガラス繊維（径3μ, 5μ, 6μ）	ポリ塩化ビニル クロロプレンゴム（ネオプレン） クロロスルホン化ポリエチレン（ハイパロン） ブチルゴム ポリテトラフルオロエチレン（テフロン）

3.5.6　膜構造材料

　膜構造物には，空気膜構造，膜構造材料自体が形を作るように膜を緊張して形成する構造，構造骨組みに膜を取り付けた構造のものがある．膜構造物に使用される膜材料は，図3.5.3に示すように，補強材料に合成樹脂をコーティングしたものであり，その使用時の緊張力に耐えられる引張強度を有する補強膜材料である．膜構造の考え方は古くからあるが，引張特性に優れた補強材料と耐候性，耐汚染性，不燃材に準ずるようなコーティング材が開発されたことにより実現されたものである．表3.5.2に，補強膜材料の種類を示す．ポリ塩化ビニルやクロロスルホン化ポリエチレンなどでコーティングした補強膜材料は，半透明で透光性にも優れている．なお，剛性の高い補強膜材料の施工にあたっては，施工時に屈曲を生じないような配慮が必要である．また，防水性や気密性を得るために，補強膜材料のジョイント部および固定部の処理を入念に行う必要がある．

3.5.7　防振・制振・免震材料

　振動源から発される振動のエネルギーを可能なかぎり遮断し，振動を防ぐことを防振，振動を自動的に感知し，それを低減させるために人為的に制御することを制振，建築物の基礎部分などに積層ゴムあるいは滑り支承などを入れて地

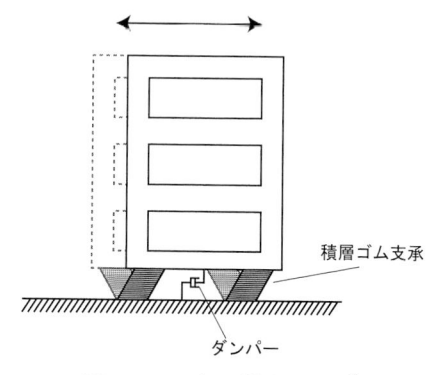

図3.5.4　免震構造の建物[3]

震による揺れの強さを抑えることを免震という．これらの目的に使用される材料が防振，制振および免震材料である．防振材料には，防振ゴム，金属ばね，空気ばね，高密度の多孔質材料などが用いられ，制振材料としては，弾塑性ダンパー，粘性体ダンパー，オイルダンパーなどが用いられる．一方，構造材料という観点から，構造体の骨組みを成して機能する材料が免震材料である．免震構造の建築物の原理を図3.5.4に示す．免震材料としての積層ゴム（図6.4.1参照）は，耐久性に優れたネオプレンと薄い鋼板を積層したもので，建築物の自重を支えながら，地震力による水平方向の揺れを抑える機能をもっている．

3.5.8 構造用接合材料

接合には，溶接，ボルト接合，釘打ちなどがあり，それぞれ溶接材料，ボルト，ナット，釘がそれらの接合に用いられる材料である．また，コンクリート下地への接合材料としてのあと施工アンカー，金属下地への接合材料，ボードやパネルの接合材料，れんがや石材の接合材料がある．これらの接合材料のうち，構造体形成の補助材料として使用される材料を，構造用接合材料として分類することができる．その使用にあたっては，構造体の主材料で構成される構造部材の力学的性能に見合ったものを選択する必要がある．

参考文献

1) 日本建築学会：アルミニウム合金建築構造設計施工規準案・同解説，1973年
2) 土木学会：連続繊維補強材のコンクリート構造物への適用，コンクリートライブラリー，第72号，1992年
3) 日本建築学会：建築材料用教材，1998年
4) 石井一夫：膜構造建築の材料と工法，建築の技術・施工，彰国社，1985年

第4章
仕上材料

4.1 概　説

　仕上材料は，通常，構造材料の表面を覆い，建築物などの耐久性，防・耐火性，防水性，断熱性，音響特性などの諸性質を改善・調整する機能を有することはもちろん，これらの特性とあわせて，素材のもつ色彩，質感，香り，触感などの五感情報を加味し，建築物内外の設計意図を表現する重要な手段として用いられる．仕上材料には，コンクリート，モルタル，木材，プラスチック・ゴム，石材，セラミックス，金属などがあるが，建築物への適用方法は，各材料の性質をふまえた上で，各設計者の建築観により多様で独自性が強い．
　一般的に，仕上材料は建築物の外部に使用される外装材料と内部に使用される内装材料に分類され，両者とも建築物への適用に際しては，防災上の視点から建築物の立地や構造規模により，建築基準法などの法規制がある．後者の内装材料については，材料そのものから放散される室内空気汚染物質や，喫煙などの生活習慣により放出されて室内仕上材料に吸着されたのちに再放散される室内空気汚染物質などに対して，居住者の健康が保持できるよう考慮する必要がある．加えて国などの機関は，環境負荷の低減に資するための環境省告示に

より，インテリア材料（カーテン，カーペット），陶磁器質タイル，パーティクルボード，繊維板，木質系セメント板などについては，再生材料を一定率以上使用した製品の調達を推進することとしている．その他，比較的質量の大きい仕上材料と下地材料などとの緊結部の強度不足に伴う落下防止の観点から，接合材料の選定も重要視されている．

さらに，仕上材料は，何らかの方法で構造躯体に取り付けられるが，下地の良否により発揮できる性能が左右されることが一般的なので，下地を十分吟味することが必要不可欠となる．

4.2　木質系仕上材料

4.2.1　木質系仕上材料の概要

木材および木質系材料の構造用材料としての特徴は，3.4節に詳述したが，これら木質系材料は，仕上材料・非構造材料（従来より，木造においては建築物の主要な骨組み以外に用いられる非構造材を造作材というので，以降では，造作用材料という）としても重要なものである．使用部位を特定したJAS規格には，「フローリング」，「造作用集成材」および「針葉樹の造作用製材」があるが，表3.4.2 (p.135) に示した「構造用」を含むすべての材を造作用として用いてもなんら支障はない．なお広葉樹製材に関しては，造作用または家具用としての使用を意識しているため，針葉樹のような「構造用」，「造作用」，「下地用」といった用途区分は行われていない．

4.2.2　仕上材料として用いられる木質系材料

造作用材料としてひんぱんに用いられるものには，一般製材のほか集成材，単板積層材，合板および各種ボード類などがある．造作用の集成材および単板積層材は，軸材料として階段の手すり，カウンター，壁材やパネルの心材，長押，敷居，鴨居，上りかまち，床板などに用いられる．集成材の表面に薄い化粧単板を張り付けた「化粧ばり造作用集成材」の利用例も多い．

合板および各種ボード類は，製材や集成材では得られない大きな寸法の面材

料をつくることができる．また，厚さも一般用としては2.7〜21 mmのものを選ぶことができるため，造作用としてきわめて広範囲に用いられている．合板には，無化粧のまま一般用途に用いられる「普通合板」と，これの表面に天然木薄板または各種樹脂の接着，図柄印刷，塗装などを施した「化粧合板」がある．普通合板などに難燃処理および防炎処理を行ったものがある．使用樹種，接着力などによる分類，寸法規格は非常に多く，用途に合わせた選択が重要である．

床材用として「フローリング」の規格が特別に定められているのは，ほかの造作材と異なり，荷重を支える強度も重要な要素になるからである．規格では表4.2.1のように形状，基材の種類，表面化粧の状態などによって多くの分類

表 4.2.1　フローリングの定義　[JASに基づいて作成]

区分	定義	種類	定義
単層フローリング	構成層が1のフローリング（基材の表面に厚さ1.2 mm未満の単板を張り合わせて化粧加工を施したものを含む）をいう	フローリングボード	1枚の板（ひき板または単板を縦接合したものおよび構成層が1の集成材を含む）を基材とした単層フローリング
		フローリングブロック	ひき板，単板または構成層が1の集成材を2枚以上並べて接着（縦接合を除く）したものを基材とした単層フローリングであって，素地床の上のみに張り込むのに適当な強度を有するもの
		モザイクパーケット	ひき板または単板の小辺（最長辺が22.5 cm以下のものに限る．以下「ピース」という）を2個以上並べて紙などを使用して組み合わせたものを基材とした単層フローリングであって，素地床の上のみに張り込むのに適当な強度を有するもの
複合フローリング	単層フローリング以外のフローリングをいう	複合1種フローリング	合板のみを基材とした複合フローリング
		複合2種フローリング	集成材または単板積層材のみを基材とした複合フローリング
		複合3種フローリング	複合1種フローリングおよび複合2種フローリング以外の複合フローリング

を設けているほか，縦継ぎ部の強度や曲げ試験（複合フローリングのみ）も義務づけている．

4.2.3 改質処理木材

仕上材料として用いられる木質系材料については，その用途における性能を向上させたり，後述する使用上の問題に対処するため，改質処理された木質系材料がある．

床材など，表面に硬さが必要とされる場合には，圧密処理した木材や合成樹脂を含浸させた木材（Wood-Plastics Composite：WPC）を用いることがある．圧密処理は，木材を高含水率状態で熱軟化させ，圧力を加えることにより細胞内腔を押しつぶし，固定するものである．WPCは，細胞内腔に低分子量の合成樹脂を含浸させたのち，それを重合させ細胞内腔を埋めたものである．

水回りや湿度変化の激しい部分に用いる場合は，木材の吸放湿に伴う寸法変化が問題となる場合もある．このような場合，ポリエチレングリコールやフェノール樹脂などを木材内部に含浸して木材繊維を膨れた状態で固定したり，木材中のヒドロキシル基を化学的に減らして水分による膨張を抑制したりする．アセチル化処理は，木材中のヒドロキシル基と酢酸を化学結合させ寸法安定化を図った処理であり，耐水性，耐朽性，耐蟻（ぎ）性なども改善するため，風呂おけや浴室内装，あるいは屋外のデッキ材料などで利用されている．

木材を内装に用いる際に考慮すべきことが，防火上の内装制限である．これに対処するために，難燃処理された木質建材も多数製品化されており，建築基準法施行令に規定される難燃材料のみならず，準不燃材料に適合する製品も販売されている．難燃化の方法については，3.4.8項で述べたとおりである．

4.2.4 使用上の注意点
（1） 含水率

木質系材料を造作用として用いるとき，最も注意しなければならないのは，使用材料の含水率である．木材の含水率については3.4.4項で述べたが，とくに空調が設備されている室内空間では，外気に比べて平衡含水率がかなり下がりがちであり，含水率が10％を下回ることもある．JASでは，表4.2.2に示

表 4.2.2 造作材の含水率基準 [JASに基づいて作成]

区分			含水率基準
製材	針葉樹の造作用製材	仕上材・未仕上材	15 または 18 %以下
	広葉樹		10 または 13 %以下
集成材			15 %以下
合板・単板積層材			14 %以下
フローリング	単層フローリング	天然乾燥材 針葉樹	20 %以下
		広葉樹	17 %以下
		人工乾燥材 針葉樹	13 %以下
		広葉樹	13 %以下
	複合フローリング		14 %以下

すように,出荷時含水率が規格に盛り込まれているが,十分に乾燥していない,あるいは何らかの事情で水分を吸収した材料を用いたときには,施工後,木材の収縮によってそりなどの狂い,割れ,すき間の発生が起こる可能性が高い.また,条件によっては,かびなどの発生につながるおそれがある.逆に,含水率が異常に低い材を使用したときには,施工後に材が膨潤し,瑕疵(かし)の対象になることもある.また,木材の大きな特徴である「調湿性」および「接触温冷感などの熱的性質」も含水率と関係があり,高含水率材では性能が発揮されない.

(2) 木質材料の接着耐久性区分

木質材料は,造作用と構造用が同じような外観・形状であることが多いが,強度や接着耐久性の面で品質保証の内容が異なるので注意を要する.合板は,接着の程度によって,特類(屋外または常時湿潤状態で使用),1類(断続的湿潤状態で使用)および2類(ときどき湿潤状態で使用)に分類されるが,普通合板,天然木化粧合板および特殊加工化粧合板には,1類または2類の基準を設けている.また,集成材,単板積層材およびフローリングの規格では,各等級とも浸漬はく離試験によって合板の1類基準に相当の接着力を保証している.

(3) 木材の香りとVOC問題

木材の香り成分は,α-ピネンやリモネンなどの精油であるが,これには消臭,

防ダニ，殺虫，防カビ，抗菌などの作用がある．また，気分をそう快にし，ストレスによる精神的発汗を抑え，脈拍数を安定させ，疲労を軽減させる作用があることが実験的にも証明されている．しかし，過度の香り成分は，人によってはむしろ害になることもある．針葉樹の木材からピネンなどのテルペン化合物が放散し，この物質にアレルギー症状を示す人がいるという．また，一部の広葉樹からは，酢酸，メタノール，アセトアルデヒド，ヘキサナールやペンタナールなどの様々な低分子有機化合物の放散が検出されている．

一方，木質材料では接着剤が多く使われているが，その種類によってはホルムアルデヒドを硬化剤として用いており，未反応のホルムアルデヒドが放散される場合がある．第7章で詳しく解説するが，種々の揮発性の有機物質を総称してVOC（Volatile Organic Compound：揮発性有機化合物）と呼んでいる．VOCは，いわゆるシック・ハウスなどの問題を引き起こす原因であり，VOC問題を契機に，内装仕上げにおけるホルムアルデヒド発散建築材料の使用を制限する建築基準法改正が行われた．この改正により，木質材料においても，ホルムアルデヒドを含まないイソシアネート系接着剤を用いたり，反応を十分に促進させてホルムアルデヒドの放散量を低減するなどの対策が取られている．

4.3 仕上用金属材料（鋼，銅，アルミニウムおよびステンレス鋼）

4.3.1 仕上用金属材料の概要

金属薄板は切断や曲げ加工が容易で，様々なファスナーあるいは溶接，ろう付けなどによって比較的簡単に接合できるため，仕上材料として使われる機会が多い．たとえば，外装材料として，塗装溶融亜鉛めっき鋼板，ステンレス鋼薄板，チタン薄板などの屋根，壁サイディング材料，アルミニウムの鋳物，引抜材料によるカーテンウォール，サッシなどがあげられる．最近では，ステンレス鋼薄板による現場溶接シート防水が新しい防水方法として用いられる例が増えてきた．内装でも，可動間仕切表面材料，天井材料，柱などの表面化粧材料に，塗装溶融亜鉛めっき鋼板やステンレス鋼板が使用されている．また，伝統的建築物の屋根には銅板が用いられる例がある．建具金物やファスナー類に

はステンレス鋼，めっきされた鋼材や銅，アルミニウムなどが使用されている．

これらの金属材料のうち代表的なものとしては，めっき鋼板，塗装溶融亜鉛めっき鋼板，ステンレス鋼板，アルミニウム合金，銅合金などがある．

4.3.2 溶融亜鉛めっき鋼板

仕上材料として使用される鋼板は，工場であらかじめ焼付け塗装がなされた塗装溶融亜鉛めっき鋼板（JIS G 3312 参照）がほとんどで，現場で溶融亜鉛めっき鋼板に塗装をすることはほとんどなくなった．仕上材料として用いられる鉄板は，通常 0.3 mm から 1.2 mm 程度であるので，心鉄板には冷間圧延鋼板が使用される．めっきにはいわゆるドブ漬けの溶融亜鉛めっきが施され，ほとんどアルミニウムを含まないもの，5% のアルミニウムを含むもの，55% のアルミニウムを含むものがあり，それぞれ JIS 規格品として販売されている．耐食性は，アルミニウムを多く含むものが高いが，コストも高くなる．めっき層が消耗した時点で心鉄板がさび始めるため，めっき付着量の多いものが耐食性は高くなる．JIS G 3302 では，亜鉛の付着量として Z08（両面で 80 g/m^2）から Z60（両面で 600 g/m^2）までの目付量が規定されているが，屋根壁用の市販溶融亜鉛めっき鋼板では，Z18（両面で 180 g/m^2）～Z27（両面で 275 g/m^2）のものが多い．また，屋根用として人気の高い 55% アルミニウム-亜鉛めっき鋼板のめっき付着量は，AZ150（両面で 150 g/m^2）程度のものが使用されている．

工場で塗装される仕様としては，ポリエステル系樹脂の焼付け塗装，その中にガラス繊維を分散させて強化したもの，ビニル樹脂の塗装をしたものや薄い膜を積層したもの，フッ素樹脂の焼付り塗装をしたものが市販されている．耐食性は後者ほど高くなる．また，工場塗装時のピンホールなどの欠陥以外でも，波付け加工時の傷，折曲げ部の曲率半径などによって耐食性に大きな差が出るので，施工時やディテールの設計にも注意を要する．

4.3.3 ステンレス鋼板

普通鋼にクロム（Cr），ニッケル（Ni），バナジウム（V），モリブデン（Mo）などの合金元素を添加した鋼は表面に不動態被膜を作り，普通鋼に比べて空気中，水中での耐久性が高いので，ステンレス鋼と呼ばれる．使用される範囲は

徐々に増え，最近では，流し台，建築金物から，装飾用カバー，サッシ，構造部材などにいたるまで幅広く使用されるようになってきた．建築で通常使用されるステンレス鋼の材質は，以下に示す SUS 430，SUS 304 および SUS 316 の3種類で，それ以外のものはほとんど使用されない．耐食性は後者ほど高いが，最も普通に使用されているのは SUS 304 である．

1) SUS 430：Cr を 18% 前後含むので，18 クロム鋼とも呼ばれ，組織はフェライトであり，磁性を示す．耐食性は劣っているが，室内用途として用いられることが多い．

2) SUS 304：Cr を 18%，Ni を 8% 前後含むので，18-8 ステンレスとも呼ばれ，組織はオーステナイトであり，磁性を示さない．屋外でも十分な耐食性を示すため，最も多く使用される．

3) SUS 316：Cr を 18%，Ni を 12%，Mo を 2% 含み，組織はオーステナイトであり，磁性を示さない．耐食性が最も高い高級ステンレスであり，特別に耐食性を要求される部位に使用される．

いずれも通常の状況ではほとんどさびないが，酸化鉄が付着した場合は，「もらいさび」と称し，その部分からさびやすい．また，飛来塩分などの塩化物が付着した場合は，不動態被膜が破壊されてさびやすい．美観を保つためには，表面に透明な塗装を行うか，定期的な清掃などが必要であるゆえんである．最近では，表面の反射光を抑えたり，耐食性を高めるために塗装して用いる場合も多くなってきたが，最も一般的な使用方法は，素地のままで使用することであろう．素地の表面は，圧延されたままのものでは，ブライト仕上げ（2B 仕上げ）のほかに梨地のロールで細かな凹凸を付けたもの（2D 仕上げ）がある．圧延後に研磨仕上げも行われ，砥粒の粒度によって様々な凹凸を付けたり，バフ研磨によって光輝仕上げ（鏡面に近い仕上げ），鏡面仕上げも行われる．また，砥粒によって連続的な多数の平行線をつけたヘアライン仕上げもある．

特別な仕上げとしては，表面を化学処理して発色させた発色ステンレス鋼板もあるほか，表面を部分的にエッチングしたり，エンボスを付けることも行われる．なお，熱伝導率が鉄よりも小さくなっており，熱膨張率が鉄の 1.5 倍程度あるので，溶接する場合には熱変形が大きい点に注意を要する．

4.3.4 アルミニウム合金
(1) 基本的性質
　アルミニウム合金は，鉄鋼に次いで重要な金属であり，サッシのほとんどがアルミニウム合金であるほか，鋳造品としてもカーテンウォールなどの大型部材やダイキャストされる建具金物など，幅広く使用されている．純アルミニウムの密度と弾性率は，鉄鋼の1/3であるが，合金にすることにより鉄鋼以上の強度にすることができる．ただし，100°Cを超えると軟化を始め，600°Cでは溶融してしまうので，耐火性はまったくない．特に注意を要するのは，鉄などほかの金属に接触すると電食を起こしやすいことである．

(2) 種類
　アルミニウム合金のうち，建築で使用されるのは，強度は低いが耐久性の高い材料としてA1000番台の純アルミニウム，鋳造性を高めるためにSiを含有したA4000番台のAl-Si系の合金と，強度の高い引抜部材としてサッシに使用されるA6000番台のAl-Si-Mg系合金がほとんどである．

(3) 酸化被膜
　純アルミニウムは酸化しやすく，空気中では直ちに酸化アルミニウムの被膜ができるが，これは，耐水，耐熱，耐久性の高い強固な不動態被膜である．このため，中性雰囲気でこの酸化被膜が損傷しないかぎり，耐久性は高い．しかし，塩分，酸，アルカリには弱く，海岸地方，工場地帯，モルタル，コンクリートとの接触面などで腐食することはよくある．純アルミニウムに近いほど耐久性が高い．通常の部材では，アルマイトと称し，耐食性を向上させるために積極的に陽極酸化被膜を付けることが行われる．硫酸，シュウ酸，クロム酸などの溶液中でアノード側にアルミニウム部材を置き，電解することでアルマイト被膜が得られる．また，このアルマイト層は表面に微細孔をもっており，あとで高温の蒸気によってこの孔をふさぐことができるので，染料を孔の内部に吸着させて，着色させることができる．この方法を電解着色という．また，電解発色と称して，電解液にほかの金属元素を入れ，電解時間を調整することで染料を用いないで発色させることもある．さらに，サッシなどでは，アルマイト加工の上にアクリル系塗装を行うこともある．

4.3.5 銅および銅合金

銅は，古くから建築で使用されている仕上材料ならびに建築金物材料である．ヤング係数が鉄の 60％ 程度と柔らかく，融点も 1,000°C 程度であり加工しやすい．また，耐久性は鉄よりも優れている．銅板として屋根などに使用する場合は，純銅が使用される．乾燥空気中では腐食しないが，高湿度下では徐々に腐食し，緑色の塩基性酸化銅の被膜が生じる．これは緑青（ろくしょう）と呼ばれ，その独特の色調が好まれている．最近では，最初から化学的な処理を施して緑青を生じさせた銅板もある．

装飾金物や建築金物に多い金属に，銅と亜鉛の合金（黄銅）や銅とスズの合金（青銅）がある．黄銅は，真鍮（しんちゅう）とも呼ばれ，亜鉛の含有量が 10～50％ と増えるにつれて，赤色から橙色，金色と変化していくが，耐食性は低下する．鋳造以外に圧延も可能であるため，様々な部分で使用されている．一方，青銅は，ブロンズとも呼ばれ，スズを 4～12％ 含んでいる．青銅は，その美術的色調が好まれるが，鋳造以外では成形が困難なため，装飾品，美術品に多い．配管連結部品や建築金物に砲金が使用されることもあるが，これは銅と 10％ のスズおよび亜鉛，鉛の合金である．

4.4 セメント系仕上材料

4.4.1 石灰・せっこう系材料

石灰およびせっこう系仕上材料には，石灰，ドロマイトプラスターおよびせっこうがあり，従来から左官用材料として用いられてきた．

（1）石灰

石灰岩（$CaCO_3$）を 900～1,200°C でか焼して生石灰（CaO）を生成し，これに加水（この操作を消化と呼ぶ）して消石灰 $[Ca(OH)_2]$ を製造する．左官用しっくいの主材料として用いられる消石灰は，水を加えて練り混ぜたあと，水分が蒸発して二酸化炭素と反応して硬化する．

左官用消石灰の品質は，JIS A 6902（左官用消石灰）に規定されている．消石灰を左官用として用いる場合には，作業性の改善を目的に，つのまたやふの

りなどの天然高分子，メチルセルロース，ポリビニルアルコール，セメント混和用ポリマーディスパージョンなどの合成高分子系のりを添加して用いる．乾燥収縮によるひび割れ防止を目的に，補強材として麻すさやわらすさなどの繊維質材料を用いる．消石灰，のりおよび繊維材料の混合物をしっくいという．消石灰の代わりに貝灰を用いることもあり，のりの添加量が少なくてすみ，ひび割れしにくい特長がある．また，消石灰と粘土にすさを加えた塗壁を大津壁と称する．さらに，消石灰は，せっこうプラスターや建築用仕上塗材などの原料としても使用される．

（2）ドロマイトプラスター

ドロマイト［苦灰石（くかいせき）または白雲石；$CaCO_3 \cdot Mg(OH)_2$］を900～1,200°Cでか焼してから消化して，ドロマイトプラスター［$Ca(OH)_2 \cdot Mg(OH)_2$］を製造する．ドロマイトプラスターは，消石灰と同様に，二酸化炭素と反応して硬化する．ドロマイトプラスターは，粘性が高く，作業性が良いので，のりが不要であることが特長である．すさを混入しても大きな収縮ひび割れが発生しやすいため，施工にあたっては入念なこて押さえを行い，ひび割れを分散させる必要がある．ドロマイトプラスターの品質は，JIS A 6903（ドロマイトプラスター）に規定されている．ドロマイトプラスターは，せっこうプラスターや仕上塗材などの原料としても用いられる．

（3）せっこう

せっこうの化学成分は，硫酸カルシウムであり，結晶水の形態によって，二水せっこう（$CaSO_4 \cdot 2H_2O$），半水せっこう（$CaSO_4 \cdot 1/2H_2O$：焼せっこうとも呼ぶ）および無水せっこう（$CaSO_4$）に大別される．これらは，二水せっこうである天然せっこうあるいは産業副産物としての化学せっこうを原料として，熱処理して製造される．わが国では，天然せっこうの産出量が少ないことから，化学せっこうの利用が多い．

二水せっこうは，水を加えても硬化しないが，半水せっこうおよび無水せっこうは，加水によって水和反応を起こし，硬化する．建築用としては，半水せっこうを原料とするものが大半を占め，せっこうプラスターとせっこうボード製品の形で利用される．

せっこうプラスターは，焼きせっこうを主原料とし，必要に応じて混和材料，

増粘剤，凝結遅延剤などを混入した粉状の塗壁材料である．その種類および品質は，JIS A 6904（せっこうプラスター）に規定されており，「現場調合プラスター下塗り用」，「既調合プラスター上塗り用および下塗り用」に分類される．混和材料としては，消石灰，ドロマイトプラスター，粘土などが使用される．せっこうプラスターは，水和反応で硬化するため，石灰やドロマイトプラスターに比べて強度が高く，収縮が小さいため，ひび割れ発生が少ない．また，硬化が早く工期が短いという特長を有している．仕上材料として用いられるほか，塗装下地などにも使用される．

せっこうボードは，半水せっこうに空気泡，軽量骨材などを混合して水で練ったスラリーを，2枚の厚紙の間に流し込んで乾燥した製品であり，軽量で寸法安定性が良く，施工が容易で，防火性，断熱性，吸音性などに優れ，しかも安価な仕上材料である．せっこうボードの品質は，JIS A 6901（せっこうボード製品）およびJIS A 6301（吸音材料）に規定されている．

4.4.2　コンクリート・モルタル系材料

非構造材料としてのセメントコンクリートおよびその製品としては，非構造部分に現場打ちコンクリート，カーテンウォールに用いられるプレキャストコンクリートパネルなどがあるが，外壁として使用する場合には，塗料や仕上塗材などの塗装や，タイル仕上げなどが施される．また，現場打ち打放しコンクリートやプレキャストコンクリートパネルで，その表面を露出している状態のものは，仕上げの一種としてとらえることができる．しかし，微視的には，コンクリートは多孔質材料であることから，防水性や汚れ防止を目的に，塗布含浸材で処理されることも多い．そのような目的で使用される塗布含浸材は，それを施工してもコンクリート表面に被膜を形成しないため，コンクリートの外観に変化を与えない特徴を有している．

セメントモルタルは，セメント系材料の代表的な仕上材料であり，構造形式にかかわらず，左官用モルタルとして，床仕上げ，内外装仕上げやそれらの下地に使用される．近年では，左官用モルタルであっても，ポリマーセメントモルタルが使用されることが多い．ポリマーセメントモルタルとは，結合材にセメントとセメント混和用ポリマー（またはポリマー混和剤）を用いたモルタル

である．ポリマーセメントモルタルの詳細は，「6.2.4（1）ポリマーセメントコンクリート」に後述する．

4.4.3 ALC

ALC（autoclaved lightweight concrete）は，高温高圧蒸気養生コンクリートであり，非構造材料としては，軽量気泡コンクリートパネルとしての板状製品の形で，外壁用，間仕切壁用，屋根用および床用パネルとして使用される．外壁用パネルの場合には，仕上塗材による仕上げやタイル仕上げを施したものが多い．ALC の種類，品質，試験などについては，JIS A 5416［軽量気泡コンクリートパネル（ALC パネル）］に規定されている．

4.4.4 セメント系ボード類

セメント系ボード類は，その種類と品質がそれぞれの JIS に規定されている．セメント系ボード類は，かさ密度が小さく，取り扱いやすい材料であり，加工性，防火性などに優れ，非構造材料としては，最も多く使用されている材料の一種である．

4.5 石　材

4.5.1 石材の概要

石材は，天然材料の一種で，比較的優れた耐久性，耐摩耗性，耐水性，不燃性および退色しない色調，磨きから粗面にいたる表面仕上げおよび装飾加工による美的価値の付与などを通じ，今日まで建築材料として広く使用されてきた．これまでの使用実績が多い石材は，花こう岩，大理石，砂岩のほか，石灰岩，安山岩，凝灰岩，粘板岩（天然スレート），蛇紋岩，抗火石などである．石材の品質は，JIS A 5003（石材）で，寸法・そり・き裂・むら・くされ・欠け・へこみなどについて規定され，その程度により 1 等品，2 等品，3 等品に区分され，使用部位などにより設計のつど選択される．現在，花こう岩，大理石，砂岩などは，各国からの輸入も多い．また，花こう岩，大理石，石灰岩および

蛇紋岩の砕石は，人造石（テラゾー：JIS A 5411）の種石（たねいし）としても用いられる．一方，石材は仕上材料として用いられる場合が多く，単位質量が大きく，脱落防止の観点から躯体との接合工法・材料の選択はきわめて重要である．さらに，完成後の裏込め取付けモルタルからの石材表面への白華やぬれ色防止のための石裏面処理剤および目地周辺部汚染防止を考慮したシーリング材の選定も十分な配慮が必要である．表 4.5.1 には，主要な石材の種類と特徴を示す．

4.5.2 天然石材
（1） 性質

天然石材は，JIS A 5003 において，1) 硬石（花こう岩，安山岩，大理石など），2) 準硬石（軟質安山岩，硬質砂岩など），3) 軟石（砂岩，凝灰岩など）に分類されている[1]．

耐火性については，火成岩に属する花こう岩では，おおむね 500°C 以上の高温域で圧縮強度を失う．しかし，同属の安山岩や抗火石は，通常の火災温度程度までは常温での圧縮強度からの強度低下は少ない．また，堆積岩に属する大谷石（凝灰岩）も抗火石同様の傾向を示す．変成岩に属する大理石は，加熱温度の上昇に伴い，急激に強度を低下させ（500°C でおおむね 1/2），蛇紋岩はおおむね 600°C 以上で強度を失う．

耐久性については，雨水や酸により，$CaCO_3$ をおもな組成分とする大理石，石灰岩などは劣化し，浸食作用を受けるとともに色調が変化するため，屋外の雨がかり部などに使用されることは少ない．また，砂岩も汚れやすく，風化しやすい．一般的に，火成岩に属する花こう岩，次いで安山岩の耐久性が優れている．

（2） 用 法

石材は，その形状寸法（JIS A 5003）から，板石，角石，間知石（けんちいし），割石に分類される．板石は，壁，床の建築仕上材料として，あるいは敷石として用いられる．角石は長さ 90 cm 前後，厚さ 15 cm 角程度などに加工し基礎用として，また，間知石および角石は，擁壁に用いられる．その他，花こう岩などを 1 辺 9 cm 程度のサイコロ状に小割したものが舗装に使用される．

表 4.5.1　おもな天然石材の種類と特徴 [1]

種類	特徴と性質の概要	おもな使用部位
花こう岩	「御影石」とも呼ばれ，火成岩に属し，マグマが地表または地下で冷却固結してできた岩石． 結晶質の石材．耐摩耗性，耐久性に優れ，ち密で硬く，吸水性小，耐火性小，磨くと光沢が出る． 平均圧縮強度≒125 N/mm^2　：（50〜250 N/mm^2） 平均見掛け密度≒2.70 g/cm^3　：（2.59〜2.89 g/cm^3） 平均吸水率≒0.19%　：（0.05〜0.28%） 曲げ強度/圧縮強度≒0.11　：（0.06〜0.16）	[内外部] 壁，床，基礎 階段，石垣，舗石 [インテリア] 甲板
大理石	変成岩に属し，火成岩，水成岩が地下深部で温度や圧力の変化，化学的作用により，鉱物組織などが変化してできた岩石． 耐酸性，耐火性とも小．ち密で研磨による光沢が出る．雨がかりで光沢を失う．色調豊富，模様多彩． 平均圧縮強度≒100 N/mm^2　：（48〜160 N/mm^2） 平均見掛け密度≒2.63 g/cm^3　：（2.36〜2.86 g/cm^3） 平均吸水率≒0.71%　：（0.09〜3.53%） 曲げ強度/圧縮強度≒0.14　：（0.08〜0.22）	[おもに内部，雨がかり以外の外部] 壁，床 [インテリア] 甲板，家具，じゅう（什）器 [その他] テラゾーの種石
砂岩	堆積岩に属し，石英長石などの砂分に粘土分，石灰質，鉄分などが水中で沈殿凝結したもの．吸水性，耐摩耗性，耐久性，耐凍害性小．耐火性に優れる．研磨しても光沢は出ない．	[内外部] 壁，床 [建築工具] 砥石
石灰岩	堆積岩に属し，おもに炭酸カルシウムから成り，動物の殻，骨などが水中に堆積して生成したもの． 混在している鉱物成分により各種の色調を生ずる．大理石より粗いが，落ち着いた風合いを有する．イギリスおよびヨーロッパ地方で多用されている．加工容易，強度小，耐水性に劣る．	[おもに内部，雨がかり以外の外部] 壁，床
安山岩	火成岩に属し，斜長石，角閃石，黒雲母，輝石などを含む．強度，耐水性，耐火性，耐摩耗性大，吸水性小，研磨しても光沢はない．黒灰色から灰白色まで色調多彩．	[内外部] 壁，床，塀，基礎 [インテリア] じゅう（什）器
凝灰岩	堆積岩に属し，火山灰，火山砂，火山れきなどが水中または地上に降下，凝結したもの． 加工容易，強度・耐久性小，風化しやすい． 大谷石が有名．灰白色か灰黒色が多い．	[内外部] 壁，床，塀，基礎 [インテリア] じゅう（什）器
蛇紋岩	変成岩に属し，かんらん岩，輝石などから生じ，緑，黒，黄，白色などが混在し，蛇の皮のはん（斑）紋に似た模様を呈する．研磨により光沢を得られるが屋外で退色する．	[おもに内部] 壁，床，装飾 [その他] テラゾーの種石
抗火石	火山岩に属し，多孔質溶岩，淡灰色か淡紅色のガラス質軽石．耐火性・断熱性大．伊豆の新島が主産出地．	断熱材， 煙突のライニング材

186　第4章　仕上材料

　建築仕上材料に用いる石材は，通常，粗面仕上げ，磨き仕上げのいずれかの表面仕上加工が設計意図，使用部位の特性に基づき施される．粗面仕上げとしては，のみ切り，格子状のハンマーでたたきあげる「びしゃん」，びしゃんのあと，くさび状ハンマーで2 mm程度の平行線状様粗面仕上げを作る「小たたき」，バーナーで表面加熱，水急冷により，鉱物組成の熱膨張率の相違を利用して表面を部分はく離させて均一な仕上げとする「ジェットバーナー仕上げ」，細砂や鉄粉粒を圧縮空気で打ち付けて粗面とする「ブラスト」，高圧水を複数ノズルより噴射して表面の微細石片を除去させる「ウォータージェット」がある．また，磨き仕上げには，光沢がなく石の柄が判別しにくい「粗磨き」，光沢の少ないやや粗面になる「水磨き」，平滑で光沢もあり色柄も出て，壁や床などに用いられる「本磨き」がある．花こう岩には，上述の表面仕上げのすべてが適用されているが，特にジェットバーナーと本磨きが多用される．一方，大理石ではジェットバーナー，ウォータージェットは用いられず，粗面仕上げではブラストが用いられる．

（3）　産出地

　石材は，輸入が多い．花こう岩は，韓国，インド，中国，南アフリカ，ブラジル，カナダなどから，また，大理石はイタリアからが多く，スペインなどからもおおむね板石で入荷する．国産の代表的なものとしては，花こう岩は茨城（稲田），小豆島（北木），岡山（万成），大理石は茨城（寒水），山口，砂岩は千葉（銚子），石灰岩は徳島，福島，岐阜，安山岩は福島（白河），長野（鉄平石），神奈川，凝灰岩は栃木（大谷石），千葉（房州石），蛇紋岩は秩父，抗火石は伊豆新島，粘板岩（天然スレート）は宮城（雄勝石）がある．

4.5.3　人造石

　人造石のうち，テラゾーは，JIS A 5411に規定され，花こう岩，大理石（蛇紋岩，石灰岩を含む）の砕石を種石とし，白色セメント，顔料を加えた上塗モルタル（化粧モルタル）と砂を骨材とした下塗モルタル（裏打モルタル）を2層に振動加圧成形し，硬化養生後，研磨して加工するもので，本磨き大理石のような光沢をもつ製品である．種石は，12 mmぐらいを上限とし，設計意図に見合った寸法が選択される．床用には補強鉄線を入れることは少ないが，壁，

間仕切り，隔て板などにはそれを入れる．

4.5.4 石張りと接合材料

質量の大きい石材の躯体への取付け工法と接合材料の選択は重要である．一般的には，壁工法として次のものがある[2,3]．

1) 鉄筋コンクリートなどの躯体表面におおむね縦横 450 mm 間隔に取り付けた流し鉄筋［JIS G 3112（鉄筋コンクリート用棒鋼）に規定の異形棒鋼の D10］に石材を引き金物で緊結し，裏込モルタルを充填する在来の湿式工法
2) 裏込モルタルを石裏全面に充填せず，引き金物部分にだけ行い，石材の裏面からのぬれ色防止などのため，内壁で採用される空積工法
3) おおむね 31 m 以下の建築物外壁に石材自体をファスナー金物で躯体に取り付ける乾式工法
4) 主として高層建築物に適用される工場製作の石先付けプレキャストコンクリート工法

1) および 2) の接合材料としては，石材相互の接合用のだぼおよびかすがいには，JIS G 4309（ステンレス鋼線）の SUS304-W2（軟質 2 号，引張強さ 800 N/mm^2 程度），また，石と躯体部流し筋を緊結する引き金物には SUS304-W1（軟質 1 号，570 N/mm^2 程度）が使用される．高さ方向に連続して張り上げる場合は，上からの重量を下方の石材に伝えないため，おおむね 2 m 間隔に受け金物を設ける．流し鉄筋は，JIS K 5621（一般用さび止めペイント）に規定の 1 種を 1 回塗とする．裏込モルタルは，セメント：砂＝1：3（体積比）で調合されるが，白色系大理石の場合は裏込モルタルが表面から透けて見えやすいので，白色系砕砂と白色ポルトランドセメントが使用される．3) の乾式工法用金物（ダブルファスナー）には，JIS G 4317（熱間成形ステンレス鋼形鋼）の SUS304 と JIS G 4304（熱間圧延ステンレス鋼板及び鋼帯）のステンレス鋼板が用いられる．

参考文献

1) 日本建築学会：建築材料用教材，丸善，1998 年

2) 日本建築学会：建築工事標準仕様書・同解説 JASS 9 張り石工事，丸善，1996 年
3) 日本建築学会：構造用教材，丸善，1995 年

4.6 セラミックス系仕上材料

4.6.1 セラミックス系仕上材料の概要

　セラミックスは，古くから土器として様々な形で身近に用いられてきた．次にガラス，陶磁器質タイル，瓦，れんがなどの窯業製品が出現し，さらに性能を向上させた窯業製品も出現している．近年では，高強度・高硬度セラミックス，光ファイバなど高機能を付与したファインセラミックスなどが出現し，建築分野での応用が期待されている．

4.6.2 陶磁器質タイル

　タイルは，耐久性，耐候性，耐磨耗性など諸性能に優れるとともに，いつまでも美しさを損なわない仕上材料として，今日まで建築物などに使用されてきた．主原料は粘土，カオリン，長石，石英などで，これを湿式または乾式により成形し，焼成する．製品の形状寸法の誤差，吸水率は乾式製法が小さい．
　タイルの区分は，JIS A 5209（陶磁器質タイル）により規定されている．まず，タイルのきじ（素地）の質については，1) 磁器質タイル，2) せっ器質タイル，3) 陶器質タイルに 3 区分され，焼成温度はそれぞれ，1) が 1,300〜1,450°C, 2) が 1,200〜1,300°C, 3) が 1,000〜1,200°C である．したがって，吸水率も磁器質は 1.0% 以下，せっ器質は 5.0% 以下，陶器質は 22.0% 以下と定められ，焼成温度の低いタイルほど吸水率が大きくなる．凍結融解作用を受ける外装仕上などでは，吸水率の小さいタイルが用いられる．タイルの呼び名による区分からは，内装タイル，外装タイル，床タイル，モザイクタイルに区分され，モザイクタイルはタイル 1 枚の表面積がおおむね 50 cm^2 以下のものである．このほか，うわぐすりの有無による区分があり，施釉（せゆう）タイルときじの質を生かした無釉タイルに区分される．
　タイルを建築物の壁体に採用する場合，下地材料との接着強度は，外装仕上

4.6 セラミックス系仕上材料　**189**

部や吹抜け部など高所の内装仕上部分では，はく落による危害防止上，張付工法と張付材料の選択は重要である．工法には，工事現場で行われるものと工場製作がある．現場工法としては，1) 在来タイプの陶磁器質タイル張りと 2) 型枠内にタイルまたはユニットをコンクリート打込み前にあらかじめ取り付け，躯体と一体化させてしまう陶磁器質タイル型枠先付け工法がある．工場製作としては，3) 陶磁器質タイル先付け PC 部材があり，中高層建築物の外装部材などに適用される．完成後，屋外や吹抜け部分のタイル張りについては，全面の打診確認と必要箇所の接着力試験が行われ，安全性の確認が行われる．

4.6.3　粘土瓦

和瓦は，6世紀末に渡来し，当初より寺院などの建築物に「本瓦葺」が用いられてきた．葺き方は，おおむね，円筒を2つ割りにした形状の丸瓦と緩やかな円弧状の平瓦を交互に組み合わせて葺く方法で，その後，江戸時代に丸瓦と平瓦を一体化して，緩やかな波形状の一枚瓦とし，本瓦葺きの質量軽減を図った「桟瓦葺き」が考案され，今日にいたるまでこの2つが使用されている．また，明治から大正にかけて，洋瓦（フランス瓦およびスペイン瓦）が導入された．現在の瓦は，大きく和瓦と洋瓦の2つに分類できる．

（1）　製造法および種類

粘土瓦は，その原料として壁土より砂分が少なく粘土分の多い組成をもつ土を用い，おおむね，混練→成形→乾燥→予熱→焼成→冷却の手順で製造される．

粘土瓦の形状は，JIS A 5208（粘土がわら）に規定されているが，基本形となる桟瓦について，図4.6.1に示すように，1) 在来の波形状の和形（すな

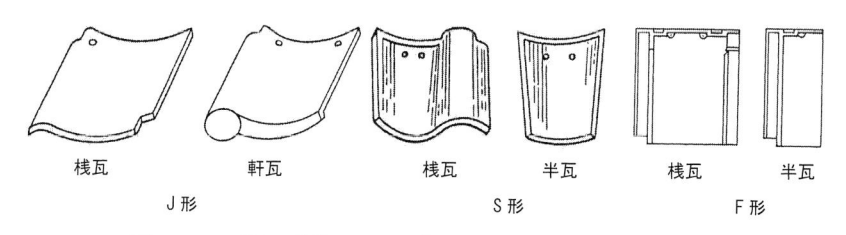

図4.6.1　瓦の形状による分類［JIS A 5208 に基づいて作成］

わちJ形），2) 瓦接合部分をJ形より円弧を強調し，スペイン風としたS形，3) 平板でフランス風のF形の3タイプに区分される．その寸法は，各種規定や焼成方法とあわせ，建設地の自然条件，設計意図，屋根の規模などにより選択される．

（2） 品質

粘土瓦の品質は，JIS A 5208に規定され，吸水率は，ゆう薬瓦および無釉瓦では12%以下，いぶし瓦では15%以下である．桟瓦およびのし瓦の曲げ破壊荷重は，それぞれ1,500Nと600N以上で，寒冷地では，凍害防止の点からこのJISに規定される凍害試験を行い，ひび割れおよびはく離などがないことを確かめる必要がある．

（3） 産出地および用途

愛知県（三州），島根県（石州）および兵庫県（淡路）が主生産地で，東北では福島県での生産が盛んである．

寒冷な積雪地域などでは金属板葺きの勾配屋根とする場合が多いものの，その他の地域では，耐久性，耐候性，耐火性，耐薬品性，遮音性（雨音など）および良好な都市景観形成の観点から，瓦は活発に採用されている．また，寺院などでは，敷きがわら（塼；せん），外壁の腰周り，日本庭園の地盤面に小端立てに重ねて表面をのぞかせる庭園の見切りなどにも用いられている．

4.6.4 れんがおよびセラミックメーソンリーユニット

れんがは，組積造の主要材料として今日でも世界中で広く用いられている．通常の焼成れんがのほかに，アフリカ，中近東，中央アジアなどでは，日干しれんがも用いられている．しかしながら，わが国では，在来工法のれんが造は，鉛直荷重の耐力に比べ，水平荷重時耐力が必ずしも十分とはいえないために，建築基準法で高さ制限，構造制限を加えており，構造材料としては比較的小規模なものに使用されるほか，建築の内外壁材料，床材料，庭園工作物などの外構材料，塀などに用いられている．しかし，近年，組積造が，環境保全の観点から，南洋産木材資源などに依存した合板型枠を要しないこと，構造材料と仕上材料を兼ね全体的に工数や技能工種が低減可能なこと，都市景観の統一性や潤いのある街づくり形成に有効な手段の一つとなること，適切な補強を行えば

ほかの構法に比べ耐震性能もそん色のないことなどが明らかになり，再認識され始めている．このような時代背景から，建設省（現国土交通省）は，れんがと同様，粘土焼成により作製されたセラミックユニットなどを構造材料としたRM (Reinforced Masonry) 構造を提案し，階数5階建て程度の建築物が可能となった．

れんが関連材料のJISにはJIS R 1250（普通れんが）やJIS A 5210（建築用セラミックメーソンリーユニット）などがある．後者は，仕上材料の用途から中層の構造用途までを視野に入れた規格となっている．

普通れんがの形状および寸法は，JIS R 1250に規定され，長さ210 mm，幅100 mm，厚さ60 mmで，れんがの厚さ方向に開口部をもつ「あなあき」と開口部のない「中実」の2種類がある．その品質は，同JISに規定され，吸水率および圧縮強さは，2種で15%以下，15.0 N/mm^2 以上，3種で13%以下，20.0 N/mm^2 以上，4種で10%以下，30.0 N/mm^2 以上であり，使用部位によって選択される．一方，建築用セラミックメーソンリーユニットの種類および品質は，JIS A 5210によって規定されている．外部形状から分類すれば，基本形ユニット，隅角部，笠木，開口部などの異形ユニットがある．断面形状からの分類では，図4.6.2に示すように，中実，穴あき，空洞，横空洞と先のRM構造を想定した型枠状がある．また，圧縮強さからの分類では，N/mm^2 単位で20，30，40，50および60がある．その他，寸法精度，吸水率，うわぐすりの有無，補強鉄筋挿入の空洞部および加水，混練，成形，乾燥，焼成温度にいたる製造方法，製品の試験方法（圧縮強さおよび吸水率）など，建築用としての詳細な規定が上述のJISに示されている．

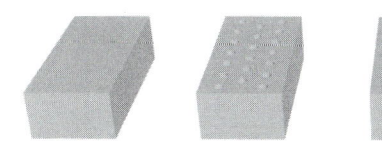

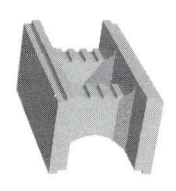

中実　　穴あき　　空洞　　横空洞　　型枠状

図4.6.2　建築用セラミックメーソンリーユニット
基本形ユニットの断面形状［JIS A 5210に基づいて作成］

4.6.5 ガラス

(1) 概　説

近代建築物を構成する材料として、ガラスは、コンクリート、鋼材と並んで主要な位置を占めている．ガラスは、その大部分がシリカ（SiO_2）で、その他、塩基性の Na_2O，K_2O，CaO，MgO，BaO，ZnO，PbO，酸性の B_2O_3，両性の Al_2O_3，Fe_2O_3 などの酸化物を含んでいる．この組成を変えると、様々な用途のガラスができる．種類は、ソーダ石灰ガラス（建築用，びん用など），カリ石灰ガラスなどがある．

建築用ソーダ石灰ガラスは、SiO_2，Na_2O，CaO，MgO を主成分とし、他種のガラスに比べ Na_2O の含有量が多く、価格も安価である．また、K_2O の含有量の多いものが、カリ石灰ガラスである．

(2) 建築用ガラスの製造および種類

建築用ガラスの製造では、主成分の SiO_2 にはけい砂、けい石を、Na_2O には Na_2CO_3（ソーダ灰・炭酸ナトリウム）を、CaO には $CaCO_3$（炭酸カルシウム）を、その他、ドロマイト、長石などを主原料とし、これに融剤、清澄剤、着色剤およびカレット（再利用ガラス）を加えて調合したものを 1,600°C 程度で溶融し、気泡の除去および均質化（清澄）を行ったのち、各種製品に適合した成形方法で加工していく．板ガラスは溶融ガラスを溶融金属（スズ）上に浮かせて水平に引き出すフロート法で、型板ガラスは溶融ガラスを 2 個の水冷ローラー間に水平にくぐらせ、下部ローラーに刻まれている型模様を転写するロールアウト法で、ガラスブロックは金属型枠を用いプレス成形する押出し法で、ガラス短繊維は溶融ガラスを小孔から出し、圧縮空気で吹きとばす方法などで製造する．また、長繊維は、小孔から高速で引き出して製造する．

表 4.6.1 には、建築用板ガラスの種類と特徴を示す．

(3) 性　質

普通ガラスは、鋼材よりも硬いが脆性的に壊れやすい．引張強さ（4 辺支持，面内短期許容応力度）は、鋼材（SS400）の 1/15～1/20 程度であり、熱に対しては、400°C ぐらいから軟らかくなり、1,500°C 程度で流動化した液体になる．耐薬品性は、おおむね良好であるが、アルカリに対しては、ガラスの成分との間に生ずるケイ酸ナトリウムが水に溶けやすいので侵される．このほか、

4.6 セラミックス系仕上材料

表 4.6.1 建築用板ガラスの種類と特徴 [参考文献 1), 3) に基づいて作成]

品　種	透視性	拡散性	防げん(眩)性	熱線遮断性	断熱・防露性	防火性	割れにくい	耐貫通性	割れても安全	防盗性	現場切断可
フロート板ガラス (JIS R 3202)	◎										○
〈線入・網入〉	○					○		○		○	○
型板ガラス (JIS R 3203)		○									○
〈片面みがき〉		○									○
〈線入・網入〉		○				○		○		○	○
熱線吸収板ガラス (JIS R 3208)	○		○	○							○
〈線入・網入〉	○		○	○		○		○		○	○
〈型板・網入〉		○		○		○		○		○	○
熱線反射ガラス (JIS R 3221)	○										
合わせガラス (JIS R 3205)	◎							○	◎	○	
〈熱線吸収〉	○		○	○				○	○	○	
〈線入・網入〉	○					○		○	○	○	
複層ガラス (JIS R 3209)	◎				○						
〈熱線吸収〉	○		○	◎	○						
〈線入・網入〉	○				○	○		○			
強化ガラス (JIS R 3206)	◎						◎		○		
〈熱線吸収〉	○		○	○			◎		○		
倍強度ガラス (JIS R 3222)	◎						○				
〈熱線吸収〉	○		○	○			○				

○特性のあるもの，◎特性のすぐれたもの．

可視光線透過率は，おおむね，通常厚さのフロート板ガラスでは 80% 以上，一方，障子紙は 40% 前後である．

参考文献

1) 日本建築学会：建築材料用教材，丸善，1998 年
2) 日本建築学会：構造用教材，丸善，1995 年
3) 高橋章夫：デザイナーのための内外装チェックリスト，彰国社，1976 年

4.7 高分子材料

4.7.1 高分子材料の概要

　建築材料の中で，鉄鋼，コンクリート，木材と並んで主要な位置を占めつつある材料に高分子材料がある．一般に，分子量が 10,000 以上の大きな分子で，その主鎖がおもに共有結合からなる化合物を，高分子化合物または単に高分子と呼んでいる．

　高分子には，その製造法または産出状態から分類すると，天然に産する天然高分子，それから誘導される半合成高分子および低分子化合物から合成される合成高分子がある．このほか，有機高分子と無機高分子に大別できるが，現在，工業的に大量生産され，実用に供されているものは，その大部分が有機高分子である．したがって，一般に高分子といえば，有機高分子を指すと考えてよい．高分子は，その出発物質となる分子量の小さい化合物，すなわち，モノマー（monomer．単量体ともいう）を化学的に結合し，大きな分子量の分子を作る重合という反応操作を経て製造される．1種類またはそれ以上のモノマーを重合したものを重合体（polymer：ポリマー）と称し，その分子量の大きいものを高重合体ともいう．したがって，ポリマーは，モノマーに由来する特定の化学構造単位の繰返しによってできている．「mono-」とは「1つ」，「poly-」とは「多」，さらに，「-mer」とは「成員または部分」のことであり，ポリマーとは，多くのモノマーが連結して生成されるものという意味になる．ポリマーに含まれるモノマーの数を重合度といい，これが小さく，分子量が 1,000 程度までのものをオリゴマー（oligomer）と呼ぶ．

4.7.2 プラスチックおよびゴム

(1) 種類

　プラスチックとは，元来，塑性または可塑性に由来するもので，この性質を有する物質の意味であったが，現在では，この意味から多少転じて，製造中のどこかの段階で流動性または可塑性を示すが，最終形態は固体となり，有用な

形状に成形・加工が可能な高分子と定義できる．通常，合成樹脂という術語と同義語と考えてよい．最近では，プラストマー（plastomer）とも呼ばれる．

プラスチックは，その熱的特性と分子構造によって，熱可塑性樹脂と熱硬化性樹脂に大別される．前者は，加熱すると軟化または融解して可塑性を帯び，冷却すると固化するもので，この操作を可逆的に行える．分子構造は，線状高分子または鎖状高分子である．後者は，加熱すると最初は可塑性を示して成形できるが，その後は架橋（橋かけ）によって硬化し，三次元網状構造を呈する．一度硬化すれば，再加熱しても軟化することはない．

ゴムは，一般に，常温でゴム状弾性（外力を与えると大きな変形を起こすが，それを除くとすぐに元の形まで戻る性質）またはそれに類似の性質を示す鎖状高分子と定義される．しかし，近年，ゴムとプラスチックの中間的な性質を与える物質も多く出現したので，明確なゴムの定義は困難になってきた．最近では，ゴム状弾性に特徴づけられる高分子をエラストマー（elastomer）と呼ぶ．現在のところ，わが国でゴムと称するものには，天然ゴム，合成ゴムおよび再生ゴムの3種類がある．天然ゴムは，おもにヘベア種のゴム植物から採取されるラテックスから製造される．合成ゴムは，各種の重合法によって合成される．再生ゴムは，加硫ゴムを各種の物理的または化学的方法で処理して解重合し，見かけ上，未加硫ゴムのように再生したものである．

（2）製造法および成形加工法

プラスチックやゴムのような高分子は，石油，天然ガス，石炭，水，空気などから合成した各種のモノマーを原料とし，重合反応によって合成される．重合反応において，1種類のモノマーだけを用いる場合を単独重合といい，その生成物をホモポリマー，また，2種類あるいはそれ以上のモノマーを用いる場合を共重合といい，得られるものを共重合体と呼ぶ．共重合体の例は，エチレン-酢酸ビニル樹脂（EVA），スチレンブタジエンゴム（SBR）などである．

（3）性　質

実用高分子（プラスチックおよびゴム）の一般的な特徴は，次のとおりである．

1) 重合度が増加するに伴って，気体から液体，ついには固体となり，また，重合度が大きいものほど，液体では粘度が高く，固体では強度が大きい．

2) 比強度（単位質量あたりの強度）が大きい．すなわち，軽くて強い．
3) 成形加工性が良好で，着色が自由である．
4) 力学的性質の温度依存性が大きく，ガラス転移，熱可塑性，熱硬化性などの特性が問題となり，概して耐熱性が不良である．
5) 高い耐摩耗性と耐衝撃性をもつ．
6) 一般に，耐水性や耐薬品性に優れたものが多い．
7) 耐火性が劣り，燃えやすく，燃焼時に有毒ガスを発生するものもある．
8) 耐候性が劣るものが多い．
9) 電気絶縁性がきわめて優れている．

（4）用途

表 4.7.1 には，プラスチックおよびゴムの建築材料としての利用形態を示す．

4.7.3 アスファルト

（1）種類および製造法

石油精製の残留物をストレートアスファルトという．これに，230～280°Cで空気を吹き込むと，脱水素，酸化・重合反応が起こって，高分子化し，高粘度で，高弾性のブローンアスファルトができる．このブローンアスファルトに油脂や鉱物質充填剤を加えて，性質を改善したものがアスファルトコンパウンドである．ブローンアスファルトの製造工程で，塩化鉄や五酸化リンなどの触媒を加えると，感温性，耐候性，接着性などが相当に改善された触媒ブローンアスファルトが得られる．このアスファルトが防水工事用およびルーフィング製造用によく使われる．また，加熱せずに，常温でも流動性を示す製品に液体アスファルトがあり，カットバックアスファルトとアスファルト乳剤またはエマルションの 2 種類に分類できる．前者は，ストレートアスファルトを灯油，ガソリン，ナフサなどに溶解したもの，後者は，ストレートアスファルトをカチオン系，アニオン系または非イオン（ノニオン）系乳化剤を用いて水中に乳化させた製品で，SBR のような合成ゴムの粉末またはラテックス，ポリエチレン，ポリプロピレン，ポリ酢酸ビニル，エポキシ樹脂などを加えて改質した製品に，ゴムアスファルトと樹脂アスファルトがある．両者を合わせてポリマー改質アスファルトと呼ぶ．ポリマー改質アスファルトは，感温性が改善さ

表4.7.1 プラスチックおよびゴムの建築材料としての利用形態

[参考文献[1]に基づいて作成]

種類	おもな製品形態	塗料	接着剤	塗床材	防食ライニング材	塗膜防水材	シーリング材	ポリマー混和剤	ルーフィング	フィルム・シート	床用タイル・シート	化粧板	採光板	人工大理石	パイプ
熱可塑性樹脂	ポリ酢酸ビニル（酢酸ビニル樹脂）	○	○												
	ポリ塩化ビニル（塩化ビニル樹脂）		○						○	○	○	○			○
	ポリエチレン									○					○
	ポリスチレン									○		○			
	ポリアミド（ナイロン）									○					
	ポリメタクリル酸メチル（メタクリル樹脂）（代表的なアクリル樹脂）			○	○	○							○	○	
	ポリカーボネート									○					
熱硬化性樹脂	フェノール樹脂	○	○												
	尿素樹脂（ユリア樹脂）	○	○												
	メラミン樹脂	○	○									○			
	エポキシ樹脂	○	○	○	○		○								
	不飽和ポリエステル樹脂	○	○	○					○				○	○	
	ウレタン樹脂（ポリウレタン）	○	○	○											
合成ゴム	スチレンブタジエンゴム（SBR）	○	○			○	○				○				
	アクリロニトリルブタジエンゴム（NBR）		○												
	クロロプレンゴム（ネオプレン，CR）		○			○									
	ブチルゴム（IIR）	○	○				○	○							
	エチレンプロピレンゴム（EPM, EPDM）							○							
	ポリサルファイドゴム（チオコール）	○	○				○								
	シリコーンゴム	○	○				○								
	ウレタンゴム			○		○									
	天然ゴム		○					○			○				

れ，軟化点が高く，接着性，耐衝撃性などが優れるので，塗膜防水材やシーリング材に用いられる．

(2) 性 質

アスファルトの化学組成は，一般には炭化水素およびその誘導体の混合物であり，炭素と水素原子の数の比 $C/H = 0.5 \sim 1.0$，分子量 $= 200 \sim 5{,}000$ である．溶剤による選択的な溶解性に基づいて分析すると，オイル，レジン，アスファ

ルテン，カーベンおよびカーボイド（レジンとオイルを合わせて，ペトローレンまたはマルテンと呼ぶ）に分別できる．この中で，アスファルテンは，アスファルトの諸性質を支配する重要な成分であり，ストレートアスファルトには1〜20％，ブローンアスファルトには20〜50％程度含まれる．アスファルトの内部構造は，一種のコロイド溶液と考えられ，ゾル形，ゲル形および両者の中間的な状態であるゾル-ゲル形がある．一般に，ストレートアスファルトはゾル-ゲル形，ブローンアスファルトはゲル形といわれる．

アスファルトを防水工事などに使用するにあたって重要な工学的性質は，針入度，軟化点，伸度，感温性などである．針入度は，アスファルトのコンシステンシーを表す1つの指標であり，この値が大きいほど施工しやすい．温度が高いほど針入度は大きくなる．軟化点は，アスファルトが熱によって軟化する過程で一定のコンシステンシーに達するときの温度を与えるものである．アスファルトは温度変化に敏感で，コンシステンシーが変化しやすい．伸度は，アスファルトの破断にいたるまでの変形性能を示す目安である．

（3）用　途

表4.7.2には，アスファルトの建築用途と代表的な製品例を示す．

表4.7.2　アスファルトの用途と製品 [1]

用　途	代表的な製品
屋根防水材	アスファルトフェルト，アスファルトルーフィング，改質アスファルトルーフィングシート，アスファルトシングル，アスファルト塗膜防水材，アスファルトプライマー
舗装材	アスファルトコンクリート，アスファルトモルタル，アスファルト乳剤
防食材	耐酸アスファルトモルタル，アスファルトプライマー，アスファルト乳剤，アスファルトペイント
接着剤	アスファルト接着剤（溶剤形およびエマルション形）
シーリング材	アスファルトシーリング材（不定形および定形）
床材	アスファルトブロック，アスファルトタイル，アスファルトモルタル

参考文献

1) 笠井芳夫・大濱嘉彦・松井　勇・出村克宣：新版建築材料学（新版 2 版），pp. 230-231 および p.237（大濱嘉彦分担執筆），理工図書，2003 年

第5章 機能性材料

5.1 概説

　建築部位の様々な機能を具現するために，建築材料には多様な性質が要求されている．まず第一に，外力に対して部位の形態を保つための機械的（力学的）性質があり，さらに外力以外の物理的作用（光，熱，音，水，空気などによる），化学的作用（酸，アルカリ，塩類などによる），生物的作用（菌，虫，動植物などによる）に対処するための性質がある．形態を保つこと，つまり強さ（強度と剛性）を主眼として用いられる材料を構造材料，外力以外の作用への対処または強さ以外の効果に主眼をおいた材料を一般に機能性材料と呼んでいる．その意味では，建築の仕上材料は，すべて機能性材料と見なすことができる．機能性材料は，耐久性，安全性，快適性，さらには省エネルギー性など，建築の高性能化を支援する材料である．機能性材料については，作用力の性質と大きさ，部位の構法ならびに材料の性質を関連させて理解することが必要である．
　本章では，特定の機能に限定して部位の性能を向上するために用いられる仕上材料を機能性材料として取りあげている．つまり防水材料，断熱材料，吸音材料などは，部位への作用と材料の使用目的が明確であり，それぞれ専用材料

がある程度限定されているので，機能性材料として理解しやすい．塗料およびシーリング材は，その使用目的から機能性材料としてとらえる．接着剤は，外力に対する強さを主眼とした材料であるから，ほかの機能性材料とは異なり，工法的機能性材料として取扱う．

その他の材料は，作用や使用目的が複合的であり，建築あるいは部位の性能と材料の性質との関係をとらえにくい面がある．たとえば，人間の行動を支える床には，磨耗，硬さ，すべりなどの性能を重視した材料が用いられているが，機能性材料としてまとめるのはむずかしい．なお，自然環境維持の観点から，太陽エネルギーの利用，地中温度の利用，各種の蓄熱，建築物緑化などの新しい機能が建築に試みられている．将来，これらを目的とした材料も，機能性材料として取りあげられるであろう．

5.2 塗　料

5.2.1 塗料の概要

塗料は，素地（そじ；塗装の対象となる物体の表面）に塗装すると時間の経過とともに乾燥して固着し，連続した塗膜を形成する，流動性のある物質である．形成される塗膜が素地を覆うことによってその機能が発揮されるが，塗料の機能としては，次の2つがある．
1) 物体表面の保護：さび止め，防食，防湿，防火など
2) 美観の付与：色彩調整

図5.2.1には，塗料の構成を示す．慣習的には，顔料を含まず透明な塗膜を形成するものをクリヤまたはワニス，顔料を含んで不透明な塗膜を形成するものをエナメルまたはペイントと呼ぶ．塗膜形成主要素と塗膜形成助要素を溶剤に溶解したものをビヒクル（vehicle；展色材）と呼び，これに顔料を混合して練り合わせ，塗料を製造する．したがって，塗装後に形成される塗膜は，塗膜形成主要素，助要素および顔料（透明塗料の場合は顔料は含まれない）からなる．塗膜形成主要素，助要素および顔料には多くの種類があり，塗料の配合はきわめて複雑であるが，その配合組成によって各種の塗料が製造される．表

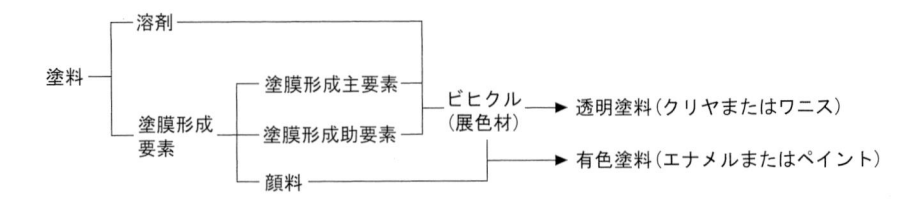

```
                    ┌─ 溶剤
            ┌───────┤
            │       │              ┌─ 塗膜形成主要素 ─┐
   塗料 ────┤       │              │                  │    ビヒクル    ┌─→ 透明塗料（クリヤまたはワニス）
            │       │ 塗膜形成 ────┤ 塗膜形成助要素   ├──（展色材）────┤
            └───────┤   要素       │                  │                └─→ 有色塗料（エナメルまたはペイント）
                    │              └─ 顔料            ┘
```

○塗膜形成要素：塗膜中に残る塗料成分
○塗膜形成主要素：塗膜の主体となる成分（重合油，合成および天然樹脂など）
○塗膜形成助要素：塗膜形成主要素の性状を調節する成分（可塑剤，乾燥剤など）
○顔料：色・隠ぺい力を与える不溶性の微粉末（着色顔料，体質顔料など）
○溶剤：塗膜形成主要素を溶解または分散させる成分（溶剤・水）

図 5.2.1　塗料の構成　[参考文献[1)] に基づいて作成]

5.2.1 に，塗料の分類方法および適用される主要な JIS を示す．

　塗料の機能は，素地に固着して形成された塗膜によるものであり，素地に対して塗膜が良好に固着している必要がある．したがって，塗装工事においては，素地ごしらえ（素地調整）の良否が，施工後の塗膜形成に大きな影響を及ぼし，素地ごしらえの方法は，素地の種類によって異なる．また，塗料仕様の選択は，素地によって異なることから，日本建築学会編 JASS 18（塗装工事）では，素地別に塗装仕様の選び方の目安を示している．一般に，塗装系は，下塗系，中塗系および上塗系に分類され，下塗系には，化学的性能，付着性能，素地表面改質などの素地に対する性能が要求され，上塗系には，耐水性能，耐候性能，耐薬品性能，美観性能などの使用環境に対する性能が要求される．中塗系は，上塗系の補助および強化が基本的な働きとなる．これらのことから，塗料による塗装においては，素地ごしらえと素地との相性を十分考慮する必要がある．

5.2.2　油性塗料

　油性塗料は，おもにボイル油のような乾性油をビヒクルとして用い，空気中の酸素と化合して塗膜を形成するもので，油ペイント，油ワニス，エナメルペイントなどの種類がある．

5.2.3　合成樹脂調合ペイント

　合成樹脂調合ペイントは，従来の油性調合ペイントの種々の欠点を改善する

表5.2.1 塗料の塗膜形成主要素別分類および適用される主要なJIS
[参考文献[2)]に基づいて作成]

塗膜形成主要素別分類	塗料の名称		適用JIS
油性塗料	油（性）ペイント	堅練りペイント	——
		油性調合ペイント	JIS K 5511
	油ワニス		——
	エナメルペイント		JIS K 5492
合成樹脂塗料	合成樹脂調合ペイント		JIS K 5516
	合成樹脂さび止めペイント		JIS K 5621–5625, 5627, 5628
	合成樹脂ワニス（ラッカー）		JIS K 5653, 5659, 5662
	合成樹脂エナメル		JIS K 5551, 5572, 5582, 5654, 5657, 5659, 5664
天然樹脂塗料	セラックニス類		JIS K 5431
	漆		JIS K 5950
	カシュー樹脂塗料		JIS K 5641
セルロース誘導体塗料	ラッカー	クリヤラッカー	JIS K 5531
		ラッカーエナメル	JIS K 5531
		ハイソリッドクリヤラッカー	——
		ハイソリッドラッカーエナメル	——
エマルション塗料	エマルション（ラテックス）ペイント		JIS K 5660, 5663, 5668

目的で作られた塗料で，おもに大豆油，あまに油，ひまわり油などで変性した長油性フタル酸樹脂（アルキド樹脂で，油の量の多い順に，長油性＞中油性＞短油性と呼ばれる）ワニスをビヒクルとし，これに酸化チタン，亜鉛華などの着色顔料および炭酸カルシウムなどの体質顔料を練り合わせて製造される．このペイントには，下塗用，中塗用，上塗用の種別がある．油性調合ペイントに比べて，合成樹脂調合ペイントは，乾燥が速く，塗膜の耐候性，光沢の保持，平滑さなどに優れているが，耐アルカリ性はあまり良好でない．その用途は，広く建築物全般にわたっているが，耐アルカリ性が不良であるため，新しいモ

ルタルやコンクリート面には用いられない．

5.2.4 ラッカー

ラッカーとは，通常，ニトロセルロースラッカーのことであり，ニトロセルロース，可塑剤，樹脂などを溶剤に溶解して製造されるクリヤラッカーと，これに顔料を配合したラッカーエナメルがある．前者は，透明な塗膜を，後者は，不透明な塗膜を形成する．いずれも，おもに木部塗装に用いられる．これらにアルキド樹脂を配合したものに，ハイソリッドクリヤラッカーとラッカーエナメルがあり，それらの塗膜の性能は優れている．ラッカーは，天然樹脂を用いたセラックニスなどとともに揮発性ワニスとも呼ばれる．

5.2.5 合成樹脂ワニスおよびエナメル

合成樹脂ワニスは，合成樹脂を溶剤などに溶解して作られる．また，合成樹脂エナメルは，おもに合成樹脂ワニスをビヒクルとして用いた溶剤形塗料で，溶剤の蒸発によって塗膜を形成する．合成樹脂ワニスおよびエナメルには，使用する合成樹脂の種別によって，次のような種類がある．
1) 塩化ビニル樹脂エナメル
2) アクリル樹脂ワニスおよびエナメル，ならびにアクリルラッカー
3) フタル酸樹脂ワニスおよびエナメル
4) ポリウレタンワニスおよびエナメル
5) エポキシエステル，エポキシ樹脂およびタールエポキシ樹脂エナメル
6) フッ素樹脂ワニスおよびエナメル
7) アクリルシリコーン樹脂ワニスおよびエナメル

5.2.6 さび止めペイント

さび止めペイントは，鋼材の防せい，すなわちさび止めを目的とした下塗塗料で，ボイル油，油ワニス，アルキド樹脂ワニスなどのビヒクルと，鉛丹（光明丹ともいう），亜酸化鉛，シアナミド鉛，塩基性クロム酸鉛，ジンククロメートなどのさび止め顔料，溶剤などを練り合わせて製造される．さび止め効果のほか，一般に，耐候性と耐水性も良好である．これは，下塗用であるため，こ

の上に耐候性の優れた塗料で上塗りする場合が多い．アルミニウムペイントやタールエポキシ樹脂エナメルも，さび止めペイントとして使われる．

5.2.7 エマルション塗料

エマルション塗料は，エマルションペイント，ラテックスペイントとも呼ばれ，ポリ酢酸ビニル，エチレン-酢酸ビニル共重合体，アクリルとその共重合体，スチレンブタジエン共重合体などのエマルションやラテックスをビヒクルとし，酸化チタン，酸化鉄などの着色顔料と体質顔料を練り合わせて製造される．エマルション塗料は，塗装しやすく，ほとんど溶剤類を含まず，水の蒸発に伴い，ポリマー粒子の融合によって塗膜を形成するため，火災と衛生上から安全であり，近年，建築塗料としてその需要が急増している．エマルション塗料の性能は，ビヒクルであるエマルションの種類によって差異がある．わが国では，性能と価格のバランスの上から，酢酸ビニル系，アクリル系およびその共重合体系がおもに使用されている．

5.2.8 多彩模様塗料

多彩模様塗料は，1回の塗装で2色以上の色を散らした，いわゆる多彩模様の塗膜を形成するもので，一般には，水性ゾルの分散媒と有機溶媒ゾルの分散質からなり，両者が混じり合わずに懸濁した状態で製造される．代表的な例としては，J. C. Zola の発明による水中油滴形の製品が有名であり，各種建築物の内壁の塗装に用いられている．多彩模様塗料の品質は，JIS K 5667（多彩模様塗料）に規定されている．

5.2.9 防火塗料

防火塗料は，建築材料に塗装してその燃焼を妨げる作用をもつ塗料で，その防火機構から，難燃性の塗膜を形成するものと熱によって発泡して断熱層を作るものの2種類がある．防火塗料の品質は，JIS K 5661（建築用防火塗料）に規定されている．

5.2.10 漆およびカシュー樹脂塗料

漆およびカシュー樹脂塗料は，天然樹脂塗料であり，両者の塗膜は外観と性質が類似している．

5.2.11 オイルステインおよびピグメントステイン

オイルステインは，油溶性染料をトルエン，キシレン，ミネラルターペンなどの炭化水素系溶剤に溶解したものに，少量の油ワニスまたは合成樹脂ワニスを添加して作る着色剤である．ピグメントステインは，顔料とボイル油や合成樹脂などを練り合わせたものに，溶剤を加えて作る着色剤である．両者は，木質系素地のステイン塗りに用いられる．

参考文献

1) 日本規格協会編：非金属材料データブック（改訂2版），p.543（植木憲二分担執筆），日本規格協会，1985年
2) 笠井芳夫・大濱嘉彦・松井 勇・出村克宣：新版建築材料学（新版2版），p.251（大濱嘉彦分担執筆），理工図書，2003年

5.3 建築用仕上塗材

5.3.1 建築用仕上塗材の概要

建築用仕上塗材（しあげぬりざい）とは，無機質系粉体，砂，着色顔料に，結合材としてのセメントあるいは合成樹脂系結合材を混合したもので，これに適量の水，溶剤などを加えて練り混ぜ，建築物の内外装仕上げに用いる材料のことで，立体的な造形性をもつ模様に仕上げることができる．その開発初期には吹付け工法によって施工されていたことから，吹付け材と呼ばれていたが，仕上工法が，吹付けのほかにも，こて塗，ローラー塗，はけ塗など多様化してきたため，呼び方が仕上塗材に改められた．仕上塗材は，セメント系結合材を用いた吹付け工法によるリシン仕上げに用いる材料として使用され始め，その後，合成樹脂系結合材を用いるようになった．仕上塗材は，次のような特徴を

5.3 建築用仕上塗材

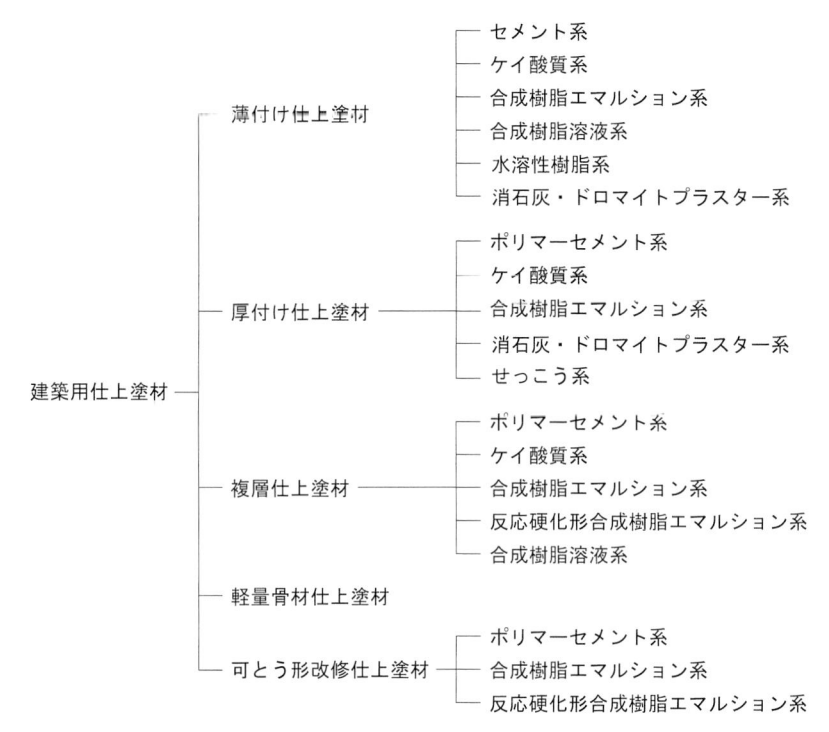

```
建築用仕上塗材 ─┬─ 薄付け仕上塗材 ─┬─ セメント系
              │                 ├─ ケイ酸質系
              │                 ├─ 合成樹脂エマルション系
              │                 ├─ 合成樹脂溶液系
              │                 ├─ 水溶性樹脂系
              │                 └─ 消石灰・ドロマイトプラスター系
              │
              ├─ 厚付け仕上塗材 ─┬─ ポリマーセメント系
              │                 ├─ ケイ酸質系
              │                 ├─ 合成樹脂エマルション系
              │                 ├─ 消石灰・ドロマイトプラスター系
              │                 └─ せっこう系
              │
              ├─ 複層仕上塗材 ─┬─ ポリマーセメント系
              │               ├─ ケイ酸質系
              │               ├─ 合成樹脂エマルション系
              │               ├─ 反応硬化形合成樹脂エマルション系
              │               └─ 合成樹脂溶液系
              │
              ├─ 軽量骨材仕上塗材
              │
              └─ 可とう形改修仕上塗材 ─┬─ ポリマーセメント系
                                     ├─ 合成樹脂エマルション系
                                     └─ 反応硬化形合成樹脂エマルション系
```

図 5.3.1　建築用仕上塗材の種類

もっている．
・建築物の用途，構造の種類にかかわらず，広く適用することができる．
・仕上げのパターンが多様で，色調も豊富であり，化粧性に優れている．
・塗替え，模様替えなどの再施工が容易である．
・建築物の耐久性向上のための表面被覆材としての機能を有する．
・工期が短く，施工が比較的容易である．
・安価である．

　建築用仕上塗材には，結合材，骨材，塗膜の構成方法，塗膜の性能などにより多くの種類がある．JIS A 6909（建築用仕上塗材）では，塗膜の構成方法により，図 5.3.1 に示すように区分し，結合材の種類，用途および性能によって，外装用，内装用，可とう形，防水形などに分類している．
　なお，建築用仕上塗材の下地調整に使用する材料として，建築用下地調整塗

材がある．

5.3.2 薄付け仕上塗材

　薄付け仕上塗材は，（下塗材＋主材）または主材だけで塗膜を構成する仕上塗材で，塗厚が 3 mm 程度以下のものである．結合材にセメントを用い，粒径の大きい骨材を用いたセメントリシンは，仕上塗材として最も古くから用いられてきたもので，砂壁状のテクスチャーを有し，外装仕上げ材として多用されていた．しかし，汚れやすいこと，耐久性に乏しいことなどから，結合材に合成樹脂エマルションを用いるものが多くなってきた．仕上げの形状には，砂壁状，ゆず肌状，さざ波状，京壁状，凹凸状，平たん状および繊維壁状がある．

5.3.3 厚付け仕上塗材

　厚付け仕上塗材は，塗厚を 4～10 mm 程度に仕上げて凹凸模様をつけやすくした仕上塗材である．この場合も，薄付け仕上塗材と同様に，下塗材＋主材または主材のみを 1 回もしくは 2 回に分けて塗り付けて仕上げるものである．1 回の塗付け量が多いため，だれによる下地との付着性の低下や，仕上がりパターンの変調が生じないように，原料配合，練混ぜ，塗付け作業上の配慮が必要である．仕上げの形状には，スタッコ状，掻き落とし状，砂壁状および平たん状がある．

5.3.4 複層仕上塗材

　複層仕上塗材は，下塗材＋主材＋上塗材で塗膜を構成する仕上塗材のことである．この場合，下塗材は，コンクリートなどの下地に仕上塗材の付着が良好になり，かつ，主材の塗装時の水引きにむらが生じないようにするために用いられる材料であり，主材は，仕上がり面に凹凸を付与するために，上塗材は，仕上面の着色，光沢付与，耐候性向上，吸水防止などのために用いられる材料である．塗厚は，3～5 mm 程度で，仕上げの形状には，月面状，ゆず肌状および平たん状がある．結合材にクロロプレンゴム，アクリルゴム，ウレタンゴムなどを用いた伸び性能の良いものは防水形複層塗材と呼び，ひび割れなどに

よる下地の局部変形に追従する性能を有し，美観上のみならず，壁面防水の効果も大きい．

5.3.5 軽量骨材仕上塗材

軽量骨材仕上塗材は，下塗材＋主材からなり，天井などに用いる仕上塗材で，吹付用とこて塗用がある．骨材にはパーライト，バーミキュライトなどの軽量骨材が，結合材にはセメント，合成樹脂エマルションなどが用いられ，軽量，かつ吸音性に優れている．塗厚は，3～5 mm 程度で，仕上げの形状には，砂壁状および平たん状がある．

5.3.6 可とう形改修用仕上塗材

可とう形改修用仕上塗材は，建物の改修用に用いられるもので，（主材＋上塗材）で塗膜を構成し，塗厚は，0.5～1 mm 程度である．改修を目的とすることから，下地の動きに追従する可とう性材料が用いられ，仕上げの形状には，凹凸状，ゆず肌状および平たん状がある．

5.3.7 建築用下地調整塗材

建築用下地調整塗材とは，骨材無機質粉体および混和材に，結合材としてセメントあるいは合成樹脂系結合材を混合したもので，建築用仕上塗材，塗料，陶磁器質タイルなどによる内外装工事の下地調整に使用するものである．その種類，呼び名および品質は，JIS A 6916（建築用下地調整塗材）に規定されている．

5.4 防水材料

5.4.1 防水材料と防水工法の概要

かつて人類が住居を構えることになった最初の目的の一つは，雨露（うろ）をしのぐことにあったと思われる．それほど，われわれの生活において，雨露をしのぐことは重要なことで，今日においても，それは少しも変わることではない．しかし，今日では，建築物に影響を及ぼす水は，単に雨水（あまみず）

のみならず，地下水，生活用水，作業用水など様々な水が関係していることから，いずれに対しても，十分な防水上の配慮が必要になっている．

建築物に水が作用すると，その一部が建築物の構成部材に吸水されたり，あるいは部材を通して透水する現象がみられ，次のような悪影響をもたらす．

1) 部材の強度が低下する．
2) 生活空間の居住性が低下する．特に，倉庫，サイロなどでは，重大な性能低下をきたす．
3) 壁，天井などの仕上材料を汚染する．
4) 建築物および生活器具の耐久性の低下を招く．特に，コンクリートでは，凍結融解作用を受け，耐久性が低下する．
5) 部材の断熱性が低下する．
6) 部材の膨潤を起こすので，たとえば，木製の戸や障子の動きが悪くなる．

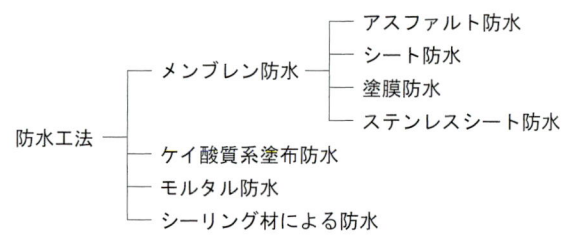

図 5.4.1　防水工法の分類[1]

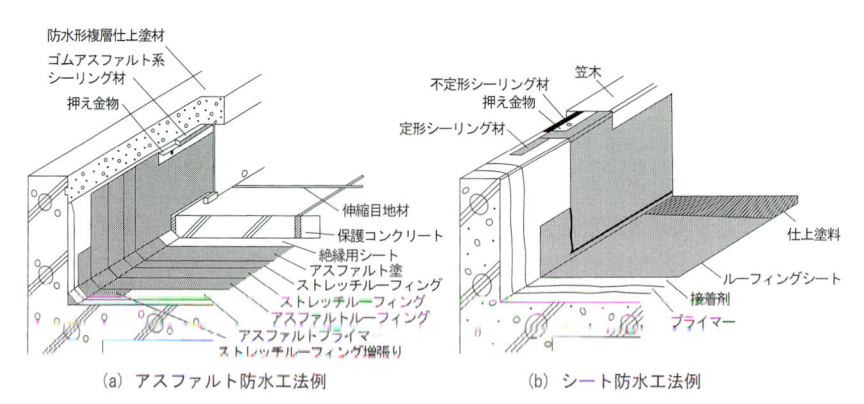

図 5.4.2　メンブレン防水工法例　[参考文献[2]に基づいて作成]

(a) アスファルト防水工法例
(b) シート防水工法例

防水工法は，図5.4.1のように分類されるが，そのうち，メンブレン防水は，メンブレン（membrane），すなわち膜によって防水層を形成する工法で，防水工法の主流をなすものである．図5.4.2には，おもなメンブレン防水工法例を示す．

5.4.2 アスファルト防水

アスファルト防水は，典型的なメンブレン防水であるが，熱工法と常温工法に分類される．熱工法は，コンクリートやALC下地の上に，アスファルトルーフィング類を加熱溶融したアスファルトで接着しながら積層して防水層を形成するもので，下地面に不陸があっても施工できることと安価であることなどの理由で広く用いられている．しかし，アスファルトを加熱溶融するため，大気汚染を生ずること，火傷などの事故を起こしやすいことなどの問題もある．これに対して，常温工法は，ルーフィングの片面または両面にアスファルト，ゴム化アスファルトを先付けしておき，コンクリートやALC下地の上に積層するときに，若干の加熱処理を行うことなどによって防水層を形成するものである．

防水工事用アスファルトの種類および品質については，JIS K 2207（石油アスファルト）に規定されている．一方，アスファルトルーフィング類としては，アスファルトフェルト，アスファルトルーフィング，砂付ルーフィングなどが一般的に用いられる．JIS A 6005（アスファルトルーフィングフェルト）には，アスファルトルーフィング類の種類と品質が示されている．さらに，最近では，下地の挙動に追従しやすくした網状アスファルトルーフィング（JIS A 6012），改質アスファルトルーフィングシート（JIS A 6013），ストレッチアスファルトルーフィングフェルト（JIS A 6022），あなあきアスファルトルーフィングフェルト（JIS A 6023）なども用いられている．

5.4.3 シート防水

シート防水とは，加硫ゴム，非加硫ゴムなどの合成高分子系ルーフィングシートの裏面に，自着層または接着層を設けておき，コンクリートやALC下地の上に順次張り合わせて防水層を形成する工法である．合成高分子系ルーフィングシートの種類と品質は，JIS A 6008（合成高分子系ルーフィングシート）に

規定されている．

シート防水の特長は，アスファルト防水に比べて伸び能力が格段に大きいこと，常温施工ができること，工程数が少ないことなどである．反面，問題点としては，合成高分子系ルーフィングシート自体が薄いため，下地に高い平面度が要求されること，接着剤塗布後に合成高分子系ルーフィングシート張付けの時間が不適当であると，接着剤中の溶剤の残分が施工後に揮発し，合成高分子系ルーフィングシート面にコブ状の膨れを生ずること，一層防水であるため，施工欠陥があった場合には，直接に漏水原因となることなどがある．

5.4.4 塗膜防水

塗膜防水とは，屋根または外壁のコンクリートやALC下地の上に，主としてウレタンゴム，アクリルゴム，クロロプレンゴム，シリコーンゴムなどの合成ゴムやゴムアスファルトのエマルションまたは溶液からなる塗膜防水材を所要の厚さに塗布して防水層を形成するもので，シート防水と並んで高分子材料による防水工法の代表的なものである．塗膜防水材の品質は，JIS A 6021（建築用塗膜防水材）に規定されている．

塗膜防水の長所は，液状の高分子材料を塗布するため，複雑な形をした場所でも施工が容易であること，シート防水のように接合部の欠陥の心配がないこと，塗膜面への着色仕上げが可能であることなどである．一方，下地への密着工法であるため，下地のひび割れなどの局部的に大きな変形に追従しにくいこと，下地面に高い平面度が要求されることなどの問題点がある．

5.4.5 ステンレスシート防水

ステンレスシート防水とは，コンクリートなどの下地の上に，ステンレス鋼薄板からなるステンレスシートを敷き，シーム溶接で連続的に溶接して，防水層を形成する工法である．詳細は，「6.3.2（1）金属シート防水」に後述する．

5.4.6 ケイ酸質系塗布防水

ケイ酸質系塗布防水とは，ポルトランドセメント，けい砂，ケイ酸質微粉末（活性シリカ）などからなる既調合粉体と水，または水およびセメント混和用

ポリマーディスパージョン（たとえば，SBR ラテックス，EVA およびポリアクリル酸エステルエマルションなど）を練り混ぜて作るケイ酸質系塗布防水材を，コンクリート下地の上に塗布して，コンクリート自体をち密化し，防水性を付与する工法である．施工後は，ケイ酸質系塗布防水材の中の活性シリカから溶出するケイ酸イオンがコンクリート下地の毛管空げき中に浸透・拡散し，おもにその中にあるカルシウムイオンと反応してケイ酸カルシウム水和物を生成し，毛管空げきを充填するので，コンクリートがち密化する．したがって，適用にあたっては，コンクリート下地の中の毛管空げきが水で十分に満たされていることが必要であり，鉄筋コンクリート造地下構造物の外壁や床面，水槽などのコンクリート下地の施工に適する．

5.4.7 モルタル防水

モルタル防水とは，防水剤を混入したモルタル（防水モルタルと呼ぶ）をコンクリート下地の上に塗装して，防水層を形成する工法である．多用されている防水剤は，高級脂肪酸系化合物とポリマーディスパージョンである．特に，ポリマーディスパージョン系防水剤は，一種のポリマー混和剤であり，モルタルの硬化に伴い，ポリマーフイルムをモルタル中に形成するため，防水性付与効果が優れている．

参考文献

1) 笠井芳夫・大濱嘉彦・松井 勇・出村克宣：新版建築材料学（新版 2 版），p.279（大濱嘉彦分担執筆），理工図書，2003 年
2) 日本建築学会編：建築工事標準仕様書・同解説 JASS 8 防水工事（第 5 版），p.108 および p.195，日本建築学会，2000 年

5.5　建築用シーリング材

5.5.1　建築用シーリング材の概要

建築用シーリング材は，建築物の構成材の目地（ジョイント）部および開口

```
建築用シーリング材 ─┬─ 不定形シーリング材 ─┬─ グレイジング用シーリング材（タイプG）
                  │  （単にシーリング材とも呼ぶ） │   (JIS A 5758)
                  │                      └─ 非グレイジング用シーリング材（タイプF）
                  │                          (JIS A 5758)
                  └─ 定形シーリング材 ─┬─ 発泡体ガスケット
                                      │   (JIS A 5750)
                                      └─ ガスケット
                                          (JIS A 5756)
```

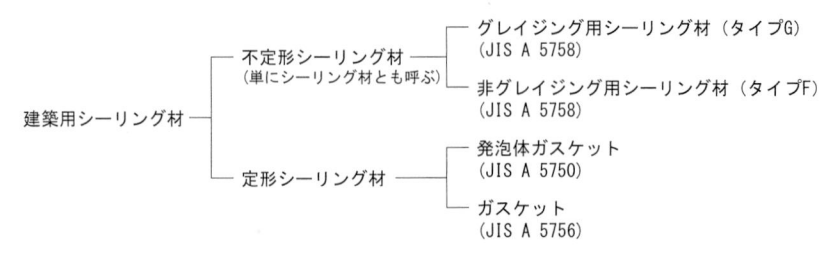

図 5.5.1　建築用シーリング材の種類[1]

部，サッシ回り，ガラスのはめ込み部，ひび割れ箇所など，建築物にとって有害な間げきに充填し，水密性および気密性を保持するものである．一般に，建築用シーリング材の基本的機能は，ほぼ次の2つに集約できる．
1) 間げきの充填
2) 充填後における密封

単に建築用シーリング材といっても，その形状や組成は一様でなく，その種類も多岐にわたっている．建築用シーリング材は，一般的には，図 5.5.1 に示すように，その製品形態によって，不定形シーリング材と定形シーリング材に二大別される．前者は，充填箇所（目地）の断面寸法が一定でない場合に，ガン，ナイフ，へらなどを用いて充填し，目地構成材料との接着（付着）を確保する粘着性のある不定形品である．後者は，充填箇所の断面寸法がほぼ一定である場合に押し込んで充填し，目地構成材料に押しつけた状態で密着させる成形品であり，おもにサッシへのガラスの取付けに用いられる．

5.5.2　不定形シーリング材

不定形シーリング材は，単にシーリング材とも呼ばれ，いずれも，施工時には粘着性のある不定形品であるが，施工後は硬化してその性能を発揮する．その用途によって，グレイジング（ガラスをはめ込み，固定すること）に使用するシーリング材（タイプG：グレイジング用シーリング材）と，グレイジング以外に使用するシーリング材（タイプF：非グレイジング用シーリング材）に二大別される．さらに，両タイプのシーリング材は，目地に対する適用性を示す指標となるムーブメント追従性（目地のムーブメントに対して，シール機能が効果的に維持されるシーリング材の追従性能），モジュラス（一定伸び時の

5.5 シーリング材

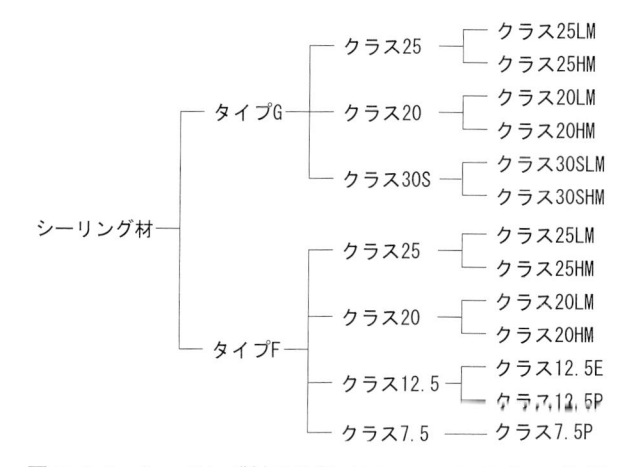

```
シーリング材─┬─タイプG─┬─クラス25────┬─クラス25LM
             │          │              └─クラス25HM
             │          ├─クラス20────┬─クラス20LM
             │          │              └─クラス20HM
             │          └─クラス30S───┬─クラス30SLM
             │                          └─クラス30SHM
             └─タイプF─┬─クラス25────┬─クラス25LM
                        │              └─クラス25HM
                        ├─クラス20────┬─クラス20LM
                        │              └─クラス20HM
                        ├─クラス12.5──┬─クラス12.5E
                        │              └─クラス12.5P
                        └─クラス7.5───クラス7.5P
```

図5.5.2 シーリング材の分類［JIS A 5758 に基づいて作成］
［ムーブメント追従性による区分］25：25％, 20：20％, 12.5：12.5％, 30 S：30％.
［一定伸び時の引張応力（モジュラス）による区分］LM：低モジュラス，HM：高モジュラス.
［弾性復元性による区分］E：弾性（復元性あり），P：塑性（復元性なし）.

引張応力）および弾性復元性によって，図5.5.2のように分類される．この分類の中で，クラス25, 20, 30Sおよび12.5Eのシーリング材を弾性シーリング材，また，クラス12.5Pおよび7.5Pのシーリング材を塑性シーリング材と呼ぶ．

シーリング材は，おもに液状エラストマー（常温でゴム状弾性を有する高分子物質をいう）であるポリサルファイド，シリコーン，変成シリコーン，ポリウレタン，アクリルウレタンなどをビヒクルとし，これに可塑剤，炭酸カルシウムやカーボンブラックのような充填剤，顔料，その他の配合剤を加え，よく練り合わせて均質なペースト状（またはマスチック状）にしたものである．その製品形態から，一成分形と二成分形に分類される．前者は，1つの包装からなり，そのまま施工できる状態にあるが，後者は，基剤と硬化剤の二成分からなり，施工時にそれらをよく練り混ぜ，架橋（橋かけ）などの化学反応によって硬化するもので，その特性値は，JIS A 5758（建築用シーリング材）に規定されている．また，わが国で使用されているシーリング材は，ほとんどがノンサグタイプ（垂直面の目地に充填したとき，垂れ下がり，すなわちスランプを生じないように作られたもの）であり，おもにカーテンウォール，ALC，プレキャストコンクリート部材などの目地に用いられる．図5.5.3には，目地の

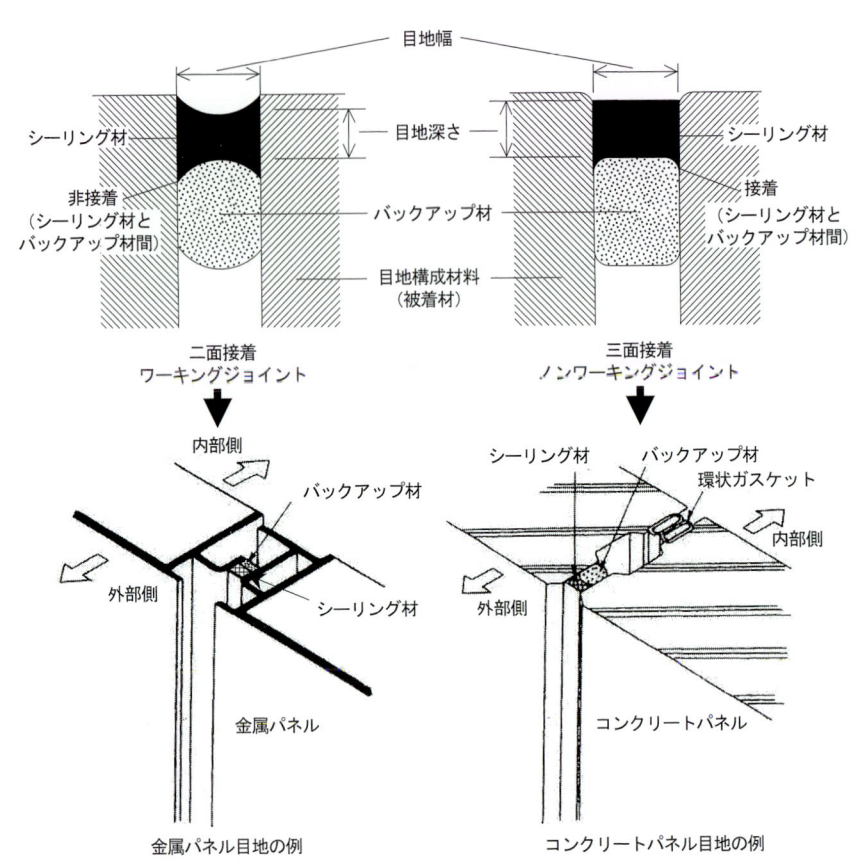

図5.5.3 目地（ジョイント）の基本的な構成およびシーリング材の使い方の例
［参考文献 1, 2) に基づいて作成］

基本的な構成およびシーリング材の使い方の例を示す．図5.5.3において，ワーキングジョイントとはジョイントムーブメントの大きい目地を，また，ノンワーキングジョイントとはムーブメントを生じないか，またはそれが微小の目地をいう．日本建築学会編 JASS 8（防水工事）には，シーリング材の一般的な性質，構法・部位・構成材とシーリング材との適切な組合せが示されている．

5.5.3 定形シーリング材

定形シーリング材は，その形状から発泡体ガスケットとガスケットに大別され，さらに，図 5.5.4[3]のように分類できる．一般に，ガスケットは，目地（接合部）に常に圧縮状態で取り付けられる．ガスケットに適用される圧縮シールの原理は，ゴム状弾性体の復元性を利用する．すなわち，ゴム状弾性体は，一定の空間に圧縮状態で詰められた場合，隣接する部材の表面に密着して水密性および気密性を与える．構造ガスケットの特性値は，JIS A 5756（建築用ガスケット）に規定されている．

```
                        ┌ 発泡体ガスケット ─┬ 気密ガスケット
                        │                  └ 目地ガスケット
定形シーリング材 ───────┤                    ┌ グレイジングガスケット
                        │                    ├ 気密ガスケット
                        └ ガスケット ────────┼ 目地ガスケット
                                             └ 構造ガスケット ──┬ H型
                                               （ジッパーガスケット）├ Y型
                                                                 └ C型
```

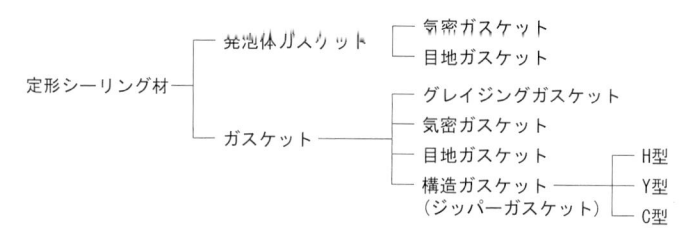

図 5.5.4 定形シーリング材の分類[1]

（1） 発泡体ガスケット

発泡体ガスケットは，ポリウレタン系を除き，クロロプレンゴム，EPDM，シリコーンゴムなどに，加硫剤，発泡剤，可塑剤，安定剤，充填剤，補強剤などを配合し，よく練り混ぜたのち，所定断面に押出成形して製造される．ポリウレタン系発泡体ガスケットは，成形した発泡ポリウレタンに合成樹脂などを含浸して製造される．気密ガスケットは，サッシ，ドアなどの装着に，また，目地ガスケットは，建築構成材の目地に使用される．

（2） ガスケット

ガスケットは，ポリ塩化ビニル，サーモプラスチックエラストマー，クロロプレンゴム，EPDM，シリコーンゴムなどに，加硫剤，可塑剤，安定剤，充填剤，補強剤などを配合し，よく練り混ぜたのち，所定断面に押出成形して製造される．図 5.5.5 には，代表的なガスケットの断面形状および施工例を示す．グレイジングガスケットは，サッシ，ドアなどへのガラスの取付け，気密ガスケットは，サッシ，ドアなどの可動部への装着，また，目地ガスケットは，建築構成材の目地に使用される．構造ガスケットは，ジッパーガスケットとも呼ばれ，

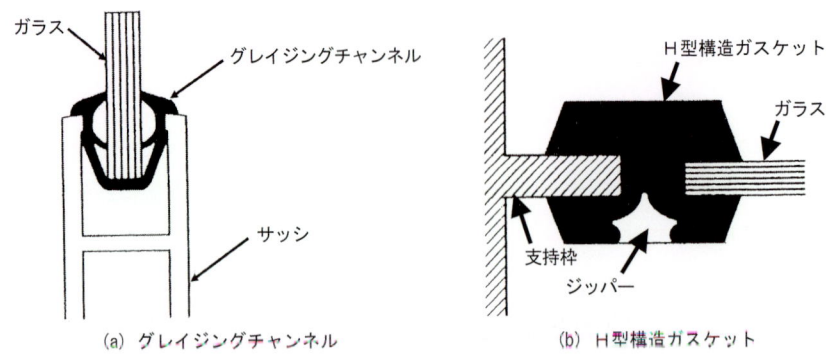

図5.5.5 代表的なガスケットの断面形状および施工例［JIS A 5756 に基づいて作成］

(a) グレイジングチャンネル
(b) H型構造ガスケット

建築構成材の開口部に取り付けて，ガラスなどを直接支持するもので，H型，Y型およびC型がある．

参考文献

1) 笠井芳夫・大濱嘉彦・松井 勇・出村克宣：新版建築材料学（新版2版），p. 239 および pp. 246-247（大濱嘉彦分担執筆），理工図書，2003 年
2) 日本建築学会編：建築材料用教材（改訂第3版），p. 108（田中享二分担執筆），日本建築学会，2006 年

5.6 接着剤

5.6.1 接着剤の概要

接着剤（接着材ともいう）は，2つ以上の材料（被着材，被着体と呼ぶ）の中間に介在し，被着材を互いに接合させる作用を有する材料をいい，建築分野では，部材の製造および床材，壁材，天井材，断熱材などの各種仕上材料の接着に広く用いられている．また，接着剤の発達によって従来の建築工法が一変し，合理化された．

使用される接着剤は，構造用よりも非構造用のものが多い．一般に，接着剤は，各種の合成樹脂や合成ゴムからなる主結合剤に，可塑剤，溶剤，充填剤な

5.6 接着剤

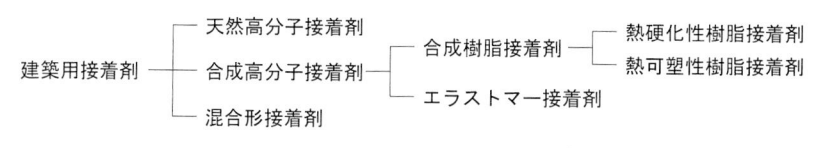

図 5.6.1 建築用接着剤の種類[1]

```
                  ┌─ 天然高分子接着剤
                  │                      ┌─ 合成樹脂接着剤 ─┬─ 熱硬化性樹脂接着剤
建築用接着剤 ─────┼─ 合成高分子接着剤 ───┤                  └─ 熱可塑性樹脂接着剤
                  │                      └─ エラストマー接着剤
                  └─ 混合形接着剤
```

どを加えて製造され，一成分形または二成分形製品として市販されている．図 5.6.1 には，建築用接着剤の種類をその主結合剤の化学組成上から分類して示す．表 5.6.1 には，主要な建築用接着剤の性能を示す．また，建築用接着剤の品質などは，用途ごとに次の JIS に規定されている：JIS A 5536（床仕上げ材用接着剤）；JIS A 5537（木れんが用接着剤）；JIS A 5538（壁・天井ボード用接着剤）；JIS A 5547（発泡プラスチック保温板用接着剤）；JIS A 5548（陶磁器質タイル用接着剤）；JIS A 5549（造作用接着剤）；JIS A 5550（床根太用接着剤）；JIS A 6922（壁紙施工用及び建具用でん粉系接着剤）．

5.6.2 接着の理論

接着とは，化学的なもしくは物理的（あるいは機械的）な力，またはこの2つの力の組合せによって，2つの固体の表面が結合した状態を意味する．建築分野における接着剤の利用の見地からは，図 5.6.2 に示すように，接着は，固

表 5.6.1 建築用接着剤の性能[1]

接着剤の種類		被着材の適用性										作業性	接着力	耐水性	耐アルカリ性	耐熱性	耐候性	経済性
性能		コンクリート/コンクリート	コンクリート/木材	コンクリート/金属	コンクリート/プラスチック	木材/木材	木材/金属	木材/プラスチック	金属/金属	金属/プラスチック	プラスチック/プラスチック							
アスファルト系		×	×	×	◎	×	×	△	×	×	×	◎	△	△	△	×	◎	◎
エポキシ樹脂系		◎	◎	◎	◎	◎	◎	◎	◎	◎	◎	△	◎	◎	◎	◎	◎	◎
酢酸ビニル樹脂系	エマルション形	△	◎	×	△	◎	×	△	×	×	×	◎	◎	×	×	△	△	◎
	溶剤形	△	◎	×	○	◎	×	○	×	×	△	◎	◎	△	△	△	△	◎
合成ゴム系	ラテックス形	△	○	△	△	○	△	○	△	×	△	◎	○	△	△	△	○	◎
	溶剤形	△	○	△	○	○	△	○	△	○	○	◎	○	○	○	△	○	◎

◎優，○良，△可，× 不可

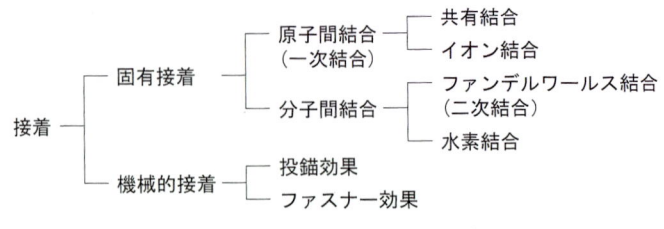

```
              ┌─ 原子間結合 ─┬─ 共有結合
              │   (一次結合) └─ イオン結合
    ┌─ 固有接着 ┤
    │         │              ┌─ ファンデルワールス結合
接着 ┤         └─ 分子間結合 ─┤   (二次結合)
    │                        └─ 水素結合
    │
    └─ 機械的接着 ┬─ 投錨効果
                 └─ ファスナー効果
```

図 5.6.2　接着機構の分類[1]

有接着と機械的接着に分類され，それらのいずれかまたはそれらの組合せの効果によるものとする考え方が最も信頼されている．一般に，被着材表面を接着剤でぬらして張り合わせると，両者の間に引力が働く．この状態が接着である．

（1）　固有接着

固有接着は，接着剤と被着材間におもに，一次結合，二次結合および水素結合を形成して結合する接着である．

1) 一次結合：化学反応の結果生ずるもので，化学結合と呼ばれ，原子間の引力による．接着では，架橋などによる共有結合がおもに利用され，強い接着力を得るには理想的な結合といえるが，通常の接着では，一次結合を生ずる場合は少ない．例としては，木材や金属［その表面にヒドロキシル基(-OH)をもつ］のイソシアネート系接着剤［活性なイソシアネート基(-NCO)をもつ］による接着，FRPやポリマーコンクリートの製造時のガラス繊維や骨材のビニルシラン（カップリング剤の一種）処理において生ずる．

2) 二次結合：ファンデルワールス力によるものであり，多くの接着剤と被着材間の接着力発現に大きな役割を果たす．その結合力は，分散力，配向力および誘起力の3分力からなるが，接着に対する寄与度は，分散力が最も高く，誘起力はほとんど無視される．

3) 水素結合：N，O，Fのような電気陰性度（電子を引きつける力の度合）の大きい原子に結合している水素原子（正に荷電）と，電気陰性度の小さい原子（負に荷電）の間に生ずる静電気的な結合で，極性分子の有する-OH基と-OH基間，-CO基と-NH基間などに起こりやすい．代表例としては，

エポキシ樹脂接着剤による木材，金属，コンクリートなどの接着がある．

いずれにしても，最大の結合エネルギーをもつ一次結合が，接着にとっては理想的な結合であるが，一般の接着剤では，この形成はまれで，実際上多くの接着剤では，二次結合と水素結合を利用した接着が行われる．

(2) 機械的接着

機械的接着は，図5.6.3に示すように，接着剤と被着材間のインターロッキング（からみ合い）に基づく投錨効果とファスナー効果によって結合する接着である．その両効果は，接着剤のレオロジー的性質とぬれの程度に支配される．

5.6.3 天然高分子接着剤

最近では，合成高分子接着剤がほとんど万能的に使われるが，ごく一部では，まだいくつかの天然高分子接着剤が用いられている．主要なものには，カゼイングルー，大豆グルーにかわ，血液アルブミンのようなタンパク質，メチルセルロースやカルボキシメチルセルロースのようなセルロース誘導体，アスファルトやピッチのようなビチューメン，デンプン，デキストリン，アラビアゴム，つのまた，ふのり，ロジン，セラック，漆，天然ゴムなどがある．

5.6.4 熱硬化性樹脂接着剤

熱硬化性樹脂接着剤は，熱硬化性樹脂を主結合剤とするもので，適当な触媒または硬化剤の添加によって化学反応が起こり，加熱または常温硬化する接着剤である．熱硬化性樹脂接着剤には，尿素樹脂接着剤，メラミン樹脂接着剤，フェノール樹脂接着剤，レゾルシノール樹脂接着剤，ポリエステル樹脂接着剤，エ

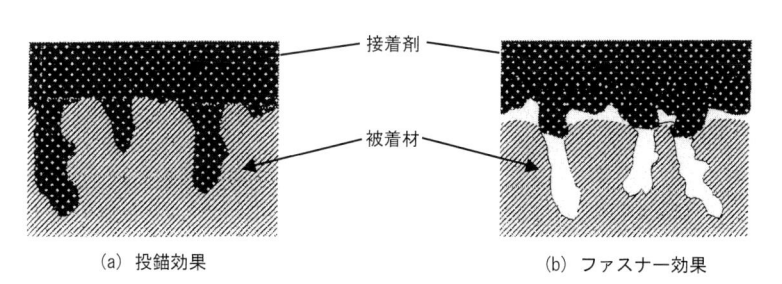

(a) 投錨効果 　　　　　　　　(b) ファスナー効果

図5.6.3 機械的接着の機構[1]

ポキシ樹脂接着剤などがある.

5.6.5 熱可塑性樹脂接着剤

熱可塑性樹脂接着剤は,熱可塑性樹脂を主結合剤とする製品で,溶剤形,エマルション形およびホットメルト形がある.いずれも,ガラス転移点を有し,この温度以上に加熱されると,接着力が急激に低下する欠点がある.熱可塑性樹脂接着剤には,酢酸ビニル樹脂およびその誘導体の接着剤,アクリル樹脂接着剤,シアノアクリレート接着剤などがある.

5.6.6 エラストマー接着剤

エラストマー接着剤は,天然ゴム,合成ゴムなど,ゴム状弾性を有する高分子,すなわち,エラストマーを主結合剤とする製品で,溶剤形とラテックス形があり,接着にあたって加熱を必要としない.エラストマー接着剤には,天然ゴムおよび再生ゴム接着剤,クロロプレンゴム接着剤,ニトリルゴム接着剤,スチレンブタジエンゴム接着剤などがある.

5.6.7 混合形接着剤

混合形接着剤には,水性高分子–イソシアネート系接着剤がある.この接着剤は,ポバール(ポリビニルアルコール)のような水溶性ポリマーの水溶液もしくはSBRラテックス,エチレン酢酸ビニル共重合樹脂やポリアクリル酸エステルエマルションのような水性ポリマーディスパージョンまたはそれらの混合物を主成分とする基剤と,イソシアネート化合物あるいはそのプレポリマーを主成分とする架橋剤からなる二成分形接着剤で,ポリマー水溶液または水性ポリマーディスパージョン中のヒドロキシル基と架橋剤のイソシアネート基が反応して,常温硬化する.この接着剤の長所は,初期接着性,低温接着性,耐水性,耐熱性などに優れていることで,合板,パネルおよび集成材の製造,一般木工用などによく用いられる.

5.6.8 構造用接着剤

特に,以下に示すSSG構法における構造接着およびRC構造物のひび割れ

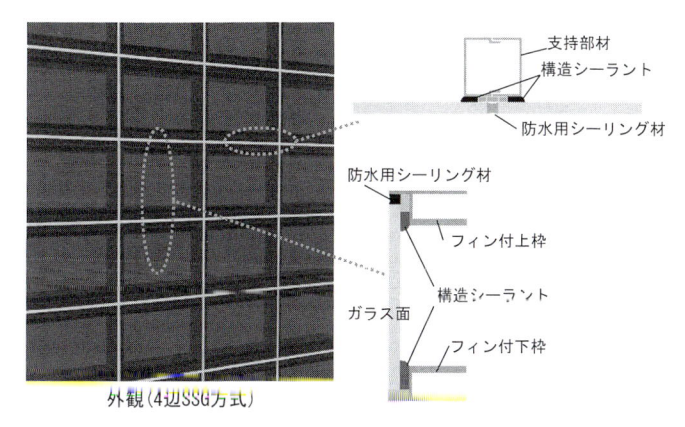

図 5.6.4 SSG 構法によるガラスカーテンウォール

注入に用いる接着剤は，構造用接着剤として位置付けることができる．

SSG 構法とは，Structural Sealant Glazing 構法の略称であり，接着剤（構造シーラント）を用いて，板ガラスを室内側の金属支持部材に直接接着する構法である．板ガラスの支持にサッシを使用しないため，ガラス面を強調した外観をデザインすることができる．SSG 構法は，板ガラスの支持方式によって，次のように分類される．

・2 辺 SSG 方式：板ガラスの 2 辺をサッシで支持し，他の 2 辺を構造シーラントで支持する方式
・4 辺 SSG 方式：板ガラスの 4 辺を構造シーラントで支持する方式

2 辺 SSG 方式では，縦または横に帯状のガラス面を構成でき，4 辺 SSG 方式では前面がフラットなガラス面をもつ外観を構成できるデザイン的特徴がある．図 5.6.4 には，SSG 構法によるガラスカーテンウォールを示す．このような外観構成を可能にしている材料が構造シーラントであり，ガラスと金属支持部材間の接着強度が大きく，部材の動きに追従する物性を有するシリコーン系接着剤が用いられている．

5.6.9　鉄筋コンクリート構造物の補修・補強材

鉄筋コンクリート構造物の補修および補強において，構造性能回復を目的にひび割れ箇所に注入して用いる材料が，ひび割れ注入材である．ひび割れ注入

材には，エポキシ樹脂やアクリル樹脂などの有機系注入材と，セメント系およびポリマーセメント系注入材がある．特に，エポキシ樹脂接着剤は接着性に優れることから，鉄筋コンクリート構造物のひび割れ注入材として古くから使用されており，その品質が JIS A 6024（建築補修用注入エポキシ樹脂）に規定されている．エポキシ樹脂系接着剤は，0.05 mm 程度のひび割れから 5 mm 程度の幅の広いひび割れまで注入可能である．一方，熱膨張係数がセメントコンクリートに近いこと，湿潤面であっても接着性が期待できること，鉄筋に対する防錆（せい）効果が期待できることなどの理由から，セメント系およびポリマーセメント系注入材が開発されている．セメント系またはポリマーセメント系注入材であっても，超微粒子セメント（最大粒径：16 μm 以下）を用いることによって，0.05 mm 程度のひび割れに注入できるものもある．

参考文献

1) 笠井芳夫・大濱嘉彦・松井 勇・出村克宣：新版建築材料学（新版 2 版），pp. 265-268（大濱嘉彦分担執筆），理工図書，2003 年

5.7 防火・耐火材料

5.7.1 防火・耐火材料の概要

　建築の安全性の観点から，建築物の不燃性，防火性能，耐火性能を構成しているのが防火・耐火材料である．火災の現象は，図 5.7.1 のように進行し，その火災進行過程で材料の高温時の性状がかかわっている．内装材料に可燃性のものを使っていると，火災による温度の上昇に伴って可燃性ガスが徐々に蓄積され，火源規模が急激に拡大して壁や天井に燃え広がり，一挙に部屋全体が火炎に包まれる（フラッシュオーバーという）現象が起こる．したがって，建築の防火手段としては，出火防止，火災の成長遅延，煙・有毒ガス防止，倒壊防止，延焼防止がはかられ，防火・耐火のための性能，材料，構法が法令で規定されている．材料については，不燃材料，準不燃材料，難燃材料が規定され，構法としては，耐火構造，準耐火構造，防火構造，準防火構造が規定されてい

5.7 防火・耐火材料　225

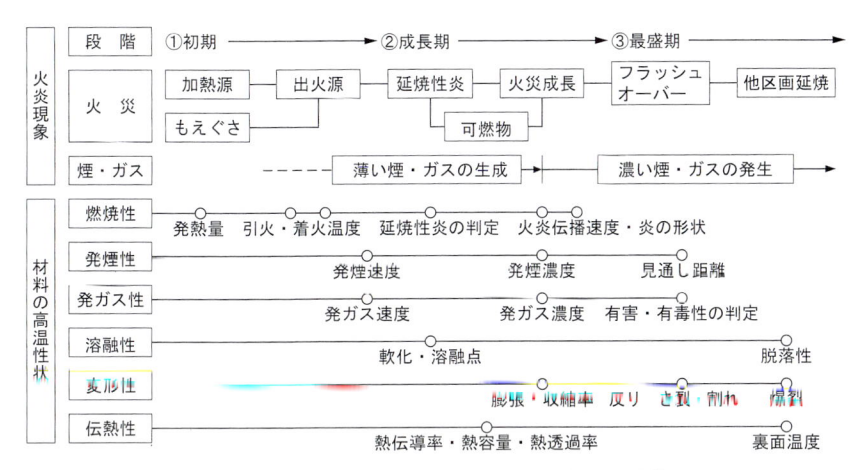

図5.7.1　火災の進行段階と材料の高温性状[1]

る．そのほかに，内装制限，開口部，防火戸，防火区画などの規定がある．

5.7.2　材料の高温時の性状

　火災に対する建築の安全性にかかわる材料の高温時の性状として，燃焼現象と物理的現象がある．材料の加熱時特性と防火，耐火との関係は，以下のとおりである．

（1）　燃焼現象

1) 着火：可燃物，酸素および熱源が燃焼の三要素であり，燃焼の指標として引火温度と発火温度がある．火災の着火性試験は，規定の条件で加熱し着火するまでの時間（着火時間）で評価される．木材は，加熱されると熱分解が進行して約260°Cで引火し，約430°Cで発火する．プラスチックの着火は，その種類によって異なり，ポリ塩化ビニルは，引火温度390°C，発火温度450°Cである．

2) 燃焼：これは，火災の基本現象であり，燃焼による発熱は，燃焼拡大，燃焼時間，火災温度，発煙などに関係する．木材の燃焼による発熱量は，約19 KJ/gである．

3) 発煙，発ガス：燃焼条件によって発煙，発ガスの性状は著しく異なる．煙と有毒ガスは避難の際の視界不良，呼吸困難，意識不明をきたし，犠牲者

を増大させる．有毒ガスには CO，HCl，HCN などがある．

4) 炭化：可燃物が酸素欠乏の状態で熱分解すると炭化する．炭化層は熱伝導率が低いために，大断面の木材は火災時の表面からの断面欠損速度が低くなる．したがって，大きな断面の木材を用いた構造(ヘビーティンバー構造)は，耐火性を認められる場合がある．

(2) 物理的現象

1) 熱膨張：熱膨張が拘束されると熱応力が発生し部材に変形が生ずる．ガラスは部分的な温度差があると熱応力によって熱割れを起こし，火災時には窓ガラスが割れて炎が噴出して延焼する．したがって，防火上必要な個所はガラスが割れても脱落しないように，網入りガラスを用いなければならない．

2) 軟化，溶融：プラスチック類は，100〜200°C で軟化して有害な変形を起こす．アルミニウムの融点は 660°C であるから，火災時にはサッシなどの変形，脱落が起こり，防火には不利である．防火戸は融点の高い鋼製にしなければならない．

3) 脱水：セメント系材料，コンクリートは 400°C 以上になると結晶水が脱水して強度が低下する．多数のひび割れが発生し，コンクリート表面の爆裂も起きる．せっこう系材料は約 170°C で二水せっこうの脱水が始まり，温度上昇を抑えるので，せっこうボードは防火上有利である．

4) 伝熱：防火構造，耐火構造における加熱の影響の深さには，被覆材の熱伝導率が最も強く影響し，部材の熱容量，脱水などの熱吸収も関係する．

5) 強度低下：火災時の加熱温度は，1,000°C 前後に達する．構造体として用いられる鋼材とコンクリートは，約 500°C でその強度が半減し倒壊する危険性がある．鋼構造や鉄筋コンクリート構造の耐火構造は，火災時に内部の鉄骨や鉄筋が高温に達しないように，耐火被覆またはコンクリートのかぶり厚さで守られている．

5.7.3 不燃材料・準不燃材料・難燃材料

建築物の防火性能を考える場合，まず第一にそこに用いられている建築材料が火災時に生ずる加熱に対して不燃性能を保持しているかどうかが問題となる．

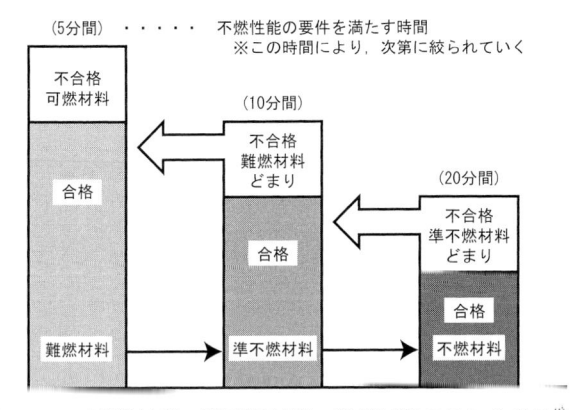

図 5.7.2 不燃材料・準不燃材料・難燃材料のランク付け[3]

材料の不燃性に関する技術的基準は，通常，火災の火熱に対して，1) 燃焼しないこと，2) 防火上有害な変形，溶融，き裂などの損傷を生じないこと，3) 避難上有害な煙やガスを発生しないこと，と規定されている（建築基準法2条9，および同施行令108条2）．この技術的基準を，図5.7.2に示すとおり，不燃

表 5.7.1 不燃材料・準不燃材料・難燃材料の例

不燃性能のランク	指定材料
不燃材料	金属板，鉄鋼，アルミニウム 石，レンガ，瓦，陶磁器質タイル，ガラス，ロックウール板，グラスウール板 コンクリート，モルタル，しっくい 繊維強化セメント板，ガラス繊維混入セメント板（厚さ3mm以上） 繊維混入ケイ酸カルシウム板（厚さ5mm以上） せっこうボード（厚さ12mm以上，原紙の厚さ0.6mm以下）
準不燃材料	せっこうボード（厚さ9mm以上，原紙の厚さ0.6mm以下） パルプセメント板（厚さ6mm以上） 木毛セメント板（厚さ15mm以上） 硬質木片セメント板（厚さ9mm以上，かさ比重0.9以上） 木片セメント板（厚さ30mm以上，かさ比重0.5以上）
難燃材料	難燃合板（厚さ5.5mm以上） せっこうボード（厚さ7mm以上．原紙の厚さ0.5mm以下）

材料は 20 分間, 準不燃材料は 10 分間, 難燃材料は 5 分間満足するというように, 不燃性能の要件を満足する時間の長さによって防火材料は区分される. 不燃材料, 準不燃材料および難燃材料には, 国土交通大臣が政令（告示）で定めた材料とそのほかに認定を受けた材料がある. 表 5.7.1 には, 告示で定められた材料の例を示す.

5.7.4 耐火構造と材料

建築物の構造体としての防火的な安全性能を考えると, 前述の建築材料としての不燃性のみでは十分ではなく, 火災時にあって建築物の倒壊や延焼を防止したり, あるいは延焼を抑制することが求められる. たとえば, 図 5.7.3 に見られるように, 耐火構造には「耐火性能」が必要であり, 次項の 5.7.5 で述べる防火構造には「防火性能」が必要とされる. しかしながら, 建築物の規模や用途によって要求される性能は同一のものではなく, 不燃性能の場合のように同じ性能上の時間の長短のみでは論じられない部分も出てくる.

耐火性能とは, 火災による建築物の倒壊および延焼を防止するために主要構造部分に必要な性能である. すなわち, 火災が終了するまで倒壊や延焼を防止するための性能であり, 火災終了後も構造的に安全であることが要求される. それに対して, 準耐火性能は, 通常の火災による延焼を抑制するために主要構造部分に必要とされる性能で, 火災終了後の倒壊防止までは求めていない.

耐火性能の技術的基準には, 非損傷性, 遮熱性および遮炎性があり, 耐火構造では, 階数に応じて壁, 柱, 床, 梁などの部位ごとに技術基準を満足する時間が, 表 5.7.2 のように定められている.

代表的な耐火構造の例としては, 鉄筋コンクリート造, 鉄骨鉄筋コンクリート造, 鉄骨をリブラスと吹付けロックウールなどで覆ったものなどがある. すなわち, 鉄筋コンクリート造と鉄骨鉄筋コンクリート造は, 耐

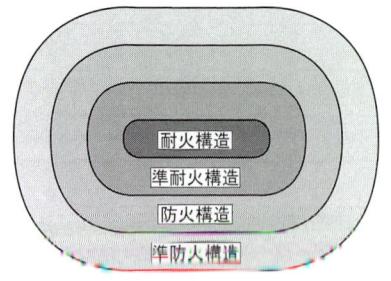

図 5.7.3 耐火構造・準耐火構造・防火構造・準防火構造の関係[3]（性能上のランクによる包含関係）

5.7 防火・耐火材料

表5.7.2 部位に必要な耐火時間

性能	部位		耐火構造 最上階からの階数			45分準耐火構造	1時間準耐火構造	防火構造	準防火構造
			1～4	5～14	15～				
非損傷性	耐力壁	間仕切壁	1時間	2時間	2時間	45分間	1時間		
		外壁	1時間	2時間	2時間	45分間	1時間	30分間	20分間
	柱		1時間	2時間	3時間	45分間	1時間		
	床		1時間	2時間	2時間	45分間	1時間		
	はり		1時間	2時間	3時間	45分間	1時間		
	屋根		30分間			30分間	30分間		
	階段		30分間			30分間	30分間		
遮熱性	非耐力壁・軒裏	延焼のおそれのある部分	1時間			45分間	1時間	30分間	20分間 外壁のみ
		上記以外の部分	30分間			30分間	30分間		
	床		1時間			45分間	1時間		
遮炎性	外壁	延焼のおそれのある部分	1時間			45分間	1時間		
		上記以外の部分	30分間			30分間	30分間		
	屋根		30分間			30分間	30分間		

非損傷性：構造上支障のある変形，溶融，破壊その他の損傷を生じないこと．
遮熱性：加熱面以外の面（屋内）の温度が可燃物燃焼温度（平均160℃またはその面の最高温度が200℃に達した状態）以上に上昇しないこと．
遮炎性：屋外に火炎を出す原因となるき裂その他の損傷を生じないこと．外壁および屋根に限って求められるもの．

火構造に一般指定されており，コンクリートのかぶり厚によって火熱から保護されている．それに対して鋼構造には耐火被覆が必要で，その耐火被覆材料には，不燃性で伝熱性の小さい材料が用いられる．表5.7.3は，鋼構造の耐火被覆材の種類である．

一方の準耐火構造は，主要構造部分が準耐火性能を満足するものである．準耐火性能に関する技術的基準は耐火性能の場合と同じであるが，耐火構造の場合のように階数による耐火時間の割増はなく，一様に45分間（屋根・階段に

表 5.7.3　耐火被覆材の種類

吹付工法	成形板張り工法
吹付けロックウール	ケイ酸カルシウム板
せっこう混入吹付けロックウール	繊維強化せっこうボード
セラミックス系吹付けモルタル	ALC パネル
せっこう系吹付け材	押出成形セメント板

ついては 30 分間）となっている．ただし，たとえば，本来は耐火構造としなければならない 3 階建共同住宅を準耐火建築物とする場合は，1 時間耐火としなければならない．

　耐火構造ならびに準耐火構造の構造方法（適合仕様）は，部位ごとに告示で示されている．

5.7.5　防火構造と材料

　防火性能とは，近隣の建築物からの出火など建築物の周囲において発生する火災からの延焼を防止・抑制するために，木造建築物などの外壁または軒裏に限って必要な性能である．また，準防火性能は，延焼の防止・抑制に一定の効果を発揮するように，外壁のみに要求される性能である．防火性能あるいは準防火性能を有する構造が，それぞれ防火構造あるいは準防火構造である．防火構造および準防火構造の構成には，告示による仕様と認定を受けたものがある．

　防火被覆材料としては，おもに不燃材料および準不燃材料が用いられる．代表的な防火構造は鉄網モルタル塗構造であり，木造下地は塗厚 20 mm 以上，鉄骨下地は塗厚 15 mm 以上が防火構造となる．金属板，窯業系ボード類は単体あるいはせっこうボードやロックウール板などとの組合せで防火構造の認定を受けている．

　防火性能に関する技術的基準としては，耐力壁である外壁にあっては加熱開始後 30 分間の非損傷性，外壁および軒裏にあっては加熱開始後 30 分間の遮熱性が求められている．一方の準防火性能に関する技術的基準としては，同様の項目に対して各々 20 分間耐えることが求められている（表 5.7.2 参照）．

参考文献

1) 建築学大系編集委員会：建築防火論，建築学大系 21，彰国社，1976 年
2) 日本火災学会編：火災便覧，共立出版，1997 年
3) 高木任之：建築基準法の性能規定を読みこなすコツ，学芸出版社，2000 年

5.8 断熱材料

5.8.1 断熱材料の概要

冬は暖かく，そして夏は涼しく快適に暮らすために，建築物の断熱が必要になる．建築物の冷暖房は，居住消費エネルギーの約 1/3 を占めている．その意味で，高断熱・高気密は，居住性向上と省エネルギーを目的とした構法である．

（1） 断熱の効果

建築物の断熱には，次の3つの効果がある．
1) 居住性向上：熱移動が減少するため室内の温度分布が安定し，快適な温度環境を作り出すことができる．
2) 省エネルギー：熱の放散が減少するため冷暖房負荷が小さくなり，建築物の消費エネルギーを削減できる．
3) 結露防止：防湿層と組合わせて表面結露，内部結露を防止できる．

（2） 熱の移動

熱の移動には3つの要因がある．断熱には，これらの要因を効果的に遮断することが必要である．
1) 伝導：物質中の熱エネルギーの移動が熱伝導である．熱伝導は，物質の密度に関係し，固体（金属＞非金属）＞液体＞気体の順に小さくなる．
2) 対流：気体および液体の温度差による対流で，熱が伝達される．部位や材料の断面内のすき間が大きいと，対流が活発になる．
3) 放射：放射熱（ふく射熱ともいう）として，空間や透明な物質を透過して伝達される．

5.8.2 材料および部位の熱特性

断熱性に関係する材料の性質として，比熱，熱伝導率および密度がある．材料および部位の熱特性としては，次のような事項がある．

（1） 比熱

部材の熱容量は，比熱×質量で表される．熱容量の大きな躯体は，温まりにくく冷えにくい．内断熱か外断熱かによって，室内側の熱容量が違ってくる．外断熱の場合には，躯体の外側に断熱層が設けられるので，室内側の熱容量が内断熱の場合より大きくなる．そのために，外断熱の方が室内の温熱環境は安定する．

（2） 熱伝導率

熱伝導率は，熱の伝わりやすさを表す材料の熱特性である．一般的に，断熱材料は繊維質または多孔質で空げきを多量に包含し，熱伝導率は，$0.02 \sim 0.1 \, \text{W/(m·K)}$ である．図 5.8.1 には，密度と熱伝導率の関係を示すが，この図から，熱伝導率は，材料の密度に関係していることがわかる．ただし，繊維

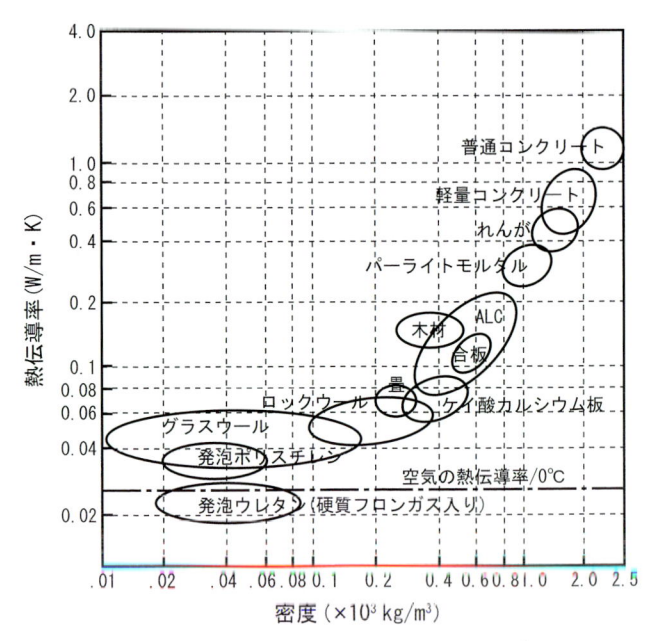

図 5.8.1　建築材料の密度と熱伝導率[3]

質の断熱材では，空げきが大きすぎると対流によって，熱伝導率が増大する場合がある．含水率は，熱伝導率に影響し，水分の浸透や内部結露は，熱伝導率を著しく増大させるので，吸水性の断熱材には，防湿処置が必要である．

（3） 熱伝達率

材料の表面と空気が接する場合に，両者間の熱移動を表す指標が熱伝達率である．建築での熱伝達率は，風速，表面粗さに加えて，壁面，床面，天井面などの部位によって異なる．

（4） 熱貫流率

建築部位の両面が空気に接し，温度差があると，高温側から低温側に熱が流れる．部位を貫通する熱移動のしやすさを表すのが，熱貫流率であり，部位の断熱性能の指標になる．

$$熱貫流率 K = \frac{1}{\frac{1}{\alpha_1} + \sum \frac{d_i}{\lambda_i} + \frac{1}{\alpha_2}} \qquad (5.8.1)$$

α_1：外面の熱伝達率，α_2：内面の熱伝達率，λ_i：熱伝導率，d_i：材料の厚さ

（5） 放射熱

物体の表面は，放射熱を出したり受け取ったりしている．放射熱に対して建築部位表面や断熱層表面の吸収率と放射率を低くすれば，熱遮断性が向上する．

5.8.3　断熱構法と材料

（1） 断熱材料の分類

断熱材の種類を材料形状，空げき組織によって分類して表5.8.1に示す．材料形状は，断熱工法と関連し，空げき組織は熱伝導率や吸湿性と関係が深い．また，材質，すなわち無機質か有機質かは，耐熱性や耐久性に影響する．

（2） 断熱工法

断熱材の施工方法には，次のような工法があるが，いずれの場合もすき間なく均等に敷設することが大切である．

・充填工法：フェルト状またはボード状断熱材を下地骨組みの間にはめ込み充填する．
・張付け工法：ボード状断熱材を接着剤，くぎなどにより下地に取付ける．
・打込み工法：ボード状断熱材をコンクリートの型枠内に一緒に打込む．

表5.8.1　断熱材の種類

形状	繊維質	多孔質	工法
フェルト状	グラスウール ロックウール		充填工法
ボード状	グラスウール板 ロックウール板 インシュレーションボード	ポリスチレンフォーム 押出発泡ポリスチレン 硬質ウレタンフォーム ポリエチレンフォーム	充填工法 張付け工法 打込み工法
ばら状 （綿・粒状）	グラスウール ロックウール セルロースファイバー	発泡ポリスチレンビーズ	吹込み工法 吹付け工法
現場発泡		硬質ウレタンフォーム ユリアフォーム	吹込み工法 吹付け工法

・吹込み工法：ばら状断熱材または現場発泡断熱材をホースなどで吹込む．
・吹付け工法：ばら状断熱材または現場発泡断熱材を壁面などに吹付ける．

（3）　内断熱と外断熱

　断熱層の位置が室内側か屋外側かによって，建築物の熱環境が変わる．外断熱は室内温度の安定化，ヒートブリッジ（熱橋）ができにくい，内部結露が起こりにくい，構造体の保護などの利点がある．そのために，寒冷地の鉄筋コンクリート造などで熱容量の大きな建築物に外断熱が普及している．

（4）　ヒートブリッジ，すき間

　ヒートブリッジは，断熱層の局部的な弱点である．ヒートブリッジがあると結露が生じやすく熱損失が大きくなるので，ヒートブリッジとなる場所には断熱補強が必要である．また，すき間があると気流による熱損失が生じるので，気流止めと断熱材の充填が必要である．高断熱になるほどヒートブリッジやすき間の影響は大きくなる．

（5）　防湿層

　内部結露や断熱性の低下防止のために，室内側からの湿気移動を防ぐ防湿層が室内側に設けられる．防湿層としては，ポリエチレンフィルム，ターポリン紙，アルミニウムはく，これらのラミネートフィルムなどが使用される．繊維状断熱材には，一般に防湿外被が施され，アルミニウムはくは放射熱遮断の働

きをしている．

（6） 通気層

部位内部の通気層の気流によって熱や湿気を逃がせば，耐久性ばかりでなく断熱性や結露を改善できる．通気層を設ける場合には，断熱材との間に防風層が必要である．

参考文献

1) 日本建築学会：建築工事標準仕様書・同解説 JASS 24 断熱工事，日本建築学会（発売：丸善），1995 年
2) 日本建築学会編：建築設計資料集成 1 環境，丸善，1978 年
3) 新建築学大系編集委員会：新建築学大系 47 仕上材料と施工，彰国社，1983 年

5.9 音響材料

5.9.1 音響材料の概要

音波は，物理量であり，人間にとっての音は，感覚量である．音環境は，物理的にも心理的にも生活に大きな影響を与えるものであるが，音波は，空気中も固体中も伝搬するので制御がむずかしい．

（1） 建築の音環境

建築の音環境を快適に保つためには，十分な遮音，適度な吸音，衝撃音防止が必要である．

1) 十分な遮音：外部の騒音を遮断し，内部の音を外に出さないことによって，静かな環境とプライバシーが保たれる．
2) 適度な吸音：室内の残響を制御して，言葉の明瞭度や音楽の効果を高める．
3) 衝撃音防止：歩行などの衝撃音の防止と外への伝搬を防ぐ．

（2） 建築部位の音の特性値

建築部位に入射した音エネルギーは，図 5.9.1 のように，反射，吸収，透過する．部位の音の特性値には以下に示すものがある．これらは，材料や構法だけでなく，音の周波数や入射角などによっても変化する．

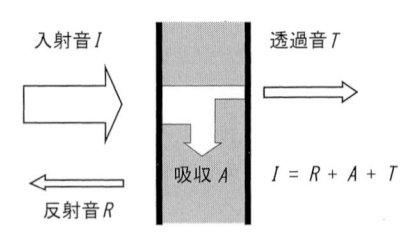

図5.9.1 音エネルギーの反射・吸収・透過

1) 吸音率α：吸音の程度を表す．入射エネルギーに対する吸収・透過エネルギーの割合である．

$$\alpha = \frac{入射エネルギー - 反射エネルギー}{入射エネルギー} = \frac{I-R}{I} \quad (5.9.1)$$

2) 透過率（τ）：遮音の程度を表す．入射エネルギーに対する透過エネルギーの割合である．

$$\tau = \frac{透過エネルギー}{入射エネルギー} = \frac{T}{I} \quad (5.9.2)$$

3) 透過損失（T. L）：遮音の程度を表す．透過エネルギーに対する入射エネルギーの割合の対数である．

$$T.L = 10 \cdot \log_{10}\frac{入射エネルギー}{透過エネルギー} = 10 \cdot \log_{10}\frac{1}{\tau} \quad (dB) \quad (5.9.3)$$

5.9.2 吸音構法と材料

吸音材料には，多孔質材料，板（膜）状材料，あなあき板材料があり，それぞれ吸音機構が異なっている．また，吸音特性は，材料単体では決まらず，その部位の断面構成つまり吸音構法によって変化する．

（1） 多孔質吸音材料

多孔質吸音材料としては，繊維質材料あるいは連続気泡材料が用いられる．細かな多数の連続空げきに音波が入射し，空気の粘性摩擦や微小組織の振動によって音エネルギーが熱エネルギーに変換されて吸収される．また，この材料は中高音域の吸音特性を有し，厚さの増加や背後空気層によって低音域の吸音性も改善される．

（2） 板（膜）状吸音材料

板状および膜状吸音材料は，背後空気層があれば音圧によって共振現象が起こり，振動エネルギーが熱エネルギーに変換されて吸収される．また，この材料は低音域の吸音特性を有している．

（3） あなあき板吸音材料

あなあき板吸音材料は，板状材料に多数のあなやスリットを開け背後空気層を設けたものであり，その空間の共鳴現象によって音エネルギーが吸収される．開孔面積と背後空気層の大きさの組合せで吸収音域は変化する．また，開孔の直後に繊維質材料や膜状材料を配置すれば，この材料の吸音率は増加する．

5.9.3 遮音構法と材料

遮音を主目的にした材料は少ない．建築の遮音は，部位本体の構法によっており，開口部があればその影響が強い．開口部の遮音対策としては，ドアやガラスを厚くして面密度を大きくすることや二重ガラスにすることが有効である．高音域の遮音には，建具の気密性の影響が大きい．コンクリートなどの単一材料で構成される壁や床の透過損失は質量法則に従い，面密度が大きいほど遮音性が高くなる．また，壁や床の遮音のためには，外面と内面が結合しないように切り離して独立させる必要がある．外面と内面の二重構造になっている壁は，その例であるが，その中に繊維質の吸音材を入れることも効果がある．

参考文献

1) 日本音響材料協会編：騒音対策ハンドブック，技報堂，1967年
2) 日本建築学会編：建築設計資料集成 1 環境，丸善，1978年
3) 新建築学大系編集委員会：新建築学大系 47 仕上材料と施工，彰国社，1983年

5.10 その他の機能性材料

5.10.1 衝撃，振動と材料

床の振動や衝撃音は，居住性を大きく左右する．床衝撃音には軽量衝撃源と

重量衝撃源とがある．また，その他の振動としては設備機器の振動や地震などがある．

(1) 床衝撃音と材料

靴音のような軽量衝撃音には，衝撃を吸収する柔軟な床仕上材が有効である．柔軟な床仕上材としては，たたみ，カーペット，フェルト，コルクおよび合成ゴムタイルなどがある．

重い落下物などによる重量衝撃音に対しては，床スラブの重量と剛性を大きくして振動を抑制する必要がある．また，浮き床構法とし，緩衝材を入れると，衝撃エネルギーの吸収効果がある．浮き床構法の緩衝材としては，ロックウール緩衝材，グラスウール緩衝材，防振ゴム，金属ばねおよび空気ばねなどが用いられる．

(2) 機械振動の伝搬防止

設備機器の据付けや配管，ダクトの支持には防振ゴムを用いて振動音の発生や建築物への機械振動の伝搬を防止する必要がある．

(3) 地震による振動と材料

建築物の免震構造には，積層ゴム支承，すべり支承およびローラー支承がある．制震構造には，鉛，鋼，粘性体，油などを利用したダンパーが用いられる．

5.10.2 採光と材料

現在の建築の室内は，たいへん明るくなっており，自然光の利用は，省エネルギーのためにも必要である．採光材料の筆頭は板ガラスであり，ガラス壁面は建築デザインの重要な要素にもなっている．アクリル樹脂は光の透過率がガラス以上ではあるが，耐久性や変形の大きさにおいてガラスに及ばない．建築の採光面積の拡大に伴って，日射，明るさ，透視などの制御が必要になっている．

(1) 板ガラス類

板ガラス類には，フロート板ガラス，熱線吸収板ガラス，熱線反射ガラス，型板ガラスなどがある．

板ガラスは，窓ガラスやガラス壁面として用いられる採光の代表材料であり，透明性，平面度，耐候性，硬度，強度，弾性係数，熱伝導率などにおいて，採

光材料として優れた性質を備えている．透明ガラスは，採光と透視を目的とし，不透明ガラスは，光の拡散を利用して採光しながら透視を防いでいる．熱線反射ガラスは，金属薄膜によって赤外線の反射率を高めたものであり，可視光線に対しては，ハーフミラー的効果がある．また，ステンドグラスのような特殊な採光効果をもったものもある．なお，表 4.6.1 (p.193) には，建築用板ガラスの種類と特性が示されている．

（2） ガラス成形品

ガラス成形品には，波板ガラス，ガラス瓦，溝形ガラス，ガラスブロック，プリズムガラスなどがある．

波板ガラスやガラス瓦は，屋根葺き材料として屋根面採光（トップライト）に用いられる．また，溝形ガラスやガラスブロックは，壁を構成して壁面採光に用いられる．それに対して，プリズムガラスは，おもに床に組み込まれて地階への採光に用いられる．

（3） 合成樹脂成形品

合成樹脂成形品には，硬質塩化ビニル波板，強化ポリエステル波板，アクリル樹脂製品，ポリカーボネート製品などがある．

合成樹脂成形品は，軽量であることや，割れ，落下の危険が少ないことから，ガラスに代わる採光材料として，おもにトップライトに用いられている．また，硬質塩化ビニル波板や強化ポリエステル波板は，屋根葺き材料として屋根面採光に用いられる．さらに，アクリル樹脂製品，ポリカーボネート製品は，ドーム形や曲面板としてトップライトに多く用いられている．アクリル樹脂は，透明性や耐候性に優れ，ポリカーボネートは，耐衝撃性に優れているという特長を有している．

（4） 可動部品

可動部品には，各種カーテン，ブラインド，障子，すだれ，のれんなどがあげられる．

これらの可動部品は，日射，採光および透視を制御するために用いられるが，意匠性や通風性もある．カーテンと障子は，保温性も兼ね備えている．

（5） 固定部品

固定部品には，ひさし，ルーバー，格子などがある．

ひさしやルーバーの役割は，日射の制御である．格子は，採光や透視を制御し，人の侵入防止や通風の役割も果たしている．

5.10.3 電波，放射線と材料

電波がラジオ，テレビ，携帯電話などの通信用として，放射線は医療用あるいは工業用として日常的に使用されるようになった結果，電波や放射線と建築のかかわりは多様化している．一例として高層ビルの建築に伴うテレビの難視聴には，ビルに遮られて電波が届かないビル陰障害と外壁面からの電波の反射によって生ずるゴースト障害がある．

(1) 電波の反射と吸収

テレビのゴースト障害に対しては，外壁面に金属板や金属メッシュを斜めに張り，電波を上方に反射させたり，外壁面を凸な曲面にして電波の反射を拡散する方法がある．また，電波吸収材料としてフェライトセラミックスや炭素入り発泡体などがあるが，高価であるため，建築では普及していない．

1) 電磁シールド：特殊な用途の室では，電磁雑音を避けたり，外に出さないために，金属板や金属メッシュを用いた電磁シールドが施される．
2) 電波透過：レーダーやアンテナのシェルターとしては，電波を透過させるために，FRPが多く用いられている．

(2) 放射線遮へい（蔽）

X線およびγ線に対しては，質量の大きい物体ほど遮へい（蔽）効果があり，鉛版，鉄板および重量コンクリートが用いられる．重量コンクリートの骨材としては，鉄鉱石，鉄くずなどがある．X線装置では，鉛粉入りシートや鉛ガラスが使われている．原子炉の中性子線の吸収には，水が用いられ，コンクリートも結晶水を多量に含むので有効である．

参考文献

1) 日本建築学会編：建築設計資料集成　1 環境，丸善，1978年
2) 新建築学大系編集委員会：新建築学大系 47　仕上材料と施工，彰国社，1983年

第6章
新しい建築材料の開発と用途

6.1 概説

近年,建築物の大型化,高層化および長寿命化と施工の合理化,省力化および工期短縮化が進展するに伴い,建築材料に要求される性能が高度化し,機能も多様化している.一方,資源循環型社会の構築を達成するために,各種廃棄物の建築材料としての有効利用および建築材料のリサイクル化が重要な課題となっている.上述したような背景のもとに,新しく開発された建築材料(必要に応じて工法も含めて)について,構造材料,仕上材料およびその他の材料に大別して解説する.

6.2 新しい構造材料

6.2.1 新しいコンクリート

建築技術の進展に伴って,おもに鉄筋コンクリート造建築物に使用されるコンクリートにも新しい機能や性能が要求されるようになり,それを備えたコン

クリートが製造されるようになった．ここでは，高強度コンクリート，高流動コンクリート，低発熱コンクリート，低収縮コンクリート，膨張コンクリート，ポーラスコンクリート，再生または再生骨材コンクリートおよびエコセメントコンクリートを解説する．

(1) 高強度コンクリート

高強度コンクリートは，通常のコンクリートよりも高い圧縮強度をもつコンクリートを指し，JASS 5（鉄筋コンクリート工事）によれば，設計基準強度が $36\,N/mm^2$ を超えるコンクリートと定義される．最近では，圧縮強度 80～$120\,N/mm^2$ のものも製造できるようになり，「超高強度コンクリート」と呼ばれている．高強度コンクリートは，高性能 AE 減水剤やシリカフュームなどを混和し，水セメント比と空気量をできるだけ小さくして，結合材（マトリックス）自体および遷移帯を高強度化すると同時に，付着性のよい高強度骨材を用いて製造される．さらに，施工時には必要なワーカビリティーが確保でき，十分な締固めと養生を行う必要がある．高強度コンクリートを用いると，鉄筋コンクリート部材の断面を小さくでき，高軸力の負担が可能となるので，高層ビルの低層部などに使用される．

(2) 高流動コンクリート

高流動コンクリートは，施工性と耐久性の改善を目的として，フレッシュ時の材料分離抵抗性を損うことなく，流動性を著しく向上させたコンクリートである．高流動コンクリートは，高性能 AE 減水剤，高炉スラグ微粉末，フライアッシュ，石灰石微粉末などの混和材，メチルセルロースなどの増粘剤などを混和し，材料分離を起こすことなく，高い流動性を保持するように製造される．高流動コンクリートは，締固めしなくても型枠に容易に充填可能であり，打込み作業の省力化や騒音の低減にも寄与し，硬化コンクリートの強度や耐久性も良好である．建築物に用いると，サッシの下部や階段まわりなどへのコンクリートの打込み作業が容易に行える．このコンクリートの使用にあたっては，日本建築学会編「高流動コンクリートの材料・調合・製造・施工指針（案）」が参考になる．

(3) 低発熱コンクリート

低発熱コンクリートは，ポルトランドセメントと高炉スラグまたはフライ

アッシュあるいは両者を混合した二成分系および三成分系混合セメント，低熱ポルトランドセメントなどの低発熱型セメントを用いて，水和熱の発生を抑制したコンクリートの総称である．低発熱型セメントを使用すると，水和熱は普通ポルトランドセメントの場合の約1/2になる．最近，建築物の大型化に伴うマスコンクリートや低水セメント比の高強度コンクリートの使用が増加し，低発熱型セメントの需要が増加している．

（4） 低収縮コンクリートおよび膨張コンクリート

　低収縮コンクリートは，化学混和剤の一種である収縮低減剤を混和し，コンクリート中の多くの毛管中に存在する水の表面張力を低下させることによって，その乾燥収縮を低減させたコンクリートである．また，膨張コンクリートとは，セメントおよび水と一緒に練り混ぜることによって生ずる水和反応によってエトリンガイドまたは水酸化カルシウムなどを生成し，それによってコンクリートを膨張させる作用のある混和材（膨張材という）を用いたコンクリートである．

　収縮低減剤には，低級アルコールアルキレンオキシド付加物，グリコールエーテル誘導体およびポリエーテル誘導体の3種類がある．また，膨張材としては，カルシウムサルホアルミネート系（CSA系）と石灰系の2種類がある．収縮の小さいコンクリートを使用すると収縮ひび割れを抑制できることから，薄肉部材，壁，スラブなどに利用できる．また，新旧コンクリートの打継ぎ時の一体化などが図られる．

（5） ポーラスコンクリート

　ポーラスコンクリートは，セメントに減水剤，増粘剤，必要に応じて起泡剤を混和して練り混ぜて作るセメントペースト，またはこれに少量の細骨材を加えたモルタルを，粗骨材（軽量骨材の場合もある）にまぶして連続した空げきをもつように製造したコンクリートである．その他，粗骨材を用いず，細骨材だけに高粘性セメントペーストをまぶして製造するものもある．このコンクリート内の空げきに，植物の育成に必要な土壌や肥料を含ませ，保水材や種子を充填したものは，植物が育つと緑化するので，「緑化コンクリート」とよばれる．緑化コンクリートは，ヒートアイランド現象防止のために，建築物の屋上の緑化にも使用されている．また，このコンクリートの透水性を生かして，

透水性舗装にも使用される．

(6) 再生または再生骨材コンクリート

再生または再生骨材コンクリートは，コンクリート構造物を解体して発生したコンクリート塊などをクラッシャーで破砕などの処理を行って造ったコンクリート用骨材（再生骨材という）を用いて製造するコンクリートである．再生骨材には，「再生骨材H」と「再生骨材L」の2種類があり，前者は，コンクリート塊などに対する破砕，磨砕，分級などの高度処理を，また，後者は，コンクリート塊などの破砕だけを行って製造される．両者の品質は，JIS A 5021（コンクリート用再生骨材H）およびJIS A 5023（再生骨材Lを用いたコンクリート）に規定されている．再生または再生骨材コンクリートは，資源循環型社会の構築に対応する材料である．再生骨材Hを用いたコンクリートは，レディーミクストコンクリートなどとして一般用途に使用できるが，再生骨材Lを用いたコンクリートは，高い強度と耐久性が要求されない部材ならびに部位に限定して用いるのがよい．

(7) エコセメントを使用するコンクリート

エコセメントを使用するコンクリートは，JIS R 5214（エコセメント）に規定されるエコセメントを用いて製造するコンクリートである．エコセメントは，都市ごみ焼却灰を主原料，下水汚泥などの廃棄物を副原料として用い，製品1tあたりに対して廃棄物を500 kg程度使用して製造される．エコセメントには，普通エコセメントと速硬エコセメントの2種類がある．前者は，塩化物イオン量がセメント質量の0.1％以下で，無筋および鉄筋コンクリートに，また，後者は，塩化物イオン量がセメント質量の0.5〜1.5％で，無筋コンクリートに限定して使用できる．建築分野における用途開発は，これからである．

6.2.2 繊維補強セメント系複合材料

セメントコンクリートやモルタルのようなセメント系材料は，圧縮強度が大きいが，引張および曲げ強度が小さく，延性や靭性が乏しいという本質的な弱点をもつ．これを改善するために，補強材として繊維類を混和して作る材料が繊維補強セメント系複合材料である．最近，この分野における技術革新には著しいものがあり，新しい高性能複合材料が登場している．

（1） 繊維補強コンクリート

　繊維補強コンクリートは，セメントコンクリート（場合によっては，セメントモルタルやペーストも用いられる）の中に耐アルカリガラス繊維，炭素繊維，鋼繊維，ポリビニルアルコール（PVAL，ビニロン）繊維，アラミド繊維などの，長さ3～60 mm（種類によって異なる）の単繊維を体積分率で1～5％程度混入し，均等に分散するようによく練り混ぜて製造される．セメントコンクリートと比較して，繊維補強コンクリートでは，引張強度，せん断強度，ひび割れに対する抵抗性，靭性，耐衝撃性などが大幅に向上している．また，建築分野では，耐アルカリガラス繊維を用いたガラス繊維補強セメント（Glassfiber Reinforced Cement：GRC）が，カーテンウォールやフリーアクセスフロアなどに使用されている．

（2） 高靭性セメント複合材料[1)]

　高靭性セメント複合材料は，セメントペーストまたはモルタルを結合材とし，その中にビニロン繊維，ポリエチレン繊維，鋼繊維などの長さ12～32 mmの短繊維を，均等に分散するようによく練り混ぜるなどして製造される．繊維混入率は，体積分率で1.5～4.0％，後述するSIFCONでは4～20％にも達する．セメントコンクリートと比較して，曲げまたは引張応力下において，無数のひび割れが継続的に形成されて応力の低下がなく，また，曲げ，引張および圧縮破壊時の靭性が著しく改善される．その用途としては，耐震部材，増厚補強材，断面修復材，吹付け補修材などへの適用が期待されている．

　これまでに開発された代表的な高靭性セメント複合材料を次に紹介する．

1) ECC（Engineered Cementitious Composite）：結合材にはセメントモルタル，補強材にはポリエチレン繊維またはビニロン繊維を用い，繊維を体積分率で1.5～2.0％混入して作られる．一軸引張応力下において，微細な無数のひび割れを形成し，通常のセメントコンクリートと比較して，きわめて高い靭性と延性を与える．

2) SIFCON（Slurry Infiltrated Fiber Concrete）：結合材はセメントペースト，補強材は鋼繊維で，型枠内に鋼繊維を，繊維混入率が体積分率で4～20％になるようにあらかじめ充填しておき，そこへセメントペーストを浸透させることによって作られ，その圧縮強度は，210 MPaに達する．

3）RPC（Reactive Powder Concrete）：反応性粉体コンクリートの概念に基づいて開発されたもので，セメント系結合材に鋼繊維を，繊維混入率が体積分率で 2.0％ になるように練り混ぜて作られ，その圧縮強度は 240 MPa，曲げ強度は 45 MPa にも達する．

6.2.3 鉄筋に代わるコンクリート用補強材

鉄筋は，強アルカリ性（pH 12～13）のセメントコンクリート中では，その表面に不動態被膜が形成され，さびが発生しなくなるため，セメントコンクリートにとって理想的な補強材として永年使用されてきた．しかし，近年，早期中性化，塩害，アルカリ骨材反応などによる鉄筋コンクリート構造物の早期劣化が大きな社会問題となってきたので，鉄筋に代わる新しい補強材が模索されている．ここでは，新しい補強材として，連続繊維補強材とエポキシ樹脂塗装鉄筋をとりあげる．

（1） 連続繊維補強材

連続繊維補強材は，炭素繊維，アラミド繊維，ガラス繊維などの連続繊維類に，エポキシ樹脂，ビニルエステル樹脂，不飽和ポリエステル樹脂などの液状熱硬化性樹脂を含浸し，硬化させ，棒状，格子状，シート状などに成形したものである（3.5.5 参照）．したがって，これは，一種の FRP（Fiber Reinforced Plastics あるいは Polymer：繊維強化プラスチック．単に強化プラスチックと

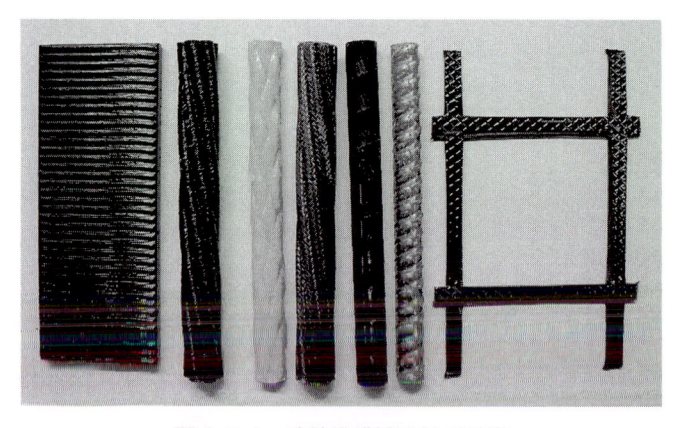

図 6.2.1　連続繊維補強材の形状

も呼ぶ）ともいえる．図 6.2.1 には，連続繊維補強材の形状を示す．鉄筋と比較して，連続繊維補強材は，軽量（密度は鉄筋の 1/3 以下）で，高い引張強度（一般に，500～1,800 N/mm^2），低い弾性係数（30～210 kN/mm^2），高い耐食性，小さい熱膨張係数，非磁性という特性をもつが，塑性域のない脆性材料で，ポリマーを含むために耐火性に劣ることに注意して使用する必要がある．その形状によって用途が異なり，棒状および格子状製品は，鉄筋や PC 鋼材の代替品として，また，シート状製品は，鉄筋コンクリート部材の補修や補強に使用される．後者の接着施工には，エポキシ樹脂系またはメタクリル樹脂系接着剤（−40°C でも施工可能）が用いられる．

(2) エポキシ樹脂塗装鉄筋

エポキシ樹脂塗装鉄筋は，塩化物イオンの浸透に基づく不動態被膜の破壊による鉄筋の発せい（錆）を防止する目的で，サンドブラスト処理した鉄筋を 250°C 前後に加熱して，塗膜厚 180～200 μm 程度に，エポキシ樹脂粉末を静電塗装して作られる防食鉄筋の一種である．エポキシ樹脂塗装鉄筋は，耐アルカリ性と塩化物イオンに基づく不動態破壊に対する抵抗性が優れるので，厳しい塩化物イオン環境下にさらされる鉄筋コンクリート造建築物にも使える．日本建築学会編 JASS 5 や「海洋建築物構造設計指針（浮遊式）」にも採用されている．

6.2.4 コンクリート・ポリマー複合体

コンクリート・ポリマー複合体（Concrete-Polymer Composite）は，セメントコンクリートの品質改善を目的として，その結合材であるセメント水和物の一部または全部を代替あるいは強化した材料で，通常の化学混和剤よりも多量のポリマー（高分子）を含む．コンクリート・ポリマー複合体は，次の 3 種類に大別される．図 6.2.2 には，コンクリート・ポリマー複合体の体系および分類を示す．ここで，「コンクリート」という用語は，広義には「モルタル」を含み，また，狭義には粗骨材を用いるものだけを対象としている．コンクリート・ポリマー複合体の使用にあたっては，日本建築学会編「コンクリート・ポリマー複合体の施工指針（案）」が参考になる．

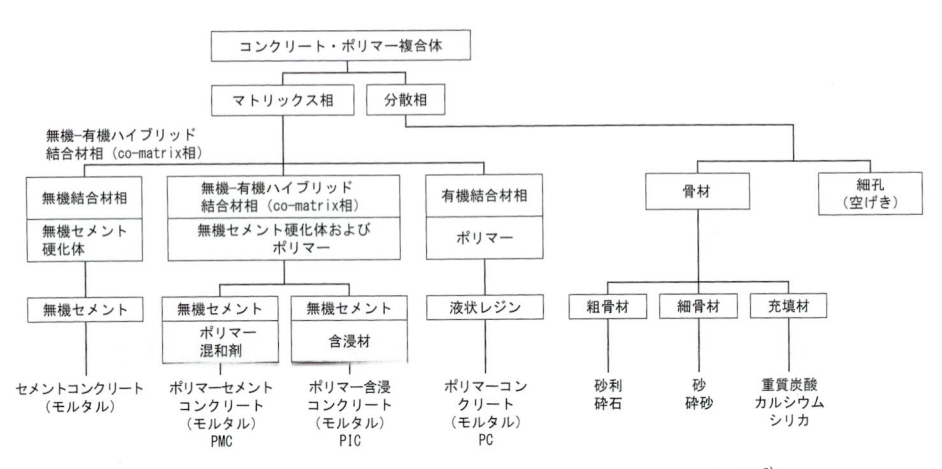

図6.2.2 コンクリート・ポリマー複合体の体系および分類[2]

（1） ポリマーセメントコンクリート

　ポリマーセメントコンクリート（Polymer-Modified Concrete）は，結合材の一部をポリマーで代替したもので，セメントコンクリートにポリマー混和剤を混和して作られる．骨材に細骨材だけを用いたものに，ポリマーセメントモルタルがある．ポリマー混和剤には，スチレンブタジエンゴムラテックス，エチレン酢酸ビニルやポリアクリル酸エステルエマルションなどのポリマーディスパージョンと，それを噴霧乾燥して製造される再乳化形粉末樹脂が用いられ，その品質は，JIS A 6203（セメント混和用ポリマーディスパージョン及び再乳化形粉末樹脂）に規定されている．硬化したポリマーセメントコンクリートおよびモルタルは，セメント水和物とポリマーフィルムが一体化した結合材相が形成されるので，セメントコンクリートおよびモルタルと比較して，引張および曲げ強度，伸び能力，接着性，防水性，中性化および塩化物イオン浸透に対する抵抗性，耐凍結融解性，耐衝撃性，耐摩耗性，耐薬品性などに優れる．ポリマーを含むため，使用限界温度は，約150℃である．ポリマーセメントコンクリートよりもポリマーセメントモルタルとしての利用が盛んで，鉄筋コンクリート構造物用補修材，塗膜防水材，タイルなどの接着剤，床材，仕上塗材などの仕上材料に広範囲に現場施工される．左官用，タイル接着用，補修用などのモルタルは，ほとんどがポリマーセメントモルタルである．ポリマーセメ

ントモルタルのプレキャスト製品として，埋設（または永久）型枠がある．

（2） ポリマーコンクリート

ポリマーコンクリート（Polymer Concrete）は，結合材の全部をポリマーで代替したもので，換言すれば，ポリマーだけを結合材としたコンクリートであり，液状レジン，充填材および骨材を練り混ぜて作られる．骨材に細骨材だけを用いたものにポリマーモルタルがある．液状レジンにはおもに不飽和ポリエステル樹脂，エポキシ樹脂，メタクリル樹脂など，充填材には重質炭酸カルシウム，シリカなど，また，骨材には乾燥した粗骨材および細骨材が使われる．なお，充填材および骨材は，水分が含まれると強度発現を阻害するので，含水率を0.5%以下にする必要がある．セメントコンクリートおよびモルタルと比較して，ポリマーコンクリートおよびモルタルは，早期の高強度発現，接着性，水密性，耐凍結融解性，耐薬品性，耐摩耗性，電気絶縁性などに優れる．硬化収縮が大きく，ポリマーを含むため，強度の温度依存性，耐熱性，耐火性などが不良で，使用限界温度は，50°C前後である．ポリマーモルタルの用途は，塗床材，防食材，接着剤，鉄筋コンクリート構造物の補修材などとしての現場施工，また，ポリマーコンクリートの用途は，おもに柱，梁などの埋設型枠，防食構造部材，大型および曲面化粧パネル，間仕切壁用パネルなどのプレキャスト製品としての利用である．

（3） ポリマー含浸コンクリート

ポリマー含浸コンクリート（Polymer-Impregnated Concrete）は，十分に乾燥したセメントコンクリートにメタクリル酸メチルのような低粘度のビニル系モノマーを含浸・重合させて，セメントコンクリートとポリマーを一体化させ，プレキャスト製品として作られる．骨材に細骨材だけを用いたものに，ポリマー含浸モルタルがある．セメントコンクリートおよびモルタルと比較して，ポリマー含浸コンクリートおよびモルタルは，高強度，水密性，耐凍結融解性，中性化および塩化物イオン浸透に対する抵抗性，耐摩耗性，耐衝撃性，耐薬品性などに優れる．最近では，製造時のエネルギーコストが高い，品質管理がむずかしい，性能とコストのバランスがとれないなどの理由で，ポリマー含浸コンクリート（モルタル）製品はほとんど使用されていない．

参考文献

1) 日本コンクリート工学協会編：高靱性セメント複合材料を知る・作る・使う—高靱性セメント複合材料の性能評価と構造利用研究委員会報告書，pp. 3-6（松本高志分担執筆），日本コンクリート工学協会，2002年
2) 日本コンクリート工学協会編：コンクリート便覧（第二版），p. 484（大濱嘉彦分担執筆），技報堂出版，1996年

6.3 新しい仕上材料

6.3.1 超高耐候性塗料

　通常の建築用塗料では，施工後に屋外暴露されたときの塗膜の寿命は数年で，長くても10年未満である．これは，塗膜の耐候性が乏しいからである．塗膜の耐候性を極端に改善し，15～20年以上の塗膜寿命をもつ超高耐候性塗料が開発されている．超高耐候性塗料には，フッ素樹脂ワニスおよびエナメルとアクリルシリコーン樹脂ワニスおよびエナメルがある．

（1） フッ素樹脂ワニスおよびエナメル

　フッ素樹脂ワニスおよびエナメルは，フルオロエチレンとヒドロキシル基含有ビニルエーテルを共重合させて作るフッ素樹脂を主成分とする基剤と無黄変性ポリイソシアネートを主成分とする硬化剤からなる二液形塗料で，フッ素樹脂中のヒドロキシル基と硬化剤のイソシアネート基との反応で常温で硬化する．フッ素樹脂ワニスおよびエナメルは，高価ではあるが，耐候性がきわめて優れているので，鋼構造物やセメント系カーテンウォールなどに使用される．

（2） アクリルシリコーン樹脂ワニスおよびエナメル

　アクリルシリコーン樹脂ワニスおよびエナメルは，末端および側鎖にアルコキシシリル基（ROSi–；Rはアルキル基を意味する）を有するアクリル樹脂で，アルコキシシリル基が大気中の水分によって加水分解し，さらに縮合反応によってシロキサン結合を形成し，硬化する一液形と，シロキサン結合を含むポリオールからなる基剤とポリイソシアネートを主成分とする硬化剤の二成分からなり，ポリオールの中のヒドロキシル基（–OH）とイソシアネート基

(-NCO) との反応で硬化する二液形がある．アクリルシリコーン樹脂ワニスおよびエナメルの塗膜は，フッ素樹脂塗料に次いで優れた耐候性を有しているので，鋼構造物や無機セメント系カーテンウォールなどに用いられる．

6.3.2 新しい素材を用いた防水工法

現在でも，建築物の防水工法では，アスファルト防水が主流である．しかしアスファルト防水には，熱工法であることに伴う火気の危険や臭気・煙という環境問題の発生，ルーフィングの積層による防水層形成であるために施工能率が悪いという欠点がある．このような欠点を克服するために，新しい素材を用いて防水層を形成する防水工法が開発されている．

(1) 金属シート防水

金属シート防水は，建築物の屋根，ひさしなどにおいて，現場打ち鉄筋コンクリート，プレキャストコンクリート部材などの下地の上に，耐久性に優れた金属板を溝形に成形して敷き並べ，隣りあう折上げ部の間を電気抵抗シーム溶接機で連続的に溶接して防水層を形成し，溶接部にあらかじめ挿入した吊子（つりこ）で下地に固定する工法である．金属板の種類によって，ステンレスシート防水とチタンシート防水に大別される．ただし，チタンシート防水は，JASS 8（防水工事）では，ステンレスシート防水の中に含まれている．使用するステンレスシートは，板厚 0.40 mm で，JIS G 4305（冷間圧延ステンレス鋼板及び鋼帯）に規定する SUS304，SUS316，SUS445J1 および SUS445J2 の No. 2D 仕上げならびに JIS G 3320（塗装ステンレス鋼板）の SUS304，また，使用するチタンシートは，板厚 0.40 mm で，JIS H 4600（チタン及びチタン合金の板及び条）に規定する TR270C の冷間加工仕上げである．ステンレスシート防水とチタンシート防水は，使用した素材の性質の上から，きわめて耐久性に優れた防水工法といえる．両者を比較すると，チタンシート防水の方が相当に高価ではあるが，その防水層は，美しい銀灰色であり，軽くて，熱膨張係数が小さく，防食性が抜群であるので，ほとんど維持管理が不要である．

(2) FRP 防水

FRP 防水は，建築物の屋根，ベランダ，開放廊下などにおいて，鉄筋コンクリート，プレキャストコンクリート部材などの下地の上に，FRP を現場施工

で一体化成形し，接着して防水層を形成する工法である．実際の施工では，下地にプライマーを塗り，その上に，ガラス繊維の不織布（防水用ガラスマットという）敷きと液状不飽和ポリエステル樹脂（防水用ポリエステルという）塗布からなる積層工程を適用してFRP防水層を形成し，その上にさらに仕上塗料などを塗装する．FRP防水は，軽くて，軟鋼に近い引張強度をもち（比強度の大きい），高い水密性，耐薬品性，耐衝撃性などに優れるFRPを防水層としているため，FRPの特性を防水層自体の特性と考えることができ，防水層の上に押え層を設ける必要がない．本工法の実施にあたっては，日本建築学会編「FRP防水工事施工指針（案）」が参考になる．

(3) ポリマーセメント系塗膜防水

ポリマーセメント系塗膜防水は，建築物の屋根，ひさし，開放廊下，ベランダなどにおいて，現場打ち鉄筋コンクリート，プレキャストコンクリート部材，ALCパネルなどの下地の上に，ポリマーセメント比が相当に高く，50％以上としたポリマーセメントモルタルからなるポリマーセメント系塗膜防水材を塗装して防水層を形成する工法である．ポリマーセメント系塗膜防水材には，ポリマー混和剤であるセメント混和用ポリマーディスパージョンとセメント，けい砂，無機充填材などの既調合粉体からなる二材形製品と，ポリマー混和剤として再乳化形粉末樹脂を用いた一材形製品がある．実際の施工では，下地にプライマーを塗り，その上に現場で，二材形製品では二成分の練混ぜ，一材形製品では水との練混ぜによって調製した，ポリマーセメント系塗膜防水材を塗布して防水層を形成し，その上に，仕上塗料，保護モルタル，押えコンクリートなどを保護仕上材料として用いる．ポリマーセメント系塗膜防水は，ほかの塗膜防水と比べて，湿潤面・湿潤環境下での施工が可能で，補強布を敷き込めば，防水層の下地のひび割れに対する追従性も良好であり，コストと性能のバランスも比較的良いといえる．本工法の施工にあたっては，日本建築学会編「ポリマーセメント系塗膜防水工事施工指針（案）」が参考になる．

6.3.3 天然物の模造材

資源循環型社会の構築に寄与するという視点からは，天然資源からの建築材料である木材および大理石の模造材を開発することは，大いに意義あることと

考えられる．ここでは，省資源型の建築材料として，人工木材と人工大理石を取りあげて解説する．

(1) 人工木材

人工木材は，無機高分子の含水ケイ酸カルシウムであるゾノトライトに，少量のスチレンブタジエンゴムラテックスを加え，ガラス繊維で補強して製造される．人工木材は，天然木材と同様に，釘が打て，かんなやのこぎりで加工でき，また，軽くて，寸法安定性，断熱性，調湿特性，意匠性などが良好であり，腐朽や虫害の心配がなく，不燃性である．したがって，人工木材は，建築物の内装材として好適である．しかし，その曲げおよび圧縮強度は，天然木材のそれらの1/4程度で，構造部材としては利用できない．

(2) 人工大理石

人工大理石は，ポリマーコンクリートの一種であり，不飽和ポリエステル樹脂，メタクリル樹脂，ビニルエステル樹脂などの液状レジンに，水酸化アルミニウムのような難燃性充填材と，必要に応じてガラス繊維，ガラスフリット，着色材などを加えて練り混ぜ，硬化させて製造される．人工大理石は，軽量，高強度で，耐薬品性に優れ，意匠性も高い．その用途は，浴槽，台所ユニット，洗面台，カウンタートップなどである．

6.4 その他の新材料

6.2および6.3で分類できなかった新しい建築材料について解説する．

(1) 結晶化ガラス

一般に，ガラスは，過冷却状態にあるきわめて高粘度のケイ酸塩の液体であり，結晶構造はとらない．これに対して，結晶化ガラスは，その名のように，結晶構造をもつガラスで，天然石材のような色調をもち，意匠性もきわめて高い．結晶化ガラスは，$CaO-Al_2O_3-SiO_2$系または$MgO-ZnO-Al_2O_3-SiO_2$系ガラスの融液の水中への流下によって直径1～6mmのガラス粒子を作り，これを耐火物型枠に入れて加熱し，ガラス粒子どうしを融着させ，さらに温度を上げて結晶化させて製造される．結晶化ガラスは，天然石材と比較して，色調が良

好なばかりでなく，高強度で，耐熱性，耐熱衝撃性，化学的耐久性などに優れる．その用途は，建築物の屋内外の壁材と防火戸などの窓材である．

（2） ポリカーボネート

ポリカーボネートは，エンジニアリングプラスチックの一種であり，ビスフェノールAを主原料として合成される炭酸エステルポリマーである．ポリカーボネートは，きわめて高い耐衝撃性をもち，その寸法安定性，耐熱性，自己消火性，耐候性などにも優れ，その上，透光性が良好である．ポリカーボネートは，上述の特性を生かして，スポーツ練習場，通路，作業場などの屋根材，窓，ドアなどのガラス代替品などに板（シート）材として使われる．板（シート）材の品質は，JIS K 6735（プラスチック－ポリカーボネート板－タイプ，寸法及び特性）に規定されている．

（3） 免震積層ゴム

免震とは，読んで字のごとく，「地震を免れること」という意味で，建築物の固有周期を地震のもつ周期帯からずらして，地震の揺れの強さを抑制することである．免震積層ゴムは，建築物の免震の目的で使用される材料で，図6.4.1に示すように，薄いゴムシートと鋼板を交互に重ね合わせて積層し，加硫によって接着して一体化したゴム製品で，積層ゴム支承または積層ゴムアイソレーターともよばれる．免震積層ゴムは，水平地震動に対して，基本的には免震層の水平剛性を低くすることで，建築物全体の固有周期を伸ばし，地震入力を大幅に低減する機能をもつが，場合によっては減衰機能をもあわせもち，いっそうの免震機能を発揮する．その特性は，ゴムの種類と特性，形状と寸法などに

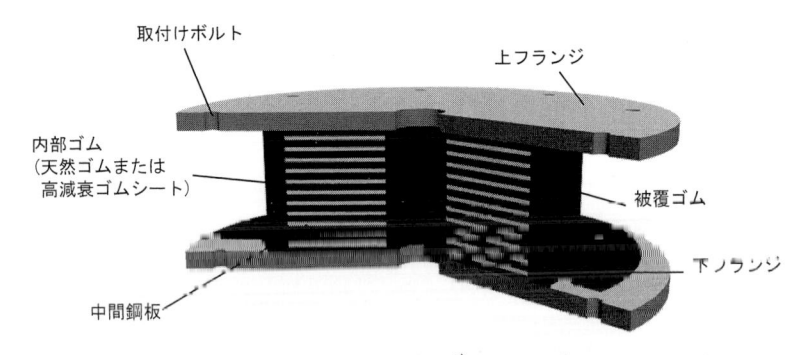

図6.4.1 免震積層ゴムの基本構造[1] ［参考文献[1]に基づいて作成］

依存する．天然ゴム系積層ゴムは，減衰機能がほとんどないので，ダンパーと併用されるが，減衰機能をもつ鉛プラグ入り積層ゴム（天然ゴム使用）および高減衰積層ゴム（おもにアクリロニトリルブタジエンゴム使用）は，ダンパーを併用する必要がない．免震積層ゴムの品質規格としては，日本免震構造協会のJSSI規格I-01（天然ゴム系積層ゴムアイソレータ）（案）がある．また，免震積層ゴムを用いた建築物の設計にあたっては，日本建築学会編「免震構造設計指針」が参考になる．

（4） 光触媒利用仕上材料

アナターゼ型酸化チタン（TiO_2）は，光触媒作用をもつ一種の半導体であり，これに日光（太陽光）または紫外線（波長380 nm以下）を当てると化学的に活性化する物質である．最近では，可視光線でも活性化する光触媒が実用化されている．大気中でアナターゼ型酸化チタンに光を当てると，大気中の酸素や水などと反応して，スーパーオキサイドイオン（O_2^-）とヒドロキシルラジカル（・OH）という活性酸素の発生ならびに酸化チタン表面にヒドロキシル基（-OH）の生成が起こる．活性酸素は，強力な酸化剤で分解力を，また，ヒドロキシル基は，超親水性を発現する．光触媒利用仕上材料は，混和，塗装，焼付けなどの手法で，その表面近くに光触媒を含む仕上材料であり，自己浄化（セルフクリーニング），大気浄化，水質浄化，脱臭，抗菌などの目的に使用可能である．光触媒利用仕上材料としての実用化例には，自己浄化効果をもつ外壁タイル，大気浄化効果をもつ壁紙，脱臭・抗菌効果をもつ便所用タイル，自動車の排気ガス処理効果をもつ排水性舗装やインターロッキングブロックなどがある．

参考文献

1) 日本免震構造協会編：免震積層ゴム入門，p.36（芳沢利和分担執筆），オーム社，1997年

第7章 建築・材料の生産と環境

7.1 概　説

7.1.1 建築材料と環境をめぐる問題

　20世紀，人類は急速な科学技術の進歩を果たし，産業・経済も大きな発展を遂げた．製品は，次々と大量に生産され，市場は，世界的規模に拡大していった．建築分野においても，19世紀末に開発された鉄骨造，鉄筋コンクリート造が20世紀になって広く普及し，高層化，大規模化が図られるとともに，世界中いたる所に，共通の様式の建築物が建てられるようになった．建築材料も，木や石などの天然材料から，鋼，コンクリート，アルミニウムおよびプラスチックなど，人工材料が主流となり，様々な工業製品が登場するようになった．

　しかしその一方で，このような発展は，地球の資源を大量に消費し，大量の廃棄物を蓄積していった．また，次々と開発される新しい技術や製品は，その安全性が必ずしも十分に検討されないままに生産が行われ，生産過程で汚染物質が排出されたり，製品に有害物質が含まれたりもした．その結果，20世紀後半には，地球的規模での資源の枯渇，環境汚染が心配されるようになった．

　このような状況を省み，ローマクラブは人類の将来をシミュレートした「成長

の限界」[1]，そして「限界を超えて」[2]を発表した．この予測結果は，人々に大きなショックを与えるものであったが，人類に持続可能な（Sustainable）社会に向かって「生きるための選択」を示唆するものでもあったといえよう．そして 21 世紀を迎えたいま，われわれは，大量生産・大量消費型の社会を脱却し，循環型の社会の構築へ向かおうとしている．

本章では，まず建築材料と環境をめぐる問題にどのようなものがあるかを整理する．これらの問題は，地球温暖化に代表されるような地球的規模のものからシックハウスというような建築の室内環境に関わるものまで，幅広い範囲にわたっている．また，これらの問題を解決するにあたり，環境への影響を評価する方法として，近年注目されているライフサイクル・アセスメント（LCA）について解説する．続いて，主要な建築材料についての資源・環境問題の現状や，リサイクルなどの状況について概観し，材料レベルにおける環境に対する具体的な取り組みを紹介する．そして最後に，持続可能な循環型社会の構築のために，これからの建築・材料の生産がどのようにあるべきかを展望する．

7.1.2 建築材料のエコマテリアル化

これから述べていくように，環境問題と建築とは深く関係しており，これらの問題を解決していくためには，環境に配慮した新たな建築生産のあり方を検討していくことが急務である．そのためにも，建築の生産活動が環境に及ぼす影響を材料レベルから検討し，建築材料の生産活動において何をすべきかを考え，持続可能な社会を確立していくことが必要である．

これからの人類の発展を支えていく新しい材料のあり方として，近年「エコマテリアル」の概念が形成されつつある．エコマテリアルは Environment Conscious Materials（環境と調和した材料）の略として提唱されたものであり[3]，従来の材料としての優れた性質をもちながらも，地球環境への低負荷，枯渇性資源の完全循環利用といった「環境調和性」を備え，さらには人間にとってなじみやすい材料と定義されている．また，そのような点から，Ecological Materials（生態系と調和した材料）という認識もされつつある．建築材料においても，地球環境への低負荷，資源の循環利用を基本としたエコマテリアルの開発を進める必要がある．

7.2 建築・材料と環境問題

7.2.1 地球環境問題と建築とのかかわり

先に述べたように，20世紀は社会・経済のめざましい発展を背景に，大量生産・大量消費が進行した社会であった．これは一般の製品に限らず建築物においても同様であり，スクラップ・アンド・ビルドが繰り返され，わが国では，建築物がわずか30年程度で建て替えられるということが，あたり前のようになってしまった．その結果，建設産業は非常に多くの資源・エネルギーを消費し，大量の廃棄物を排出してきた．表7.2.1は，わが国における資源利用量および廃棄物量についてまとめたものであるが，資源利用量および廃棄物最終処分量の約半分を建設産業が占めており，その社会的影響は非常に大きいことが分かる．また，本書で述べてきたように，建築物は非常に多種類の材料を用いて構成されているために，その影響も非常に広い範囲にわたっている．建築関連産業分野が，直接あるいは間接的にかかわっている主要な地球環境問題をあげると，次のようなものがある．

1) 資源の枯渇：建築生産，運用におけるエネルギー資源，建築資材の原料資源の大量利用
2) 熱帯林の消失/砂漠化：構造用面材やコンクリート型枠材として，ラワン合板を大量に消費

表7.2.1 資源利用量，廃棄物量に占める建設産業の割合[4]

		全産業	建設産業	割合(%)
資源利用量 (t)		24億	11億	46
廃棄物量 (t)	排出量	4億	0.82億	21
	リサイクル	3.1億	0.45億	15
	最終処分量	0.84億	0.37億	44
	不法投棄量	39万	34万	87

建設省，環境庁，厚生省調査．
＊不法投棄量は平成5〜7年における年平均値．

3) 廃棄物処理：建築生産や解体により大量の廃棄物が発生
4) 大気汚染（酸性雨）：酸化により建築物における金属の腐食，コンクリートの劣化が促進
5) オゾン層破壊：有害紫外線により建築物の劣化が促進
6) 地球温暖化：建築生産や運用における化石エネルギーの消費，木材をはじめとする建築資材の廃棄により二酸化炭素を排出

現在の地球環境問題において，最も身近でしかも最も規模が大きなものは，地球温暖化の問題であるといえる．おもな原因として，化石燃料の燃焼と森林伐採による大気中の二酸化炭素の増加およびフロンなどの排出が考えられているが，二酸化炭素の排出は人類の活動と密接に関わりがあり，また，その発生源が無数にあるため，世界的規模での対応が必要とされる．このようなことから，1988年に，気候変動に関する政府間パネル（Intergovernmental Panel on Climate Change：IPCC）が設置され，国際的取組みがスタートし，1992年には気候変動枠組み条約（United Nations Framework Convention on Climate Change：UNFCCC）が採択された．この条約の締約国会議により，地球温暖化への国際的な対策目標が検討され，第3回締約国会議（The 3rd Session of the Conference of the Parties to the United Nations Framework Convention on Climate Change：COP3；通称"京都会議"）においては，先進国などに対し，1990年を基準とし，2008～2012年の間に温室効果ガスを一定数値（日本6%，

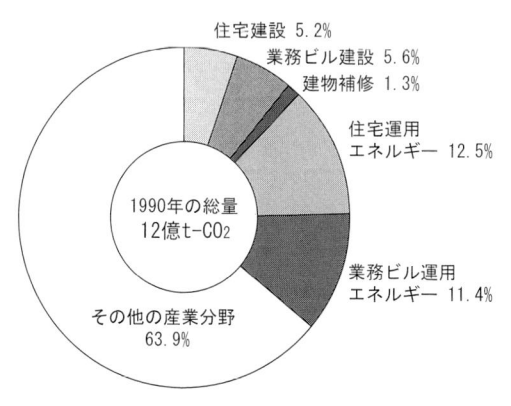

図7.2.1　1990年のわが国のCO_2排出量に占める建築関連の割合[5]

- 住宅建設 5.2%
- 業務ビル建設 5.6%
- 建物補修 1.3%
- 住宅運用エネルギー 12.5%
- 業務ビル運用エネルギー 11.4%
- その他の産業分野 63.9%
- 1990年の総量 12億 t-CO_2

アメリカ合衆国7%，EU 8%など）削減することを義務づけた京都議定書が議決された．

図7.2.1は，1990年のわが国の二酸化炭素排出量における関連産業分野の割合を推計したもの[5]であるが，全産業の実に36%を建築関連が占めており，二酸化炭素排出量削減に向けた建築関連産業分野の積極的な取組みが求められている．

7.2.2　建築における室内環境問題

近年，建築には非常に多種類の材料が使用されるようになったが，材料には様々な化学物質が含まれている．中には，人の健康に影響を及ぼす物質が含まれているものもあり，その安全性が十分に検討されないままに用いられ，居住者の健康を害するケースも出てきた．

新築住宅の室内に入ると，目や喉を刺激する臭気を感ずることがある．とくに合板やボード類から発生するホルムアルデヒドの臭気，壁紙や床タイルなどに使用する塩化ビニル樹脂から出る可塑剤や接着剤，塗料などに使われていた溶剤のトルエンやメチルエチルケトンなどのガス臭，さらには床下や畳床に使われている防虫剤や防腐剤の臭気などである．このような種々の揮発性の有機ガスを総称してVOC（Volatile Organic Compound：揮発性有機化合物）と呼んでいる．このVOCにより，アレルギー症状やアトピー性皮膚炎などを生じる，いわゆるシックハウス症候群が，1990年代後半になって室内環境問題としてにわかに注目されるようになった．

シックハウスの発生の仕組みにはまだ不明な点もあるが，その原因として，建材や家具から発生するVOCのほかに，イエダニやハウスダストなどの粒状物質，物質の燃焼時の一酸化炭素や硫黄酸化物などのガス成分などがあげられている．シックハウスの被害の深刻さを受けた旧厚生省（現厚生労働省）では1997年にホルムアルデヒドの室内濃度指針値を示し，これに応じて日本農林規格（JAS）および日本工業規格（JIS）では，合板やパーティクルボードなどの木質建材についてホルムアルデヒドの放散量を定めた規格を制定した．さらに厚生労働省では，2002年までにホルムアルデヒドをはじめとする13の化学物質についての室内濃度指針値を出している．この指針を基本に，2003年7

月には建築基準法改正においてシックハウスに関する規制が盛り込まれた．その概要は次のとおりである．
1) 規制対象とする化学物質
　　クロルピリホスおよびホルムアルデヒドとする．
2) クロルピリホスに関する規制
　　居室を有する建築物には，クロルピリホスを添加した建材の使用を禁止する．
3) ホルムアルデヒドに関する規制
　　①内装仕上げの制限：居室の種類および換気回数に応じて，内装仕上げに使用するホルムアルデヒドを発散する建材の面積制限を行う．
　　②換気設備の義務付け：ホルムアルデヒドを発散する建材を使用しない場合でも，家具からの発散があるため，原則としてすべての建築物に機械換気設備の設置を義務付ける．
　　③天井裏などの制限：天井裏などには下地材をホルムアルデヒドの発散の少ない建材とするか，機械換気設備を天井裏なども換気できる構造とする．

このような建築基準法の改正に伴って，平成14年国土交通省告示1113～1115号においてホルムアルデヒド発散建築材料が指定された．これにより，それらの建材についての日本工業規格（JIS）および日本農林規格（JAS）についても，ホルムアルデヒド放散量の等級の基準値が改正され，表7.2.2に示さ

表7.2.2　ホルムアルデヒド発散建築材料の区分とJIS・JASの等級区分

ホルムアルデヒドの発散速度※ (mg/m²h)	告示で定める建築材料	対応するJIS・JAS等級
0.12を超える	第一種ホルムアルデヒド発散建築材料	F☆
0.02を超え，0.12以下	第二種ホルムアルデヒド発散建築材料	F☆☆
0.005を超え，0.02以下	第三種ホルムアルデヒド発散建築材料	F☆☆☆
0.005以下	—	F☆☆☆☆

※夏季（温度28℃）の測定条件による．

れるように，F☆☆☆☆〜F☆という表示に統一された．

このような状況を背景に，各建材メーカーにおいても化学物質低減の建材の開発が進み，また，従来用いられてきた無垢の木材や土などの天然素材を用いた建材が見直されつつある．

7.3 環境への影響評価

7.3.1 環境への負荷

資源・環境問題をふまえ，環境への負荷を軽減する生産技術を開発するにあたっては，どの程度まで負荷を抑えるべきか，明確な目標が必要となる．しかしながら，環境への負荷については，対象の幅が広く，それがどのように影響を与えているかも様々であり，その評価はむずかしい．

「環境への負荷」については，平成元年に出された地球環境保全に関する関係閣僚会議申合せにおいて，「人の活動により環境に与えられる影響であって，環境の保全上の支障の原因となるおそれのあるもの」と定義されている．これは，従来の「公害」あるいは先に述べた「シックハウス」という環境汚染の概念とはやや異なり，必ずしもそれ自体が直接的な汚染ではなくても，温暖化ガスのように，蓄積あるいは集積により環境に影響を及ぼすものを含んでいる．また，それらは，人間の社会経済活動そのものに起因しており，特定の者や企業のみならず，一般の多数の者が発生に関与しているものとしている．この最も端的な例が，二酸化炭素の排出による地球温暖化問題である．

7.3.2 環境への影響評価方法

従来の環境破壊，環境汚染，公害といったものは，原因となるものが直接的に作用するもので，発生源が特定可能であり，範囲が比較的限られた地域であった．これらについては，「環境アセスメント（環境影響評価・EIA）」や「リスクアセスメント（RA）」といった評価方法が用いられている．しかし，環境負荷については，いくつかの要因が複合的・間接的に作用し，発生源が多数で，しかも範囲が広範囲（地球的規模）であるため，EIAやRAでは評価しきれな

い．このため，環境負荷の評価を主眼においた「ライフサイクルアセスメント (Life Cycle Assessment：LCA)」が用いられるようになってきている．

7.3.3 LCA による環境評価手法
（1） LCA の概念

LCA は，ある製品の生産から最終廃棄にいたる生涯において与える環境負荷を，なるべく定量的にかつ総合的に評価する方法であり，図 7.3.1 のように示される[6]．製品のライフサイクルには，資源の採取から，製造，流通，使用，廃棄まで，数多くの段階があるが，そのすべての段階について，投入される資源・エネルギーを調べ，それより排出される物質とそれによる環境への負荷を評価するということが，LCA の基本的考え方である．

LCA の研究については，1960 年代末にアメリカの大手飲料メーカーの委託による飲料容器を対象とした研究（アメリカ，ミッドウェスト研究所）が先駆けとしてあげられるが，1997 年に国際標準化機構（ISO）が環境マネジメント規格群（ISO 14000 シリーズ）の一部として LCA の原則および枠組み（ISO 14040）を作成したことにより，LCA による評価手法が広く普及するにいたった．わが国においても同規格が和訳されて日本工業規格 JIS Q 14040（環境マネジメン

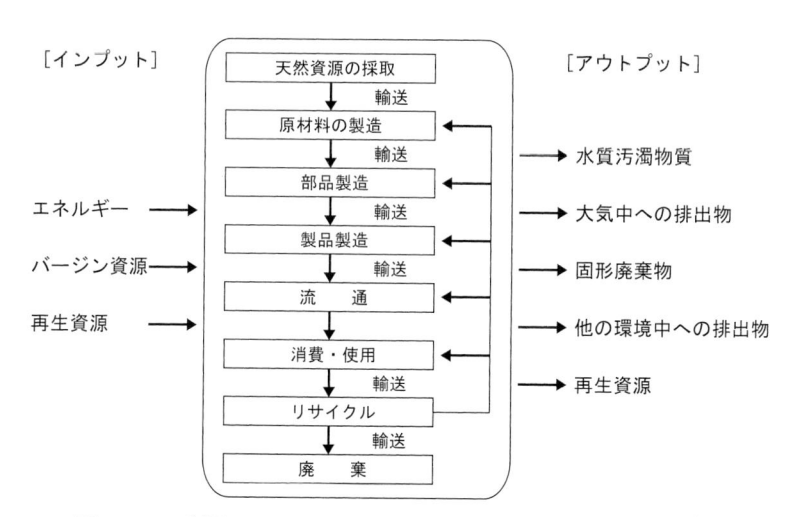

図 7.3.1　製品のライフサイクルと環境負荷評価（LCA）の概念[6]

トーライフサイクルアセスメント-原則及び枠組み）に規定されている．

（2） 建築におけるLCAの実施事例

LCAは製品の環境への影響評価方法として発展してきたが，建設や維持管理のために投入される資材や発生する廃棄物などについても，このLCAの考え方が適用可能である．わが国の建築分野においては，1990年ごろから大手建設会社，学会などにおいて検討が始められ，1999年には日本建築学会より建築物のLCA指針[7]が出された．また，LCA評価の計算ソフトやデータベースについても，各団体・企業で開発が進み，日本建築学会や独立行政法人建築研究所などが，それらを公開している．これにより，現在では比較的容易にLCA解析を実施できる環境が整いつつある．

建築におけるLCA解析では，まず建築資材などについて単位質量あたりのエネルギー消費量やCO_2排出量を求める必要がある．表7.3.1は，建築資材

表7.3.1　主要建設資材の炭素排出量原単位の例[8]

建設資材			炭素排出量 (kg-C/kg)
砂利・石材			0.00030
木材	炭素固定なし	製材	0.0078
		合板	0.0487
	炭素固定あり	製材	(−0.492)
		合板	(−0.447)
合成樹脂製品			0.176
ガラス	板		0.414
	繊維		0.579
ポルトランドセメント			0.235
高炉セメントB種			0.138
陶磁器（建設用）			0.114
鉄鋼	棒鋼		0.173
	鋼板		0.436
銅			0.280
アルミニウム（サッシ用）			1.765

の CO_2 排出量原単位の例である[8]．これらの値は，製造の条件設定により値が変わってくるが，資材によりその CO_2 排出量に大きな差があることが分かる．また，木材については，自らが炭素を含んでいるため，その固定量を考慮するかしないかによっても，評価が変わってくる．

7.4　主要建築材料の生産とリサイクル

7.4.1　コンクリートの生産とリサイクル

（1）セメントの生産

わが国のセメント生産量は，およそ9,000万 t あり，東南アジアを中心に海外にも1,500万 t ほど輸出している．若干輸入もしているものの，自給体制が確立している．

セメントの主要原料としては，石灰石，粘土，けい石，酸化鉄原料およびせっこうがあげられるが，これらの物質は，ほぼ国内で生産されている．石灰石は北海道から沖縄まで資源が豊富に存在しており，せっこうは排煙脱硫などの副産物として化学的に製造されている．また，シリカ成分として高炉スラグ，フライアッシュなどの副産物や廃棄物などを利用することにより，資源の有効利用も図られている．

普通ポルトランドセメント1tを製造するのに必要な原料，燃料および電力は，図7.4.1のように示される[9]．セメントの製造においては，焼成工程で1,400°C以上の高温で反応させる必要があり，大きなエネルギーが必要とされる．これにより，原料の余熱に冷却機からの廃熱を活用した加熱法などを導入

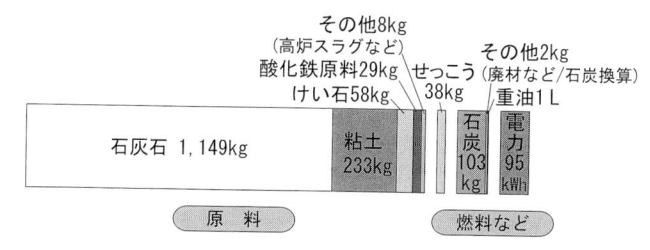

図7.4.1　普通ポルトランドセメントを1t作るのに必要な原料・燃料・電力[9]

し，製造工程における省エネルギー化が進められている．また燃料として，廃タイヤなどの産業廃棄物も利用されている．

(2) 骨材の生産

骨材に関しては，1960年代以前は天然骨材（河川砂利，河川砂）の使用が主であったが，1960年代半ば以降，河川砂利が不足するとともに環境保全のため採取が制限されるようになり，砕石，海砂利および陸砂利が使われるようになった．最近では，粗骨材の約70％が砕石となっている．また，1970年ごろから海砂の利用が普及し，関西以西では，約50％を海砂が占めている．一方で，1970年代後半よりスラグ骨材の利用が推進され，現在では「コンクリート用スラグ骨材」（高炉スラグ骨材およびフェロニッケルスラグ骨材）のJISが設けられており，その利用が普及している．

以上のように，天然骨材は貴重なものとなり，砕石や人工骨材などの利用が増えつつある．砕石に関しては破砕などの製造過程におけるエネルギー消費があり，骨材全体については，重量が大きいものであるため，輸送におけるエネルギー消費を伴う．一方で，骨材として，高炉スラグなどの副産物，その他廃棄物を利用することが可能であり，それらによって環境負荷の低減が図られている．

(3) コンクリートのリサイクル

コンクリートの廃棄物処理については，早くからそのリサイクル利用が図られており，1991年に「建設資材の再生資源の利用の促進に関する法律」（建設リサイクル法）が制定されることにより，1990年時点では48％であったリサイクル率は，2000年には96.2％までに達している．コンクリートのリサイクルとしては，コンクリートがらの利用，再生骨材の製造，戻りコンクリートの利用などが進められている．

コンクリートがらとは，解体コンクリート塊のことで，径が40 mm以上のものを指し，部材，粗割材（径20～50 cm程度）および破砕材（径40～150 mm程度）に分けられる．部材は，人工漁礁，敷石，河川堤防の根固めなどに，粗割材は，河川堤防の床固め・根固めなど玉石の代替材として，また破砕材は，無筋コンクリートで作られ，強度や耐久性に対する要求があまり高くない構造物，均(なら)しコンクリートおよび消波コンクリートブロックなどに用いら

れている．

　再生骨材は，解体コンクリート塊をジョークラッシャーやインパクトクラッシャーなどで破砕し，径を 40 mm 以下としたものである．再生骨材は吸水率が高く，それを用いた再生コンクリートは普通コンクリートに比べると一般に性質が劣る．しかし，近年これらの品質向上に関する研究も進んでおり，条件に応じた利用は，可能になりつつある．

7.4.2　鉄鋼・アルミニウムの生産とリサイクル

（1）　鉄鋼，アルミニウムの資源

　鉄鋼，アルミニウムの原料となる鉄鉱石，ボーキサイトについては，可採年数が今後 200 年以上あるといわれている．また，これらはスクラップを原料とすることが可能であるため，将来的に資源が不足する心配はあまり高くないと考えられている．

（2）　鉄鋼の生産とリサイクル

　わが国においては，年間およそ 1 億 t の鉄鋼が生産されており，世界的な鉄

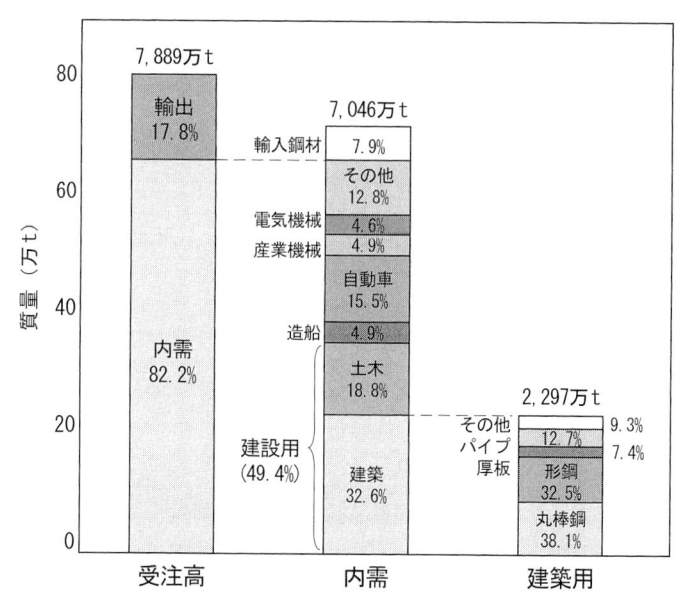

図 7.4.2　普通鋼の国内需要概要（1996 年度）[10]

鋼メーカーが多数存在している．図7.4.2に示すように，1996年度における普通鋼の生産量は7,900万t程度であるが，内需の用途先として最も多くを占めるのは建築分野であり，土木分野と合わせた量は内需のほぼ半分を占めている[10]．

鉄鋼の生産には，原料として磁鉄鉱，赤鉄鉱，褐鉄鉱などの鉄鉱石と，燃料および還元剤として石炭が用いられるが，これらはほぼ国外に依存している．鋼材の製造においては，製銑工程および製鋼工程において大量のエネルギーを消費しており，わが国の産業全体のエネルギー消費の約11%を占めている．また，精錬時に煤塵や粉塵，NO_xやSO_xといった大気汚染物質が排出され，環境に負荷を与えている．このため，省エネルギー化，環境負荷低減への技術開発が早くから行われており，製造工程における省エネルギー化に関しては，高効率設備の導入と操業改善，生産工程の省略と連続化，排エネルギーの回収などが実施されている．汚染物質排出の抑制に関しては，発生源における集中的な対策により効率的に対処することで，硫黄酸化物（SO_x）の排出量をかつての1/5に削減している．また煤塵（ダスト），滓（スラグ）およびスラッジについても90%以上をリサイクルとして利用し，廃棄物の削減を図っている．さらには製造過程で発生する低温未利用エネルギーを工場周辺地域で利用する

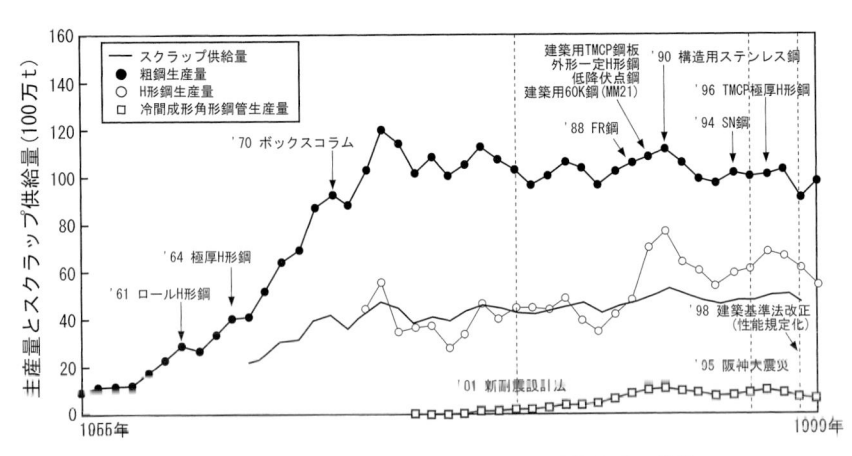

図7.4.3 鋼材料の生産量とスクラップ供給量の推移
［文献[11, 12]に基づいて作成］

など，エネルギーの有効利用を積極的に進めている．

鉄鋼のリサイクルについては，スクラップ処理業者から鉄鋼メーカーへ回収されるルートが確立されており，粗鋼生産量の40%程度がスクラップを原料としている（図7.4.3）[11]．スクラップは，ほぼ電炉の原料として用いられており，それらのほとんどが建築用棒鋼などに加工されている．

（3） アルミニウムの生産とリサイクル

アルミニウムは，建築分野においても近年ますますその利用が増大しており，図7.4.4に示すようにその生産量は上昇の傾向にある．アルミニウムは，ボーキサイトから得られたアルミナを電気精錬することにより製造されるが，この際に大量の電気を消費するため，「電気の缶詰」と呼ばれるほどである．このため，現在，日本では電力を大量消費する精錬工程はほとんど行なわれておらず，電力の安い海外から原料の60%を地金として輸入している．国内での生産能力は1.7万t程度であり，国内地金消費の1%以下にしかならない．

アルミニウムの加工工程においても，ある程度のエネルギーを要し，また煤塵やNOx，SOxといった大気汚染物質も排出され，環境に負荷を与えている．このため，鉄鋼と同様，省エネルギー化，環境負荷低減への技術開発も進んでいる．アルミニウムは，アルミナからの精錬過程では大量のエネルギーを必要とするが，アルミニウム自体の再生は，基本的には加熱して融かせばよく，ボーキサイトから製造する場合の3%程度のエネルギーで済む．このことより，ア

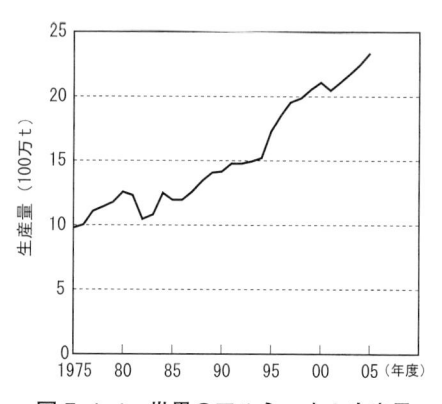

図7.4.4 世界のアルミニウム生産量

ルミニウムは，リサイクルすることの意義が非常に高い素材といえる．このためリサイクル率も比較的高く，分野によってはほぼ100％のリサイクルがなされている．建築分野においても，サッシやカーテンウォールに多用されているが，ほぼ100％に近いリサイクルがなされている．

7.4.3 木材の生産とリサイクル
（1） 木材資源の国内外の状況

　1995年時点での世界の森林面積は34.5億haで，陸地面積の26.6％を占めている．しかしながら，森林は年々減少する傾向にあり，表7.4.1に示すように，1990年からわずか5年の間に1.6％もの森林が減少している[13]．この傾向は，先進国地域と発展途上国地域で反対となっており，先進国地域ではやや増加の傾向が見られるのに対し，発展途上国地域では，著しく減少している．これは，熱帯林の過度な商業伐採や，焼畑農業，山火事などによるためである．

　現在，世界の森林資源の蓄積量は約3,837億m^3であるが，世界の年間木材生産量はその1％にも満たない35億m^3である．成長期の木材は，年間に3％も成長するといわれており，適切な植樹・伐採のサイクルを築くことができれば，永久に利用可能であると考えられるが，先に述べたように森林面積の減少や，不適正な森林の更新により，その蓄積量もやや減少している．

表7.4.1　世界の森林面積の変化（1995年現在）[13]

区分		森林面積（×10^6ha）		増減率（％）
		1990年	1995年	
世界計		3,511	3,454	−1.6
地域別	アフリカ	539	520	−3.5
	北米	453	457	+0.8
	中南米	979	950	−3.0
	アジア	191	171	0.4
	ヨーロッパ	144	146	+1.3
	旧ソ連	813	816	+0.3
	オセアニア	91	91	−0.5

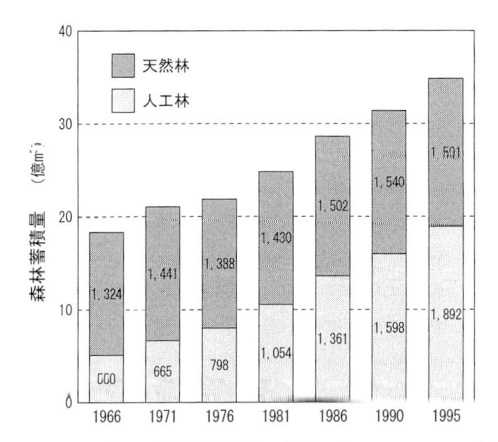

図 7.4.5　日本の森林蓄積量の推移（1966～1995 年）[14]

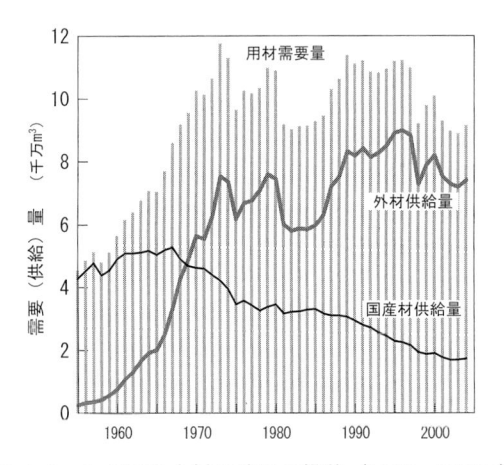

図 7.4.6　わが国の木材需給量の推移（1955～2004 年）

　一方，わが国は国土の 67% を占める 2,500 万 ha の森林を有しており，その面積は 30 年間ほとんど変化がない状況となっている．また森林蓄積量は 35 億 m^3 であるのに対し，年間の木材生産量は 2,250 万 m^3 程度であり，人工林を中心に毎年約 7,000 万 m^3 ずつ蓄積が増加している（図 7.4.5）[14]．このようにわが国には，豊富な森林資源が存在するのであるが，図 7.4.6 に示すように，実際には木材供給量の 8 割以上を海外から輸入している．これは，国産材の生産が安定しておらず，また生産コストがかかることが大きな要因といえる．し

かしながら，国内外の森林を保全するためには，このような矛盾したわが国の需給体制を見直していくことが必要である．

（2） 木材の炭素固定効果

樹木は，主要な温暖化ガスである二酸化炭素を光合成および生合成により固定化するという，たいへん重要な役割を担っている．木材に含まれる炭素は，焼却されたり腐朽することによって最終的には大気中にガスとして放出される．しかし，それまでの使用期間を長くし，その間に新たに植樹した木が最終的にガスとして放出される以上の炭素を固定することができれば，全体として大気中の二酸化炭素量は減少することになる．木材の使用期間を長くするには，建築物の耐用年数を延ばすとともに，廃棄された木材をチップ化してボードにするなど，カスケード（多段階）型の利用をすることが重要である．

（3） 木材のリサイクル

解体材をはじめとする廃木材は，寸法が様々であるため，一般に流通するような製材品に再び加工することは困難であり，ほとんどがチップ化される．質の高いチップは製紙原料，次いで質の良いものはパーティクル・ボードなどの工業原料，そして質の悪いものはボイラーなどの燃料に用いられている．建設系廃棄物より発生した木材は，釘などの金属やその他の不純物が多く，製紙原料や工業原料になるものはおよそ30％程度であり，残りの70％は燃料用とされている[15]．製紙用に用いられる場合は，おもにダンボールなどに加工される．ボードとしては，パーティクル・ボードが一般的ではあるが，チップを蒸してさらに細かく解繊し，ファイバー状にしてからMDF（Medium Density Fiber Board），インシュレーションボード，ハードボードなどのファイバーボードにする場合もある．

7.5 環境に配慮した建築・材料の生産のあり方

7.5.1 循環型社会に向けた社会システム

最初に述べたように，20世紀の生産方針は，利便性・経済性の追求であり，大量生産・大量消費，スクラップ・アンド・ビルド型の建築生産であったとい

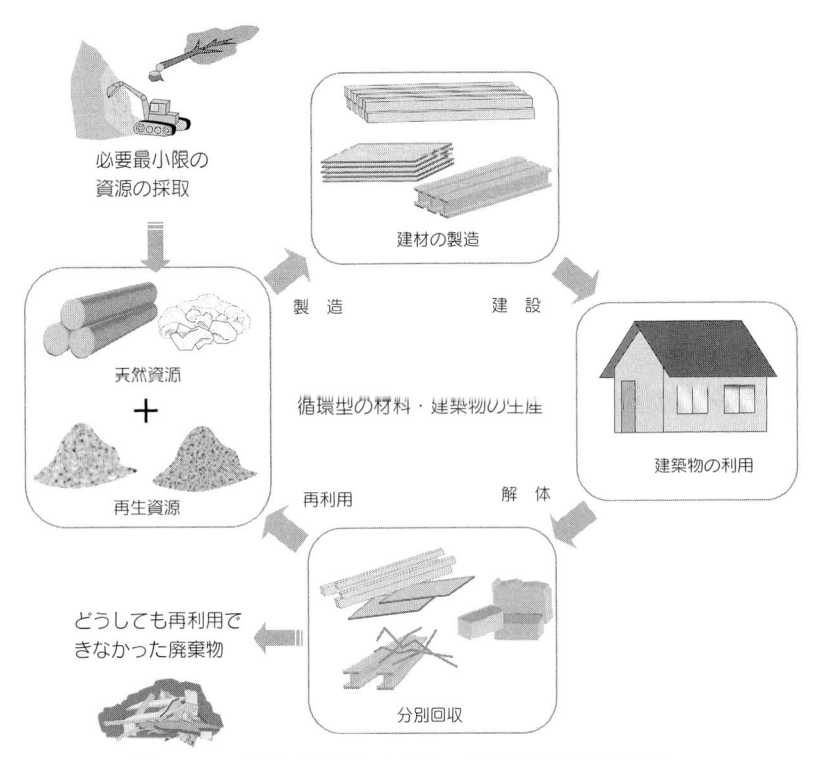

図 7.5.1 環境に配慮した建築・材料の生産のあり方

える．しかしこれからは，省資源・省エネルギー化，環境負荷物質の排出抑制化および長期耐用化を図った，環境に配慮した建築生産を行い，循環型社会を目指していく必要がある（図7.5.1）．これを実現していくためには，法律などによる社会システムの構築や，それらを実現していくための様々な具体的取組みが必要である．

循環型社会の形成に向けての実効ある取組みをするため，日本政府は，平成12年5月に「循環型社会形成基本法」を制定した．また，この基本法に合わせて，廃棄物処理法を改正するとともに，資源有効利用促進法を整備し，それらの具体的な実践のために，図7.5.2に示される諸法を位置づけている．この中に「建設リサイクル法」（建設工事に関わる資材の再資源化などに関する法律）も定められており，1) 一定規模以上の建設工事（対象建設工事）におけるコ

```
                    ┌──────────────┐
                    │  環境基本法   │
   (基本的枠組み)    ├──────────────┤
                    │循環型社会形成推進基本法│
                    └──────────────┘
   (一般的な仕組み) ┌──────────────┐
                    │ 廃棄物処理法  │  (適正処理)
                    ├──────────────┤
                    │資源有効利用促進法│ (リサイクル推進)
                    └──────────────┘
   (個別の規制)    ┌─┬─┬─┬─┬─┐
                   │容│家│建│食│グ│
                   │器│電│設│品│リ│
                   │包│リ│リ│リ│ー│
                   │装│サ│サ│サ│ン│
                   │リ│イ│イ│イ│購│
                   │サ│ク│ク│ク│入│
                   │イ│ル│ル│ル│法│
                   │ク│法│法│法│  │
                   │ル│  │  │  │  │
                   │法│  │  │  │  │
                   └─┴─┴─┴─┴─┘
```

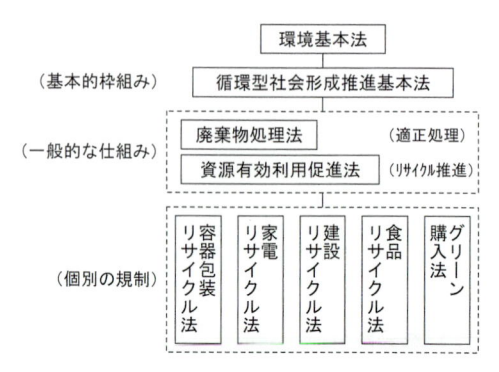

図 7.5.2　循環型社会形成のための法律

ンクリート，アスファルトおよび木材の工事現場での分別（分別解体など）と再資源化などの義務付け，2) 発注者による対象建設工事の事前届出の義務付け，3) 解体工事業者の登録などの義務付け，などを制定している．

日本建築学会においては，1997年に開催されたCOP3 (p.259参照) にあたり「気候温暖化に関わる建築学会声明」を発表し，新築の建築物において，生涯二酸化炭素排出量を30％削減，耐用年数を3倍に延長することを目標に掲げ，様々な取り組みを実施している．また，2000年には日本建築学会をはじめとする建築関連5団体により「地球環境・建築憲章」を制定し，循環型社会の実現に向けて連携して取り組むことを宣言している．

7.5.2　循環型社会における建築・材料の生産の取組み

循環型社会における建築生産の具体的な取組みとして，資源の有効利用，エコマテリアルの利用およびリサイクルの促進などが進められている．また，廃棄物の削減については，ゼロエミッション化，長期耐用化については，リノベーション手法の合理化およびライフサイクルマネジメント（Life Cycle Management：LCM）などが試みられている．

ゼロ・エミッション構想は，1994年に国際連合大学が提唱したもので，ある産業から排出される廃棄物を，別の産業の原料として再利用できるように，さまざまな産業を組み合わせることで，個々の企業活動に伴って発生する廃棄物を社会全体としてゼロにしようという考え方である．これについては，文部

省（現文部科学省）や通産省（現経済産業省）などによる研究開発で検討され，1997 年には，通産省により「エコタウン事業」が実施されている．

　リノベーション手法の合理化は，建築の長期耐用化を図るため，機能の更新や用途変更，あるいはデザインイメージアップなどの改善・改修を容易に行えるように，建築を計画・設計するものである．このような例の 1 つとしてスケルトン-インフィル（Skeleton-Infil：SI）方式が注目されている．SI 方式は，柱や梁などの主要構造部分（スケルトン）と，内外装や間仕切り，建具や設備機器類（インフィル）を分離可能な構成にし，スケルトンを長期にわたって利用し，インフィルをライフステージや生活スタイルに応じて適宜更新していくものである．またリノベーションを合理的に実施するために，次項で解説するライフサイクルマネージメント手法が確立されつつある．

7.5.3　ライフサイクルマネジメント

　LCM は，建築物のライフサイクルにわたって総合的に効用の創出・維持・向上を図りつつ，生涯費用（ライフサイクルコスト；LCC），生涯資源使用量（ライフサイクルエネルギー；LCE）および生涯二酸化炭素発生量（ライフサイクル CO_2；$LCCO_2$）の削減を検討し，最適な選択を見出す手法である．ここでいう効用とは，建築物利用者などの満足度を示すものであり，それを数値化して算定し，生涯費用，生涯資源使用量，あるいは生涯二酸化炭素発生量で除すことにより，LCM の評価が行われる．

$$\text{LCM の基本式} = \frac{\text{建築物の効用}}{\text{LCC，LCE，}LCCO_2 \text{など}}$$

一般に，建築物のコストについては，建設費のみを評価しがちであるが，実際には，建設費は全コストの氷山の一角であり，保全費，修繕費・改善費，運用費（光熱水費など）および一般管理費を同時に含めて考慮する必要がある．図 7.5.3 は，中規模事務所建築物モデルの経済比較を LCC により評価したもの[16]で，それぞれ 60 年間リノベーションを行わなかったものと，20 年目および 40 年目にリノベーションを行ったものである．リノベーションを行うことによって，修繕・改善コストは上がるものの，運用コストと保全コストは下がり，総費用としてはコストの削減につながる．この LCC の解析結果とそれぞれの効

第7章 建築・材料の生産と環境

使用年数：60年　（単位：億円）

リノベーションしない場合

- 企画設計コスト 0.7
- 修繕・改善コスト 15.7
- 廃棄処分コスト 0.3
- 建設コスト 16.3
- 保全コスト 32.1
- 運用コスト 30.8
- 他運用管理コスト 3.9
- 全体 100

20年目，40年目にリノベーションした場合

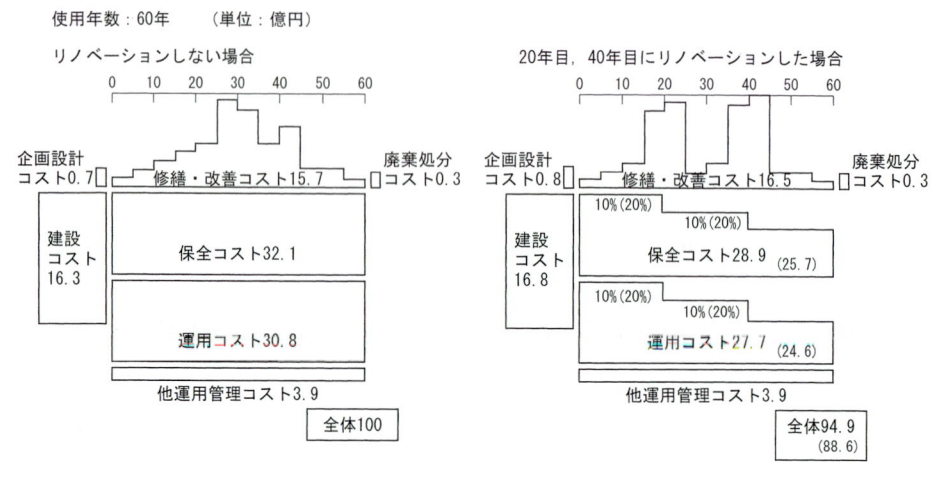

- 企画設計コスト 0.8
- 修繕・改善コスト 16.5
- 廃棄処分コスト 0.3
- 建設コスト 16.8
- 保全コスト 28.9 (25.7)　10%(20%)　10%(20%)
- 運用コスト 21.7 (24.6)　10%(20%)　10%(20%)
- 他運用管理コスト 3.9
- 全体 94.9 (88.6)

図 7.5.3　中規模事務所建築物モデル経済比較 [16]

用との関係を評価することにより，LCMによる評価が行われる．

参考文献

1) ドネラ・H・メドウズ他（大来佐武郎監訳）：成長の限界，ダイヤモンド社，1972年
2) ドネラ・H・メドウズ他（茅陽一監訳）：限界を超えて，ダイヤモンド社，1992年
3) 山本良一編：エコマテリアルのすべて，日本実業出版社，1994年
4) 樫野紀元：建物長寿命化の意義，循環型社会に向けた建築生産のあり方，日本建築学会，2001年
5) 伊香賀俊治：地球環境委員会の成果，地球環境問題に対応する建築構造の取り組み，日本建築学会，2001年
6) 環境省：平成10年度版環境白書，1998年
7) 日本建築学会：建物のLCA指針，日本建築学会，1999年
8) 酒井寛二他：建築物のライフサイクル二酸化炭素排出量とその抑制方策に関する研究，日本建築学会計画系論文集，No.484，1996年
9) 社団法人日本コンクリート工学協会：コンクリート便覧 第二版，技報堂，1996年

10) 社団法人鋼材倶楽部 建築専門委員会/建設用鋼材研究会：新しい建築構造用鋼材，鋼構造出版，1998年
11) 社団法人日本機械工業連合会・社団法人日本鉄鋼協会：循環型社会における金属系材料の在り方に関する調査研究報告書，2000年
12) 永田匡宏：建築構造用鋼材の現状，建築防災，p.6，2001年
13) FAO：State on the World's Forests 1997，1997年
14) 林野庁：森林資源の現況，2002年
15) 鈴木吉助：木質系建設廃棄物の再生利用，木質系建設廃棄物の現状と課題，日本建築学会，2000年
16) 石塚義高：建築のライフサイクルマネジメント，井上書院，1996年

第8章

建築材料学の展望
——科学と技術の連繋

8.1 概説

　建築材料学が対象とする基礎的内容は，7章までにおおよそ示された．本章では，そこからさらに深く建築材料について学んでいきたい人々のために，材料の物理的性質や破壊挙動を例として取りあげ，次の段階の勉学への道標を示す．

8.2 材料の組織構造と様々な性質

　すでに学んだように，建築に用いられる材料には，安全性能に深く関わる構造材料として用いられるコンクリート，鋼，木材，さらには日本では構造材料としてはあまり用いられないが，岩石，れんがなどがある．それに加えて，主として仕上材料として用いられ，建築の性能に深くかかわる様々な木質材料やプラスチックなどの有機材料あるいはモルタルなどの無機材料がある．建築に要求される諸性能を満足する部位を構成すべく，設計図や仕様書で要求される

8.2 材料の組織構造と様々な性質

表 8.2.1 代表的な建築材料の性質のおよその例

	密度 (kg/m^3)	比熱 [J/(kg·K)]	ヤング係数 (GPa)	圧縮強度 N/mm^2 または MPa	引張強度 N/mm^2 または MPa	熱伝導率 [W/(m·K)]	線膨張係数 (×10^{-6}/K)
コンクリート (標準的なもの)	2300	1200	22.5	24	2.4	2.8	7〜13
木材	スギ 380 ミズナラ 680	1600	7.5 10.0	35 45	90 120	0.098 0.163	3〜5
鋼 (SS400)	7850	450	206	400	400	50	10.5

品質を有する建築材料を適切に設定し，施工して建築物を造りあげていくためには，これらの材料の様々な性質について十分な知識をもっていることが必要である．しかしながら，その情報量は膨大であり，年々その必要情報量は増大の一途をたどるために，一般の建築技術者がこれらすべての情報を記憶していることは困難といえる．したがって，建築学の基礎的な考え方を学ぶ段階では，おもな材料の諸性質（たとえば表 8.2.1）を念頭に置きながら，それらの性質の多くは材料の組織構造と深い関係を有していることを理解することが肝要である．

ところで構造工学の分野では，コンクリートを均質材料と考えている．さらに，骨組みの地震応答解析や応力解析では，鉄筋とコンクリートは一体のものとして柱や梁を構成しているものと考える．それに対して，断面算定の段階になると，コンクリートは相変わらず均質材料であるが，鉄筋とコンクリートは各々別な材料として取扱われる．一方，所要の強度や耐久性を有するコンクリートを作る材料設計（調合）やコンクリートの詳しい材料的性質を考える段階では，コンクリートはセメントと水の反応生成物と大小様々な骨材の複合材として取扱われるなど，しだいにミクロやナノの世界に入り込んでいくことが求められる．このような関連性を見抜く力を養うことによって，様々な材料に関する情報を評価・選択したり調整する役割を担えるようになることが求められる．

たとえば，材料の性質とその組織構造の関係の重要性を理解する上で，コンクリートの応力-ひずみ関係は良い例である．コンクリートの応力-ひずみ関係

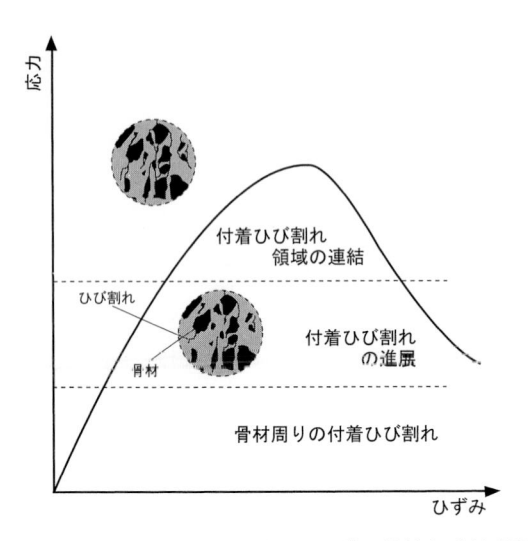

図中のラベル:
- 応力（縦軸）
- ひずみ（横軸）
- 付着ひび割れ領域の連結
- ひび割れ
- 骨材
- 付着ひび割れの進展
- 骨材周りの付着ひび割れ

図8.2.1　コンクリートの応力-ひずみ曲線と破壊過程

は，図8.2.1に示すように比較的低い応力レベルから非線形性を示すことが知られている（3.2節参照）．さらに，圧縮強度とヤング係数の関係はある法則性を保ちながらも，比較的低い強度レベルと高強度レベルとでは，その法則性にも変化が生ずることが知られている（図3.2.13参照）．これらの性質も，コンクリートの組織構造と力学的挙動の関係に着目すると，初めてそのメカニズムが理解できるようになる．

また，建築物の安全を支える構造材料の代表的なもののひとつである鋼は，ある限界応力を超えると降伏して応力一定のままでひずみだけが伸びる特徴を有している（3.3節参照）．鋼材料の強さの秘密はその微細な組織構造にあるわけであるが，降伏応力に達すると最も基礎的な単位構造ともいえる，結晶レベルでの格子の配列の変化（図8.2.2）に着目してはじめてその原因が理解できる．

一方，木材はおもな構造材料の中で唯一の天然有機材料である．その軽くて強い力学的性質の秘密は，自然が造り出した絶妙な組織構造にある（3.4節参照）．その結果，図8.2.3に示すように，樹木の軸方向，すなわち繊維方向への引張力に対しては十分な強さを保持している一方で，圧縮力への抵抗や径方

8.2 材料の組織構造と様々な性質　**281**

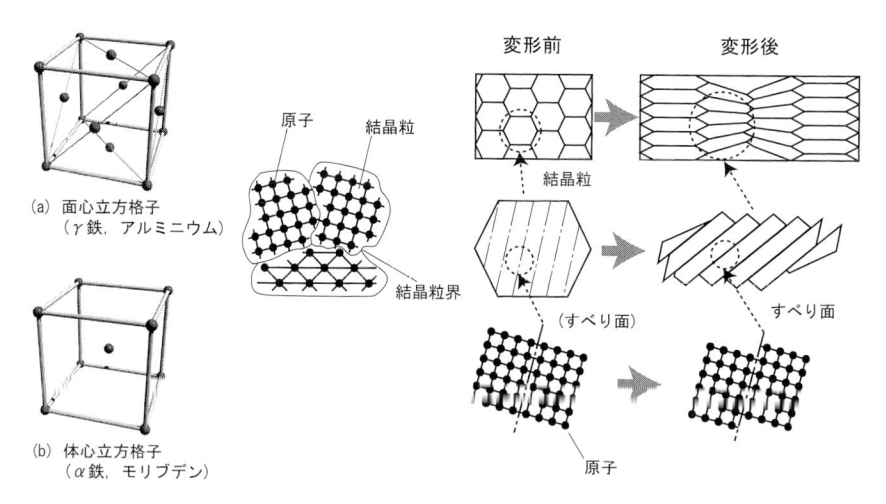

(a) 面心立方格子
　（γ鉄，アルミニウム）

(b) 体心立方格子
　（α鉄，モリブデン）

図 8.2.2　鋼の塑性変形と原子配列の変化（転位）

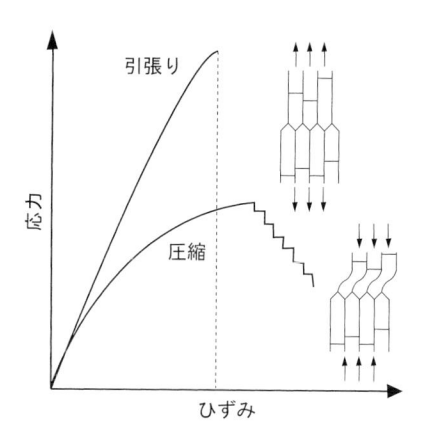

図 8.2.3　木材の応力-ひずみ曲線と微細組織構造

向の抵抗力はきわめて弱いという特徴がある．

　ここに示した非線形な応力-ひずみ関係は，たとえば建築構造物に大地震が作用して，柱や梁などの部材を構成する材料の強度を超えるほどの高い応力が作用するときの材料挙動に対応している．このような情報は，建築構造物が本当に耐えうる終局限界状態を把握し，真の安全性・信頼性を評価するための構

造解析に必要となる材料の構成則として利用される.

8.3 ミクロ・メゾ・マクロ挙動の連成

前述したように，コンクリートの破壊の形態は，引張り・圧縮・せん断といった作用力の種類のみならず，コンクリートの複雑な材料組織構造によっても大きく影響を受けるところが特徴的である．また，コンクリート材料は，その材料構造が多相構造をなしているという特徴を有している．すなわち，セメント・砂・粗骨材・水および様々な混和材や混和剤を一緒に練り混ぜて固まらせ，固形化した材料である．セメントが水と反応して水和生成物を形成する結果，コンクリートとして一体化された複合体が形成されるわけであるが，その水和生成物にはC-S-HゲルやCa(OH)$_2$などのきわめて微細な組織構造が形成される．また，これらよりも少し大きいオーダーの範囲で大小様々な毛細管空隙構造が形成される．この程度までの範囲をミクロレベルとしてグループ化することができる（図8.3.1）.

次に大きい，肉眼で観察することができる程度の大きさの砂粒や練り混ぜ時の巻込み空気，さらには大小様々な粗骨材の範囲がある．この範囲をメゾレベルと呼ぶ．このメゾレベルでは，材料はセメント硬化体と骨材と空隙やひび割れで構成された非均質なものとして扱われる点が特徴である．さらに大きいオーダーの範囲ではコンクリートは見かけ上，均質材料として扱われる．材料試験に用いられる円柱試験体から求めたヤング係数や圧縮強度などは，コンクリートが実際上このような均質材料ではないことを承知の上で，試験体全体のならしの挙動や性能として測ったものである．

さらに，鉄筋コンクリート部材とした場合には，コンクリートと鉄筋の複合材料として扱われ，鉄筋周りの付着ひび割れ挙動や付着割裂特性などが問題となる．鉄筋コンクリートの有限要素法解析では，1本1本のひび割れを扱う場合をミクロ解析と呼んでいる．このような数値解析によって得られた梁や柱部材としての非線形挙動とひび割れパターンの関係は実験により検証される．そして設計では，これらのひび割れ挙動は陽な形で扱われることなく，構造骨組

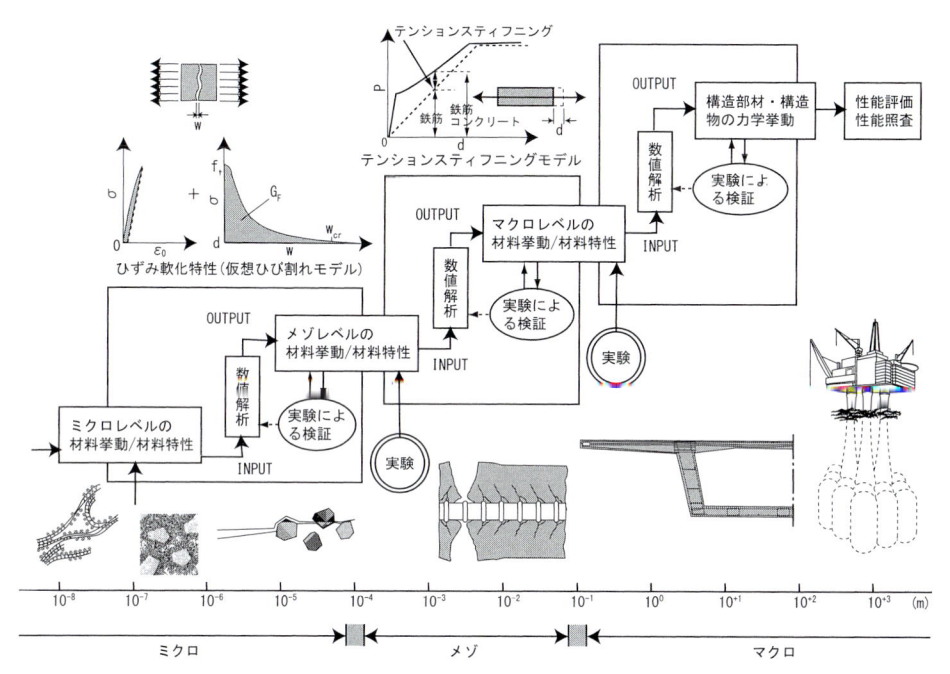

図8.3.1 ミクロ・メゾ・マクロの階層構造と破壊の力学の情報の流れ[1]

などを対象に構造物全体としての変形挙動を，部材の荷重変形関係を用いてマクロな視点で扱うことになる．したがって，材料でいうミクロ・メゾ・マクロと，構造でいうミクロ・マクロとはオーダーが異なるので注意が必要である．

このようにコンクリート材料は，きわめて非均質な複合材料である．これらの材料構造の複雑性のみならず，荷重条件や温度・湿度などの環境条件によって破壊特性が様々に変化することもあって，これまでにも膨大な実験的研究がなされてきた．また，観察技術の進歩・発達と情報の蓄積により，体系的な理解が少しずつ進んできた．とりわけ，各々のレベルで観察される諸現象は，1つ下のレベルのメカニズムで説明できることが分かってきた．たとえば，載荷速度や温度・湿度環境条件が破壊・変形挙動に影響を及ぼすことは，ミクロレベルでの水和生成物と水分の相互作用や空げき構造内の水分移動によって説明できる．また，多くのマクロレベルでの非線形変形挙動はメゾレベルでのひび割れ発生・伝播挙動と骨材や気泡および乾燥収縮などによる潜在ひび割れとの

相互作用として理解することができる．

　コンクリートの破壊の力学に限らず，材料科学や構造工学の今日の発展をもたらすことになった原動力は，実験的研究による現象の観察と理論モデルの構築による様々な検討があげられる．実験技術の発展には，たとえば多軸載荷，載荷制御システム，変形測定技術，ひび割れの検知技術など，目覚しいものがある．しかし，このように高度に発達した実験技術をもってしても，単純な実験で直接測定されたパラメータをそのまま設計に使える形で破壊やひび割れの問題を扱うことは容易ではない．ある試験体を用いて人工的な荷重条件（力学的境界条件）と支持条件（幾何学的境界条件）のもとで行う実験である以上，そこには境界条件と寸法効果の影響を回避することはできない．また，コンクリートの破壊現象は，ひび割れの発生と伝播の過程を経て起こるものであり，時間軸上（あるいは荷重・変形軸上）のある一点における状態量を測定すれば，その状態量がそのまま構造物や部材の破壊状態を決定する限界値として用いうる場合は少ない点が，問題をいっそうむずかしくしている．

8.4　新しい取組み・展開の一例

　材料特性を構成する組織や仕組み，さらには破壊現象のメカニズムを理解することは，先端的な高強度コンクリートや繊維補強セメント系複合材料の開発や利用に対して特に重要であり，これら新材料の能力が有効にしかも安全に発揮されるために役立てられるべきである．

　コンクリート構造物の力学的挙動に及ぼす影響因子が複雑で多岐にわたることもあって，とりわけコンクリートのひび割れ特性に関しては，近年になってようやく有効でかつ合理的なモデルあるいは特性評価法が確立されつつある．このような背景から，コンクリートの破壊の力学の果たす役割は，発達した数値解析法とあいまってコンクリート構造物の非線形挙動のメカニズム解明に貢献するとともに，より合理的な材料・構法および構造システムの開発や設計に利用されることであろう．

　コンクリートの破壊の力学は，コンクリート構造の破壊現象や非線形挙動を

物理的・力学的に分かりやすく解釈する方法論である．この方法論においては，コンクリート構造を構成するミクロ・メゾ・マクロの3つのレベルの情報を有機的につないで現象をとらえることが重要である．あるレベルの破壊現象や非線形挙動を引き起こすメカニズムを1つ下のレベルの情報に基づいて可能なかぎり明らかにし，その情報を用いてさらに上のレベルの破壊現象や非線形挙動を予測・推測していくことが必要となる．そのためには，より合理的な数理モデルを構築するための実験的研究とその数理モデルを用いて現象や挙動を予測・推定する数値解析，そしてその解析結果を検証するための実験的研究が求められる．

また，性能規定型あるいは性能照査型の設計においては，新しい材料や構法の活発な開発や利用が期待されるが，それらの性能評価あるいは性能照査に利用可能な解析技術を構築する上で，このような方法論の展開はより有効なものとなろう．

参考文献

1) 三橋博三・六郷恵哲：コンクリートの破壊の力学：魅力と展望，コンクリート工学，Vol.37, No.9, pp.4-10, 1999年

索　引

【あ】

I 形鋼 …………………………………… 114
アーク溶接 ……………………………… 128
アーチ構造 ……………………………… 37
亜鉛めっき ………………………… 126, 177
アクリル樹脂 ……………………… 224, 239
アスファルト …………………………… 196
アスファルト防水 ………………… 40, 211
アスファルトルーフィング …………… 211
アセチル化処理 ………………………… 174
圧縮強度 ………………………………… 72
圧縮強度試験 …………………………… 76
厚付け仕上塗材 ………………………… 208
あて ……………………………………… 150
後添加流動化剤 ………………………… 95
あなあき板吸音材料 …………………… 237
アナタース型酸化チタン ……………… 255
アノード ………………………………… 124
あばら筋 …………………………… 65, 111
網入りガラス …………………………… 226
網目状のひび割れ ……………………… 84
アラミド繊維 …………………………… 168
アリット ………………………………… 98
RM 構造 ………………………………… 191
アルカリ骨材反応 ……………………… 84
α固溶体 ………………………………… 117
アルマイト皮膜 ………………………… 179
アルミニウム …………………………… 166
アルミニウム合金 ……………………… 179
アルミン酸三カルシウム ……………… 98
合せガラス ……………………………… 193
アンカーボルト ………………………… 150

【い】

異形鉄筋 ………………………………… 111
維持・保守性 …………………………… 4
板石 ……………………………………… 184

板ガラス ………………………………… 238
板（膜）状吸音材料 …………………… 237
板目材 …………………………………… 136
板目面 ……………………………… 139, 141
異方性 …………………………………… 151
入り皮 …………………………………… 150
入母屋（いりもや） …………………… 39
引火 ……………………………………… 163
引火温度 ………………………………… 225

【う】

ウェブ …………………………………… 114
ヴォールト ……………………………… 39
薄付け仕上塗材 ………………………… 208
内壁 ……………………………………… 46
打込み …………………………………… 89
内断熱 …………………………………… 234
海砂 ……………………………………… 101
漆 ………………………………………… 206
ウレタン樹脂 …………………………… 45
上塗系 …………………………………… 202
運搬 ……………………………………… 88

【え】

AE コンクリート ……………………… 71
液状エラストマー ……………………… 215
エコセメント …………………………… 244
エコマテリアル ………………………… 257
SI 単位系 ………………………………… 16
SI 方式 …………………………………… 275
SSG 構法 ………………………………… 223
S-N 線図 ………………………………… 121
H 形鋼 …………………………………… 114
エトリンガイト ………………………… 98
エナメル ………………………………… 201
FR 鋼 ……………………………… 61, 116
FRP 防水 ………………………………… 251

索　引

エフロレセンス	85
エポキシ樹脂	45, 224
エポキシ樹脂塗装鉄筋	247
エマルション塗料	205
エマルションペイント	205
エーライト	98
エラストマー	195
エラストマー接着剤	222
塩害	84
塩化ビニルシート	45
塩化ビニルタイル	45
塩化物イオンの総量	84
塩化物量	84
延性破壊	119
エントラップトエア	68, 96
エントレインドエア	68, 96

【お】

追柾材	136
オイルステイン	206
黄金比	19
黄銅	180
応力	57
応力−ひずみ関係	279
応力−ひずみ曲線	77
応力−ひずみの関係	77
オーステナイト	117, 178
オートクレーブ養生	76
大引（おおびき）	30, 45
押角	136
帯筋	65, 111

【か】

カーテンウォール	47
開口部	52
開口部材料	11
改質処理木材	174
外周壁	46
回収水	103
外装材料	11, 171
化学の作用	200
角石	184
花こう岩	183

加工硬化	120
火災危険温度	164
重ね継手	112
可視光線透過率	193
荷重継続時間	156
カシュー樹脂塗料	206
ガス圧接	130
ガス圧接継手	112
ガスケット	217
カソード	124
型板ガラス	193
形鋼	114
片流れ	39
型枠	66
型枠工事	66, 87
割線弾性係数	77
カップラー	112
可動間仕切壁	46
かぶり厚さ	86
壁	46
壁材料	11
ガラス	192
ガラス成形品	239
ガラス繊維	168
ガラスブロック	193
カリ石灰ガラス	192
川砂利	101
川砂	101
環境調和性	257
環境負荷評価	263
環境への負荷	262
乾式工法	48
含水状態	101
含水率	144, 174
感性的性質	8
乾燥材	145
乾燥収縮	80, 105, 146
貫通割れ	149
γ固溶体	117

【き】

木裏	136
木表	136

機械振動	238
機械的接着	221
機械法	159
気乾材	145
気乾状態	101, 144
気乾密度	147
きじ（素地）	188
木ずり（摺）	48
木取り	136
機能	4
機能性材料	11, 24, 200
揮発性有機化合物	260
気密サッシ	53
キャップコーン	119
吸音構法	236
吸音材料	50
吸音板	49
吸音率	236
吸水率	101
強化ガラス	193
強化プラスチック	245
凝結	98
凝結時間	100
凝結遅延剤	95
共重合体	195
強度	70
強度等級区分	157
強度等級区分法	158
強度発現	74
強度比	72
極低降伏点鋼	116
極軟鋼	109, 116
居住性	4, 46
切妻	39
金属シート防水	251
緊張材	165

【く】

空気量	68, 73, 95, 106
躯体一体型	47
管柱（くだばしら）	30
クリープ	79, 154
クリープ係数	80

クリープ限界	155
クリープ限度	80
クリープ破壊	80
クリヤ	201
クリンカー	98
グレイジング	214
クロロスルホン化ポリエチレン	169
クロロプレンゴム	169

【け】

計画供用期間の級	86
計画調合	104
ケイ酸三カルシウム	98
ケイ酸質系塗布防水	212
ケイ酸二カルシウム	98
形成層	139
けい石	98
けいそう土壁	48
経年変化	160
軽量形鋼	115
軽量気泡コンクリートパネル	183
軽量衝撃音	238
化粧合板	173
化粧ばり造作用集成材	172
欠陥	71
結合材	70
結合水	144
結晶化ガラス	253
欠点	147
結露	234
ゲル水	99
建設リサイクル法	273
間知石	184
建築工事標準仕様書	14
建築部位	4, 23, 27

【こ】

硬化コンクリート	68, 72
鋼管	115
高強度鋼	116
高強度コンクリート	72, 242
高強度無機系グラウト材	112
高強度無収縮モルタル	112

孔食	126	固有接着	220
高靭性セメント複合材料	245	コンクリート	63, 68
合成高分子系塗壁	48	コンクリート工事	66, 88
合成ゴム	195, 197	コンクリート充填鋼管構造	34
合成樹脂	195	コンクリート製品	67
合成樹脂エナメル	204	コンクリート・ポリマー複合体	247
合成樹脂成形品	239	混合形接着剤	227
合成樹脂調合ペイント	202	コンシステンシー	94
合成樹脂ワニス	204	混和剤	103
高性能AE減水剤	242	混和材	103
硬石	184	混和材料	103
構造安全性	86	**【さ】**	
構造躯体	22, 28		
構造材料	11, 24	細骨材	68, 101
高張力鋼	121	細骨材率	106
格天井（ごうてんじょう）	49	材質感	2, 8
勾配屋根	38	最小かぶり厚さ	87
鋼板	177	再生ゴム	195
合板	138	再生コンクリート	244
降伏応力	111, 118	再生棒鋼	111
降伏棚	118	砕石	74, 101
降伏点	118	砕砂	101
降伏比	120	最大寸法	102
格縁（ごうぶち）	49	最大節径比	147
高分子	195	彩度	8
高分子材料	194	再乳化形粉末樹脂	248
広葉樹	135	在来軸組構法	29
高流動コンクリート	242	材料強度	7
高力ボルト摩擦接合	131	材料の分類	9
高炉スラグ砕石	103	材料分離	96
高炉スラグ微粉末	84, 242	材齢	74
高炉セメント	97	さお縁	49
コールドジョイント	96	さお縁天井	49
国際標準化機構	13	砂岩	183
木口（こぐち）	141	左官用モルタル	182
木口面	139	座屈	30, 32
戸境壁	46	さび（錆）	124
腰折れ	39	さび（錆）止めペイント	204
小たたき	186	サブマージドアーク溶接	129
骨材	74, 101	作用因子	27
5%値	157	酸化鉄	98, 124
小舞壁	48	桟瓦	189
ゴム	195	残留応力	131

【し】

仕上がり状態	86
仕上材料	11, 25, 171
仕上塗材（しあげぬりざい）	206
仕上用金属材料	176
CT形鋼	112
シート防水	211
シート防水工法	40
シーム溶接	130
シーリング材	213
シェルター機能	2
軸（じく）太井	51
色彩の三属性	8
色相	8
軸材料	135
時効硬化	120
自己収縮	81
自己浄化	255
システム天井	50
沈みひび割れ	97
下地組型	48
下地材料	11, 24
下地調整塗材（したじちょうせいぬりざい）	209
下塗系	202
下葺材	42
下見板張壁	48
質感	8
しっくい	181
シックハウス症候群	260
湿式工法	48
湿潤状態	101
湿潤養生	74
実積率	102
実大材	154
始発	100
支保工	87
絞り	119
締固め	73, 89
締付け金物	87
遮炎性	229
遮音構法	237
遮音性	7
遮熱性	229
砂利	101
シャルピー衝撃試験値	109
ジャンカ	96
終結	100
重合体	194
収縮低減剤	243
自由水	144
集成材	138
集成材構造	29
集中節径比	147
重量衝撃音	238
樹幹	140
主筋	110
循環型社会	272
準硬石	184
純せん断応力状態	58
準耐火構造	229
準耐火性能	228
準不燃材料	227
準防火性能	230
仕様規定	23
蒸気養生	75
使用性	86
消石灰	180
初期弾性係数	77
初期凍害	75, 89
シリカフューム	242
人工軽量骨材	101
人工材料	11
人工大理石	253
人工木材	253
心材	139, 143
靭性	119
人造石	186
真鍮	180
心鉄板	177
伸度	198
針入度	198
真密度	147
針葉樹	135

【す】

- 髄……………………………… 139, 143
- 水げき………………………………… 96
- 水酸化カルシウム…………………… 82
- 水酸化鉄…………………………… 124
- 水和生成物…………………………… 7
- 水和熱……………………………… 105
- 水和反応………………… 7, 8, 69, 99
- 水和物……………………………… 99
- 水和率……………………………… 99
- スケーリング……………………… 84
- スケルトン-インフィル方式 …… 275
- すさ………………………………… 181
- 筋かい壁…………………………… 46
- スターラップ……………………… 65
- スタッドコネクター……………… 31
- ステンレス鋼…………………… 177
- ステンレスシート防水………… 212
- 砂………………………………… 101
- 砂壁……………………………… 48
- スプライススリーブ継手……… 112
- スペイン瓦……………………… 189
- スポット溶接…………………… 130
- すみ肉溶接……………………… 129
- スランプ…………………… 93, 104
- スランプ試験…………………… 94
- スランプ値……………………… 94
- スランプフロー値……………… 94
- スランプロス…………………… 94
- 寸法変化………………………… 145

【せ】

- 生合成………………………… 140
- 製材品………………………… 138
- 脆弱材………………………… 150
- 成熟材………………………… 142
- 制振材料……………………… 170
- 静水圧状態…………………… 58
- 生石灰………………………… 180
- 静弾性係数…………………… 77
- 成長輪………………………… 142
- 青銅…………………………… 180
- 性能……………………………… 4

- 性能規定……………………………… 23
- 生物的作用………………………… 200
- せき板……………………………… 87
- せき板の存置期間………………… 88
- 石材………………………………… 183
- 積算温度……………………………… 76
- 施工性……………………………… 70
- 石灰………………………………… 180
- 石灰岩……………………………… 180
- 石灰石……………………………… 98
- 石灰石微粉末…………………… 242
- 絶乾状態………………………… 101
- 設計かぶり厚さ………………… 87
- 設計基準強度……………… 86, 92
- せっこう……………………… 99, 181
- 接合材料………………………… 170
- せっこうプラスター…………… 181
- せっこうボード………………… 182
- 接触温冷感……………………… 175
- 接線弾性係数…………………… 77
- 接線方向………………………… 141
- 接着……………………………… 218
- 接着剤……………………… 2, 8, 218
- セメンタイト…………………… 117
- セメント………………………… 99
- セメント強度…………………… 73
- セメント系仕上材料………… 180
- セメントゲル………………… 99
- セメント硬化体……………… 69
- セメント混和用ポリマーディスパージョン………………………… 248
- セメント水比………………… 73
- セメント水比説……………… 73
- セメントの化学組成………… 98
- セメントの種類……………… 99
- セメントの生産……………… 265
- セメントペースト…………… 68
- セラミックス系仕上材料…… 188
- セラミックメーソンリーユニット… 191
- セルフクリーニング………… 255
- ゼロエミッション構想……… 274
- 繊維…………………………… 141
- 繊維走行角…………………… 148

繊維方向	141	耐力壁	46
繊維飽和点	144	大理石	183
繊維補強コンクリート	245	耐硫酸塩ポルトランドセメント	97
繊維強化プラスチック	167, 246	多孔質吸音材料	236
せん断応力	57	多彩模様塗料	205
先端材料	3	脱水	226
せん断弾性係数	60	建具	52
せん断ひずみ	58	建具金物	53
		建具枠	53
		縦弾性係数	60

【そ】

早強ポルトランドセメント	97	たて継ぎ材	138
早材	141	垂木（たるき）	42
造作材	172	単位	15
増粘剤	242	単位細骨材量	68, 106
粗骨材	68, 101	単位粗骨材量	68, 106
素地（そじ）	201	単位水量	68, 81, 105
組織構造	153, 279	単位セメント量	68, 105
素地ごしらえ	202	単位ペースト量	81
塑性加工処理	120	炭化鉄	117
ソーダ石灰ガラス	192	弾性係数	7, 59, 60
外壁	46	弾性限界	118
外断熱	234	単層フローリング	45, 173
粗粒率	102	炭素固定効果	272
		炭素繊維	166

【た】

耐火鋼	116, 124	炭素当量	109
耐火構造	228	炭素量	108
耐火性	85	断熱工法	233
耐火性能	228	断熱材	234
耐火被覆	31, 32, 123	断熱材料	231
耐火被覆材	228	断熱サッシ	54
大気浄化	255	断熱性	7
大規模木造建築の構造	29	単板積層材	138
耐久性	6, 32, 70, 82, 86	タンピング	98
耐久設計基準強度	92	端面摩擦	77

【ち】

耐候性鋼	126	中性化	82
たいこ材	136	中性化速度係数	83
耐食性	177, 178	中庸熱ポルトランドセメント	97
耐震壁	46	超高強度コンクリート	72
耐震ドア	54	調合強度	104
体心立方格子	116	調合設計	73
体積変化	80	超高耐候性塗料	250
耐用性	6		

索 引

調湿性・・・・・・・・・・・・・・・・・・・・・・・・・・・・・・・・・・ 175
超早強ポルトランドセメント・・・・・・・・・・・ 97
超微粒子セメント・・・・・・・・・・・・・・・・・・・・・ 224
帳壁・・・・・・・・・・・・・・・・・・・・・・・・・・・・・・・・・・・ 46

【つ】
通気層・・・・・・・・・・・・・・・・・・・・・・・・・・・ 26, 235
束石・・・・・・・・・・・・・・・・・・・・・・・・・・・・・・・・・・・ 30
突合せ溶接・・・・・・・・・・・・・・・・・・・・・・・・・・・ 129
継手・・・・・・・・・・・・・・・・・・・・・・・・・・・・・・・・・・ 111
つなぎばり・・・・・・・・・・・・・・・・・・・・・・・・・・・・・ 31
つのまた・・・・・・・・・・・・・・・・・・・・・・・・・・・・・ 180
吊り木・・・・・・・・・・・・・・・・・・・・・・・・・・・・・・・・・ 49
吊り構造・・・・・・・・・・・・・・・・・・・・・・・・・・・・・・・ 36
吊り天井・・・・・・・・・・・・・・・・・・・・・・・・・・・・・・・ 51

【て】
TMCP鋼・・・・・・・・・・・・・・・・・・・・・・・・・・・・・ 115
定形シーリング材・・・・・・・・・・・・・・・・・・・・ 214
低収縮コンクリート・・・・・・・・・・・・・・・・・・ 243
低熱ポルトランドセメント・・・・・・・・・ 74, 97
低発熱コンクリート・・・・・・・・・・・・・・・・・・ 242
テクスチャー・・・・・・・・・・・・・・・・・・・・・・・・ 2, 8
鉄アルミン酸四カルシウム・・・・・・・・・・・・ 98
デッキプレート・・・・・・・・・・・・・・・・・・・・・・・ 31
鉄筋・・・・・・・・・・・・・・・・・・・・・・・・・・・・・・・・・ 110
鉄筋間隔・・・・・・・・・・・・・・・・・・・・・・・・・・・・・ 102
鉄筋工事・・・・・・・・・・・・・・・・・・・・・・・・・・・ 66, 87
鉄筋コンクリート・・・・・・・・・・・・・・・・・・・・・ 65
鉄筋コンクリートラーメン構造・・・・・・・・ 32
鉄筋継手・・・・・・・・・・・・・・・・・・・・・・・・・・・・・ 112
鉄鋼材料・・・・・・・・・・・・・・・・・・・・・・・・・・・・・ 107
鉄鋼の生産・・・・・・・・・・・・・・・・・・・・・・・・・・・ 267
鉄骨鉄筋コンクリート構造・・・・・・・・・・・・ 33
鉄骨ラーメン構造・・・・・・・・・・・・・・・・・・・・・ 31
テトロン・・・・・・・・・・・・・・・・・・・・・・・・・・・・・ 169
テフロン・・・・・・・・・・・・・・・・・・・・・・・・・・・・・ 169
テラゾー・・・・・・・・・・・・・・・・・・・・・・・・・・・・・ 186
電解着色・・・・・・・・・・・・・・・・・・・・・・・・・・・・・ 179
電気防食・・・・・・・・・・・・・・・・・・・・・・・・・・・・・ 125
点検口・・・・・・・・・・・・・・・・・・・・・・・・・・・・・・・・ 50
天井・・・・・・・・・・・・・・・・・・・・・・・・・・・・・・・・・・ 49
天井材料・・・・・・・・・・・・・・・・・・・・・・・・・・・・・・ 11

展色材・・・・・・・・・・・・・・・・・・・・・・・・・・・・・・・ 201
天然高分子接着剤・・・・・・・・・・・・・・・・・・・・ 221
天然ゴム・・・・・・・・・・・・・・・・・・・・・・・・・・・・・ 195
天然材料・・・・・・・・・・・・・・・・・・・・・・・・・・・・・・ 11
天然石材・・・・・・・・・・・・・・・・・・・・・・・・・・・・・ 184
電波吸収材料・・・・・・・・・・・・・・・・・・・・・・・・ 240

【と】
凍害・・・・・・・・・・・・・・・・・・・・・・・・・・・・・・・・・・ 83
透過損失・・・・・・・・・・・・・・・・・・・・・・・・・・・・・ 236
透過率・・・・・・・・・・・・・・・・・・・・・・・・・・・・・・・ 236
等級区分・・・・・・・・・・・・・・・・・・・・・・・・・・・・・ 159
銅合金・・・・・・・・・・・・・・・・・・・・・・・・・・・・・・・ 182
陶磁器質タイル・・・・・・・・・・・・・・・・・・・・・・ 188
動弾性係数・・・・・・・・・・・・・・・・・・・・・・・・・・・・ 78
導入トルク・・・・・・・・・・・・・・・・・・・・・・・・・・・ 132
胴縁・・・・・・・・・・・・・・・・・・・・・・・・・・・・・・・・・・ 48
等辺山形鋼・・・・・・・・・・・・・・・・・・・・・・・・・・・ 112
通し柱・・・・・・・・・・・・・・・・・・・・・・・・・・・・・・・・ 30
ドーム・・・・・・・・・・・・・・・・・・・・・・・・・・・・・・・・ 39
塗装溶融亜鉛めっき鋼板・・・・・・・・・ 176, 177
土台・・・・・・・・・・・・・・・・・・・・・・・・・・・・・・ 30, 150
トップライト・・・・・・・・・・・・・・・・・・・・・・・・ 239
ドブ漬け・・・・・・・・・・・・・・・・・・・・・・・・・・・・・ 126
塗膜防水・・・・・・・・・・・・・・・・・・・・・・・・・・・・・ 211
トラックアジテータ・・・・・・・・・・・・・・・・・・・ 93
塗料・・・・・・・・・・・・・・・・・・・・・・・・・・・・ 2, 8, 201
塗料の構成・・・・・・・・・・・・・・・・・・・・・・・・・・・ 202
ドロマイトプラスター・・・・・・・・・・・・・・・ 181
戸枠・・・・・・・・・・・・・・・・・・・・・・・・・・・・・・・・・・ 53

【な】
内装材料・・・・・・・・・・・・・・・・・・・・・・・・・・ 11, 171
内装制限・・・・・・・・・・・・・・・・・・・・・・・・・・・・・ 174
ナイロン・・・・・・・・・・・・・・・・・・・・・・・・・・・・・ 169
中塗系・・・・・・・・・・・・・・・・・・・・・・・・・・・・・・・ 202
生材(なまざい)・・・・・・・・・・・・・・・・・・・・・・ 145
軟化・・・・・・・・・・・・・・・・・・・・・・・・・・・・・・・・・ 226
軟化点・・・・・・・・・・・・・・・・・・・・・・・・・・・・・・・ 198
軟鋼・・・・・・・・・・・・・・・・・・・・・・・・・・・・・・・・・ 109
軟石・・・・・・・・・・・・・・・・・・・・・・・・・・・・・・・・・ 184
難燃材料・・・・・・・・・・・・・・・・・・・・・・・・・・・・・ 227
難燃処理材・・・・・・・・・・・・・・・・・・・・・・・・・・・ 164

【に】

- 二水せっこう……………………… 181
- 日本産業規格…………………… 13, 135
- 日本農林規格…………………… 13, 135
- 二面せん断………………………… 150

【ぬ】

- 縫合せ溶接………………………… 129
- 貫…………………………………… 48
- 布基礎……………………………… 30
- 塗床材料…………………………… 45

【ね】

- ネオプレン………………………… 169
- ネジグラウト継手………………… 112
- ねじ節鉄筋………………………… 112
- 根太(ねだ)………………………… 45
- 熱可塑性樹脂…………………… 195, 197
- 熱可塑性樹脂接着剤……………… 222
- 熱貫流率…………………………… 233
- 熱硬化性樹脂…………………… 195, 197
- 熱硬化性樹脂接着剤……………… 221
- 熱遮断性…………………………… 233
- 熱処理…………………………… 117, 121
- 熱線吸収板ガラス………………… 193
- 熱線反射板ガラス………………… 193
- 熱伝達率…………………………… 233
- 熱伝導率………………………… 53, 232
- 熱膨張……………………………… 226
- 熱膨張係数………………………… 82
- 燃焼現象…………………………… 225
- 燃焼の三要素……………………… 225
- 粘土………………………………… 98
- 粘土瓦……………………………… 189
- 年輪………………………………… 142

【の】

- 軒桁………………………………… 30
- 野地板(のじいた)………………… 42
- ノッチ効果………………………… 131
- 伸び………………………………… 119
- 野縁………………………………… 49
- 野縁受け…………………………… 49
- ノンワーキングジョイント……… 216

【は】

- パーティクルボード……………… 138
- ハーフプレキャスト部材………… 68
- パーライト………………………… 117
- 倍強度ガラス……………………… 193
- 配筋………………………………… 111
- ハイパロン………………………… 169
- バウシンガー効果………………… 122
- 白色セメント……………………… 186
- 白色ポルトランドセメント……… 97
- バタフライ………………………… 39
- 発火温度…………………………… 225
- 発熱速度…………………………… 100
- 発泡体ガスケット………………… 217
- パネル方式………………………… 48
- PAN系炭素繊維…………………… 168
- 半径方向…………………………… 141
- 晩材………………………………… 142
- 半水せっこう……………………… 181

【ひ】

- ヒートブリッジ…………………… 234
- ビーライト………………………… 98
- 火打土台…………………………… 30
- 光触媒……………………………… 255
- 引き方式…………………………… 52
- 比強度……………………………… 196
- 非均質性…………………………… 61
- PC鋼材……………………………… 112
- PC鋼線……………………………… 166
- PC鋼棒……………………………… 65
- びしゃん…………………………… 186
- ひずみ硬化………………………… 119
- 非損傷性…………………………… 229
- 非耐力壁…………………………… 46
- ピッチ系炭素繊維………………… 168
- 引張強度……………………… 72, 118
- ビニル樹脂………………………… 177
- 比熱容量…………………………… 232
- 非破壊試験………………………… 78
- ビヒクル…………………………… 201

比表面積	100
ひび割れ	71, 80
ひび割れ対策	80
ひび割れ注入材	223
表乾状態	101
表乾単位容積質量	101
表乾密度	101
標準粒度	102
表面水率	101
開き方式	52
比例限界	118
疲労強度	121
疲労限度	120
ビンガムモデル	95
品質基準強度	91
ピンホール	177

【ふ】

ファイバーボード	138
風化	100
フープ	65
フェノール樹脂	174
フェライト	117, 178
吹出し口	50
腐朽	161
複合材料	64
複合フローリング	45, 173
複層ガラス	193
複層仕上塗材	208
節	147
不純物	102
腐食電池	124
付着強度	96
付着ひび割れ	280
ブチルゴム	169
普通合板	173
普通ポルトランドセメント	97
フックの法則	59
フッ素樹脂	177
物理的作用	200
不定形シーリング材	214
不動態被膜	126
不等辺山形鋼	112

不燃材料	227
不燃性	227
フライアッシュ	242
フライアッシュセメント	97
プラスター壁	48
プラスチック	194
プラスチック収縮ひび割れ	96
プラストマー	195
フラッシュオーバー	224
フランジ	114
フランス瓦	189
ブリーディング	96, 105
プレキャストコンクリート	67
プレキャストコンクリート構造	35
プレキャスト鉄筋コンクリート半製品	
部材	68
プレストレストコンクリート	65
フレッシュコンクリート	68, 92
プレテンション方式	36
フロート板ガラス	193
フローリング	43, 173
粉末度	99

【へ】

平衡含水率	144
ペイント	201
ヘビーティンバー構造	226
ベリット	98
辺材	139, 143

【ほ】

ポアソン比	58, 79
防音サッシ	53
防火性能	230
防火・耐火材料	224
防火ドア	54
防火塗料	164, 205
防火被覆材料	230
方形（ほうぎょう）	39
棒鋼	110
防湿層	234
放射線遮へい	240
放射組織	139

放射熱	233		柾目面	139
防食	125		間仕切壁	46
防振材料	170		マスコンクリート	74, 82
防水工法	40, 210		マチュリティー	76
防水材料	209		マトリックス	70
防せい	125		窓枠	53
防せい剤	127		間柱	30
膨張コンクリート	243		豆板	96
膨張剤	243		丸鋼	111
防露サッシ	54		丸太	136
ボード張り天井	49		丸太組構法	29
ポーラスコンクリート	243		回り縁	49
ホールダウン金物	150		マンサード	39

【み】

補強コンクリートブロック構造	34
補強膜材料	169
ポストテンション方式	36
ポップアウト	84
ポリアミド系合成繊維	169
ポリエステル系樹脂	177
ポリエステル系合成繊維	169
ポリエチレングリコール	174
ポリ塩化ビニル	169
ポリカーボネート	239, 254
ポリテトラフルオロエチレン	169
ポリビニルアルコール系合成繊維	169
ポリマー	194
ポリマー含浸コンクリート	249
ポリマーコンクリート	249
ポリマーセメント系塗膜防水	252
ポリマーセメントコンクリート	248
ポリマーセメントモルタル	247
ポリマーディスパージョン	248
ポリマーモルタル	249
ボルト	150
ホルムアルデヒド	261
本瓦	189
ボンドクラック	77

未乾燥材	145
ミクロフィブリル	141
未水和セメント	99
水セメント比	70, 72, 104
水セメント比説	73
水みち	96
未成熟材	142
みぞ形鋼	112
密度	68, 100, 232

【む】

ムーブメント追従性	214
無欠点小試験体	152
無水せっこう	181

【め】

明度	8
目地	215
メチルセルロース	242
目回り	149
面材料	135
免震材料	170
免震積層ゴム	254
面心立方格子	117
メンブレン防水	211
メンブレン防水工法	40

【ま】

膜構造	37
膜構造物	169
まぐさ	30
柾目	141

索引　297

【も】

- 毛管水 99
- 杢（もく） 140
- 木材資源 270
- 木材の香り 175
- 木質系仕上材料 172
- 木質構造 29
- 木質材料 139
- 木質プレハブ構法 29
- 目視法 159
- 木目 140
- 木理 140
- モデュール 18
- モデュラーコーディネーション 19
- モノマー 194
- もめ 150
- 母屋（もや） 42
- もらい錆 178
- モルタル 68
- モルタル壁 48
- モルタル防水 213

【や】

- 焼入れ 117, 121
- 焼せっこう 181
- 焼付け塗装 177
- 焼なまし 117
- 焼ならし 117
- やにつぼ 150
- 屋根 38
- 屋根材料 11, 41
- 屋根葺材 42
- 山形プレート 150
- 山砂 100
- ヤング係数 7, 60, 77, 147

【ゆ】

- 有孔合板 51
- 有孔せっこうボード 51
- 床 42
- 床材 174
- 床材料 11
- 床下地 45
- 床束 30
- 油性塗料 202

【よ】

- 洋瓦 189
- 養生 69
- 養生温度 74
- 養生条件 74
- 溶接 30, 128
- 溶融 226
- 溶融亜鉛めっき鋼板 177
- 寄棟 39
- 呼び強度 91

【ら】

- ライフサイクルエネルギー 275
- ライフサイクルコスト 275
- ライフサイクルマネージメント 275
- ライフサイクルCO_2 275
- ラグスクリュー 150
- ラッカー 204
- ラテックス 195
- ラテックスペイント 205

【り】

- 陸砂 101
- リサイクル 266, 267, 269, 272
- 粒度 101
- 流動性 94
- 緑化コンクリート 243

【れ】

- レイタンス 96
- 0.2％オフセット耐力 119
- 0.2％耐力 119
- レオロジー定数 95
- レオロジーモデル 95
- 劣化 71, 159
- レディーミクストコンクリート 89
- れんが 190
- れんが壁 48
- 連続繊維 166
- 連続繊維補強材 168, 246

【ろ】

老化	159
緑青（ろくしょう）	180
陸屋根（ろくやね）	38
ロックウール吸音材	51
ロックナット	112

【わ】

ワーカビリティー	93, 106
ワーキングジョイント	216
和瓦	189
枠組壁工法	29
ワニス	201
割れ	149

【英字】

ALC	183
ASTM	13
BSI	13
CFT	33
DIN	13
DOL	156
ECC	245
ISO	13
JAS	13, 135
JASS	14
JIS	13, 135
LCA	263
LCC	275
$LCCO_2$	275
LCE	275
LCM	275
LVL	138
Madison Curve	156
OSB	138
OSL	138
PSL	138
PVAL	169
RPC	246
SIFCON	245
SRC造	33
SUS	178
VOC	176, 260
W/C	70

Memorandum

Memorandum

編者紹介

三橋 博三（みはし ひろぞう）
1976年　東北大学大学院工学研究科博士課程修了
　現　在　東北大学名誉教授，工学博士

大濱 嘉彦（おおはま よしひこ）
1959年　山口大学工学部卒業
　現　在　日本大学名誉教授，工学博士

小野 英哲（おの ひでのり）
1966年　東北大学工学部卒業
　現　在　東京工業大学名誉教授，東北工業大学名誉教授，工学博士

建築材料学
Building Materials Science

2007年4月15日　初版1刷発行
2025年5月25日　初版11刷発行

編　者　三橋 博三
　　　　大濱 嘉彦　Ⓒ 2007
　　　　小野 英哲

発行者　南條 光章

発行所　共立出版株式会社
東京都文京区小日向4丁目6番19号
電話　東京(03)3947-2511番（代表）
郵便番号　112-0006
振替口座　00110-2-57035番
URL　www.kyoritsu-pub.co.jp

印　刷　藤原印刷
製　本　協栄製本

検印廃止
NDC 524.2
ISBN 978-4-320-07695-2

一般社団法人
自然科学書協会
会員

Printed in Japan

JCOPY ＜出版者著作権管理機構委託出版物＞
本書の無断複製は著作権法上での例外を除き禁じられています．複製される場合は，そのつど事前に，出版者著作権管理機構（ＴＥＬ：03-5244-5088，ＦＡＸ：03-5244-5089，e-mail：info@jcopy.or.jp）の許諾を得てください．

■建築学関連書

www.kyoritsu-pub.co.jp　共立出版

現場必携 建築構造ポケットブック 第6版
建築構造ポケットブック編集委員会編　ポケット判・926頁

机上版 建築構造ポケットブック 第6版
建築構造ポケットブック編集委員会編・・・四六判・926頁

建築構造ポケットブック 計算例編
建築構造ポケットブック編集委員会編・・・四六判・408頁

15分スケッチのすすめ 日本的な建築と町並みを描く
山田雅夫著・・・・・・・・・・・・・・・A5判・112頁

建築法規 第2版増補（建築学の基礎 4）
矢吹茂郎・加藤健三著・・・・・・・・・A5判・336頁

西洋建築史（建築学の基礎 3）
桐敷真次郎著・・・・・・・・・・・・・A5判・200頁

近代建築史（建築学の基礎 5）
桐敷真次郎著・・・・・・・・・・・・・A5判・326頁

日本建築史（建築学の基礎 6）
後藤 治著・・・・・・・・・・・・・・・A5判・304頁

建築材料学
三橋博三・大濱嘉彦・小野英哲編集・・・・A5判・310頁

新版 建築応用力学
小野 薫・加藤 渉共著・・・・・・・・・B5判・196頁

SI対応 建築構造力学
林 貞夫著・・・・・・・・・・・・・・・A5判・288頁

建築構造計画概論（建築学の基礎 9）
神田 順著・・・・・・・・・・・・・・・A5判・180頁

鋼構造の性能と設計
桑村 仁著・・・・・・・・・・・・・・・A5判・470頁

建築基礎構造
林 貞夫著・・・・・・・・・・・・・・・A5判・192頁

鉄筋コンクリート構造 第2版（建築学の基礎 2）
市之瀬敏勝著・・・・・・・・・・・・・A5判・240頁

木質構造 第4版（建築学の基礎 1）
杉山英男編著・・・・・・・・・・・・・A5判・344頁

実用図学
阿部・榊・橋寺・安福著・・・・・・・・B5判・138頁

住宅デザインの実際 進化する間取り/外断熱住宅
黒澤和隆編著・・・・・・・・・・・・・A5判・172頁

設計力を育てる建築計画100選
今井正次・櫻井康宏編著・・・・・・・・B5判・372頁

建築施工法 最新改訂4版
大島久次原著／池永・大島・長内共著・・・・A5判・364頁

既存杭等再使用の設計マニュアル（案）
構造法令研究会編・・・・・・・・・・・A4判・168頁

建築・環境音響学 第3版
前川純一・森本政之・阪上公博著・・・・A5判・282頁

都市の計画と設計 第3版
小嶋勝衛・横内憲久監修・・・・・・・・B5判・260頁

都市計画 第3版増補
日笠 端・日端康雄著・・・・・・・・・A5判・376頁

都市と地域の数理モデル 都市解析における数学的方法
栗田 治著・・・・・・・・・・・・・・・B5判・288頁

風景のとらえ方・つくり方 九州実践編
小林一郎監修／風景デザイン研究会著・・・B5判・252頁

景観生態学
日本景観生態学会編・・・・・・・・・・A5判・272頁

東京ベイサイドアーキテクチュアガイドブック
畔柳昭雄＋親水まちづくり研究会編・・・B6判・198頁

火災便覧 第4版
日本火災学会編・・・・・・・・・・・・A5判・1580頁

基礎 火災現象原論
J.G.Quintiere著／大宮喜文・若月 薫訳・・・・B5判・216頁

はじめて学ぶ建物と火災
日本火災学会編・・・・・・・・・・・・B5判・194頁

建築防災（建築学の基礎 7） 大宮・奥田・喜々津・古賀・勅使川原・福山・遊佐著・・・A5判・266頁

都市の大火と防火計画 その歴史と対策の歩み
菅原進一著・・・・・・・・・・・・・・A5判・244頁

火災と建築
日本火災学会編・・・・・・・・・・・・B5判・352頁

造形数理（造形ライブラリー 01）
古山正雄著・・・・・・・・・・・・・・B5変型判・220頁

素材の美学 表面が動き始めるとき（造形ライブラリー 02）
エルウィン・ビライ著・・・・・・・・・B5変型判・200頁

建築システム論（造形ライブラリー 03）
加藤直樹・大崎 純・谷 明勲著・・・・B5変型判・224頁

建築を旅する（造形ライブラリー 04）
岸 和郎著・・・・・・・・・・・・・・B5変型判・256頁

都市モデル読本（造形ライブラリー 05）
栗田 治著・・・・・・・・・・・・・・B5変型判・200頁

風景学 風景と景観をめぐる歴史と現在（造形ライブラリー 06）
中川 理著・・・・・・・・・・・・・・B5変型判・216頁

造形力学（造形ライブラリー 07）
森迫清貴著・・・・・・・・・・・・・・B5変型判・248頁

論より実践 建築修復学（造形ライブラリー 08）
後藤 治著・・・・・・・・・・・・・・B5変型判・198頁